ユーラシアの自画像

「米中対立／新冷戦」論の死角

池内恵 監修
川島真 鈴木絢女 小泉悠 編著

PHP

はじめに

『ユーラシアの自画像 「米中対立／新冷戦」論の死角』を手に取っていただいた皆さまに、冒頭の貴重な数頁を用いて、この本の成り立ちについて、ごく短く一文を著す機会をいただいた。川島真先生をはじめとした三名の編著者と、一七の論考の執筆者よりも一歩後ろに引いた監修者としての立場から、また、この本が生まれ出るきっかけとなった研究プロジェクトの統括者の立場から、この本の背景と意義について、思うところを記しておきたい。

屋上屋を架すことはもとより本意ではない。この本そのものの全体構成や、各章の概要と学問的位置づけなどは、川島先生の序章に全面的に譲り、この小文ではもっぱら、著者たちの共同研究の風景を、バックヤードから覗いた裏方の視点から描いておきたい。

この本をきわめて行政的に記せば、外務省の令和二年度外交・安全保障調査研究事業費補助金（総合事業）の助成を受けて二〇二〇年四月から二〇二三年三月にかけて東京大学先端科学技術研究センターで実施した「体制間競争の時代における日本の選択肢：国際秩序創発に積極的関与を行うための政策提言・情報発信とそれを支える長期シナリオプランニング」（研究総括・池内恵）という研究プロジェクトの一部として組織された「中国・権威主義体制に関する分科会」（座長・

川島真）の成果を一般向けの書籍としてまとめたもの、ということになる。

長大なお役所的文言を書き連ねて読者が本文を読んでみる興味を削ぐことは極力避けたいので、ここからは短く「中国分科会」と略することにするが、この中国分科会と並んで「中東・イスラーム世界のオルターナティブに関する分科会」（座長・池内恵）、「米国・既存秩序の動揺に関する分科会」（座長・坂元一哉、座長代理・村田晃嗣）、「新領域セキュリティの諸課題に関する分科会」（座長・小泉悠）が発足当時から組織されて、合わせて四つの分科会が並行して走る大規模なプロジェクトとなった。初年度の発足時に開始した四分科会はいずれも日本国内に拠点を置く日本の研究者を主たるメンバーとしたものだったが、二年度目の二〇二一年からは五つ目の「インド太平洋交通安全保障に関する分科会」（座長・山口亮）が英語を共通言語として発足し、メンバーの多くは海外に居住する外国籍の研究者だった。また、各分科会からの若手有志によるスピンオフとして「衛星画像分析プロジェクト」「政策シミュレーション研究プロジェクト」「日米安保資料プロジェクト」が次々と分岐し、プロジェクトは拡大を続けた。

その中で、「中国分科会」はもっとも規模が大きく、川島座長の発案により、関連する学問分野の最有力・最先端の研究者を幅広く招き、組織的・体系的に研究対象とテーマを選定し、安定し自律した運営が行われた。その結果、三年間のプロジェクトの期間を通じて一定して成果がレポート・ワーキングペーパーとして刊行され続けただけでなく、こうして最終年度の末までに、広く一般に向けた共著を刊行するに漕ぎつけた。分科会の途中で、新型コロナ禍の最も過酷な時期にフィリピンで在外研究を行い、現地研究者を交えた研究会の開催などで分科会構成の幅を広げてくださった鈴木絢女先生と、ロシア・ウクライナ戦争の勃発で不意に多忙を極める状態となった小泉悠先生には、共編著者として大きな後押し、力添えをいただいた。

本書の構成と対象からは自明なことだが、筆者は内容面で「監修」の名に値することはほとんどしていない。本書を生み出した「中国分科会」を含む研究プロジェクトの全体の企画と運営、そして予算や支出に関するロジスティクスに関わる種々雑多な事柄を背後から司っていたに過ぎず、特に自律性の高い「中国分科会」については、ほぼ全てを座長の川島先生にお任せして、事務的サポートに専念した。「中国分科会」の研究成果を書籍として刊行するに至る過程で、若干の「出版プロデューサー」的な裏方的橋渡しの役割を担うことで、「監修」として名前を載せさせていただくことになった。

なお「中国分科会」の運営に際しては、日本国際フォーラム理事・研究主幹の任を負う傍ら東京大学先端科学技術研究センター特任研究員・シニアプログラム・コーディネーターとしてこのプロジェクトを支援してくださっている伊藤和歌子さん（本書の第12章を執筆）にお世話になり、本書の刊行も伊藤さんの助けなしには実現しなかった。

筆者自身の認識では、川島座長にその学問的ヴィジョンとネットワークに依拠した分科会の構成と運営を依頼し、必要なサポート要員と予算を手配した後は、ほとんど私にできることはなく、いわば「役得」として、非公開の研究会合をリアルタイムで、あるいは内部向けに記録された動画で傍聴し（ちょうどコロナ禍の広がりと重なったため、この分科会の会合は基本的にオンライン開催となった）、刺激を受けて楽しんでいた。

近年ますます喧《かまびす》しくなった「米中冷戦」「米中競争」論では見落とされがちな、ユーラシアの広大な空間の、相互にかけ離れた固有の歴史と政治を持つ諸国家と諸勢力の主体性について、それぞれの第一線の活発な研究者が集まって報告と議論を重ねていく。それがやがておおまかに「歴史認識と世界観」「国内政治と外交・対外政策の連関」「人権や科学技術といった焦点となる課題」「複数の国家や勢力が関わる地域問題」の四つの極に収斂して像を結びつつある様子を、黒子としていわば盗み見るような体験は、プロジェクトの全体の発案者・運営責任者として、冥利に尽きるものであった。

私としてはその楽しみを多くの方々と共有するために、成果報告をいわゆるお役所的な報告書にまとめるよりも、広く一般読者の手に取れる形での出版が望ましいと、やや強めに主張したかもしれない。そしてそれを実現するための支援態勢の整備や、一般読者にとってより手の届きやすい形態にするための予算措置なども、限界はあるができる限りの手を打った。そのためもあってか「監修者」として名を連ねさせていただくことになったが、これには望外の喜びだけでなく、どこか居た堪れない気持ちを感じるところがある。

しかし本書はまぎれもなく、母体となるプロジェクトの意図を具現化したものである。「体制間競争の時代における日本の選択肢：国際秩序創発に積極的関与を行うための政策提言・情報発信とそれを支える長期シナリオプランニング」の意図は、既存の共同研究の各種形態から、長所を選り抜き、短所を極力取り除いた、「いいとこ取り」を目指したものだった。

共同研究の企画と実施の形態は、（1）「学部・学科」といった大学の組織的な枠に支えられたもの、（2）研究者の専門に即した「学会」単位で行われるもの、（3）所属する学部・学科や学会を横断して研究者の有志が集まって行う、科研費等の競争的資金によるプロジェクト、（4）官庁主催あるいは官庁系シンクタンクが組織する研究会、などが主要なものとしてあるが、これらは研究の自由度、通常得られる予算規模、政策面での意義や貢献度などで、いずれも一長一短がある。学部・学科単位での共同研究は特定の専門分野についての連続性や深みを得られるものの、網羅的に世界の主要な地域や重要課題を覆うことはできるはずもない。学会は研究者の自由な参加によって幅広く対象やテーマをカバーしうるが、組織性に欠ける。

これらを克服するためのものであるはずの、所属組織や所属学会を横断した研究者の自由で自発的な協力と競争による研究プロジェクトは、学術的な質の保証において一定の水準を保てることが想定されるが、現実には多くの場合は網羅で組織的な研究態勢の構築を可能とする規模の予算を得ることが困難であり、それによって成果も限定されがちである。また、研究成果の政策的なインパクトも限定される。官庁系の研究会は、より政策的なインパクトを重視した構成が志向され、研究者が自発的に企画し申請して得た研究費によるプロジェクトよりも一般に予算規模は大きいが、それが自由な研究を可能にするとは限らず、学術的な研究成果の導出を一義的に目的としているとも限らない。

これらの既存の限界を越えることを可能にする好条件の研究態勢を、東京大学先端科学技術研究センターの環境と制度を用いて、外務省の外交・安全保障調査研究補助金を導入することで実現しようというのが、「体制間競争の時代における日本の選択肢：国際秩序創発に積極的関与を行うための政策提言・情報発信とそれを支える長期シナリオプランニング」を提案した際の目論みだった。「中国分科会」はこのプロジェクトの主要な柱であり、その成果の結晶が本書である。

このプロジェクトは東京大学先端科学技術研究センターという一つの大学の一つの部局が受け入れて実施・推進した外部予算による研究プロジェクトであるが、「中国分科会」においては、対象・テーマに関連する「学会」の主要・最先端の知見を組織的・体系的・網羅的に取り込むことに貪欲に取り組んだ。

それによって形成された研究組織は、科研費等のより一般的な研究費によるプロジェクトとしても十分に成立しうる高度な学術的水準を備えているが、官庁系シンクタンクと同様の予算規模や支援態勢を備えることで、制約を極小化し、成果をより大きなものとすると共に、政策的なインパクトも志向している。

「体制間競争の時代」と銘打った研究プロジェクトの推進の結果、「米中対立」「新冷戦」といった体制間競争をめぐる主流の分析枠組みからは見えてこない「ユーラシア」の主体性を見出す本書が生まれるという推移も、学問の内在論理に任せた自由な探究の場を設定したことによってこそ可能になったといえよう。

この本を成り立たせた背景の、もっぱら行政的なものごとを、書き連ねてしまった。多方面の、きわめて有力な地域専門家による、力の入った論考を集めた分厚い本書に取り組んでくださる読者の知的な重荷を少しでも軽くするために、背後あるいは側面からの視点を提示しようと試みたが、本書を読み進める読者にとっては不要なことであったかもしれないと恐れる。

しかし「ユーラシア」という、単一の視座からは捉えきれない、しかし日に日に重要性や中心性を増していく対象をめぐり、そう簡単に集まることが可能とは思われない最有力の専門家たちによって多方面から描かれ、像を結ぶ様子を一人でも多くの読者に目撃し、体験していただきたい。その思いから、あえて蛇足とも思われる前書きを記した次第である。

池内　恵

ユーラシアの自画像——目次

第2章

歴史認識をめぐる戦い
――プーチン政権と独ソ戦の記憶

西山美久

第10章 「お仲間」の政治学――中国のロシア政治研究とロシア・ウクライナ戦争の「教訓」

鈴木　隆

第3部 ホット・イッシュウ
人権・科学技術・デジタル

第11章 台湾からみた人権問題の争点化
家永真幸

第12章 中国の科学技術力を用いた影響力の行使 ――宇宙分野を例に
伊藤和歌子

第13章 東南アジアのスマートシティ・ブームにみる米中対立相対化の可能性

岡本正明

装丁：山之口正和（OKIKATA）

序章

ユーラシアへの想像力
——米中対立／新冷戦の間の世界

川島　真

米中「対立」と先進国の視点だけでいいのか？

二〇一〇年代後半以降、米中間の「対立」の顕在化、ＣＯＶＩＤ-19のパンデミック、ロシアによるウクライナ侵攻を経て、あたかも世界がかつての冷戦時代のように大きな二つの陣営に分たれたかのように語られるようになった。そこでは、軍事安全保障、自由や民主主義などの価値、高度な半導体などの技術やサプライチェーンが争点となり、アメリカを中心とした先進国と中国やロシアなどの「専制国家」、あるいは権威主義体制諸国家との間の「対立」が世界の枠組みであるとされる。

これに伴って、地域における既存の対立や紛争が先鋭化したり、この枠組みの下で新たに位置付けられ、理解されたりするようになった。東アジアでも、ロシアのウクライナ「侵攻」を踏まえて、中国による「力による現状変更」としての「台湾有事」が、切迫した問題として論じられるようになった。日本でも、中露を同一視する傾向が強まり、日本が対露制裁に加わることによって、日露間の様々な交渉が頓挫し、日本を取り巻く安全保障環境も大きく変化した。

このような状況の下、軍事安全保障面では、ＮＡＴＯが結束してウクライナを支援し、Ｇ７など先進国は一致してウクライナに侵攻したロシアに対して経済制裁を実施し、また、台湾海峡の平和と安定の重要性を共同で唱えるようになった。民主主義や人権などの価値の面でも、Ｇ７が先進国の代表として香港や新疆ウイグル自治区の人権問題を非難するなど、中国やロシアへの批判を強めている。経済面でも、高度な半導体部品のデカップリングやサプライチェーンの強靭性が課題とされ、中国への高度な半導体部品の供給を止めるような措置が取られ出している。

しかし、先進国のGDPはいまや世界の半分にも満たず、経済制裁の実行力にも問題が伴い、ロシアのウクライナ侵攻は依然終わっていない。国連をはじめとする様々な枠組みも先進国と中露が同席するG20などの場も、事態に有効に対処することができないばかりか、分断を可視化しているようにもみえる。先進国と中露などの新興国が世界で対峙しているとの認識の下に、「グローバル・サウス」をどちらが味方につけるのか、たとえば東南アジアをいかに自らの陣営に「引き込むか」といったことなどが議論されている。しかし、米中「対立」に基づく世界観や先進国の視線だけで現在の世界が捉え切れるものだろうか。

試される想像力

もちろん、米中「対立」に基づく世界観や先進国の視線も有効性があり、一面で「正しさ」を内包している。軍事力や経済力といったハードパワーや民主主義などの価値は確かに世界を見る上での重要な要素である。経済と安全保障との関係性が従前より緊密化しているのも確かだろう。しかし、いくつかの疑問点がある。

第一に、非民主主義国を「権威主義体制」諸国としてまとめて理解し、民主主義国との「異質性」を強調するあまり、ロシアや中国などといった国は「合理的な選択ができない」専制主義の国と非難するにとどまり、彼らがどのような世界認識や価値に基づいて政策判断をしているのかが見えなくなる可能性があろう。ロシアや中国を「力による現状変更をおこなう」存在と見なして警戒するならば、その「異質性」を指摘するだけでなく、むしろ彼らがいかなる論理、認識に基づいて判断しているのかについて、内在的に理解することがいっそう必要になるのではなかろうか。

第二に、新興国や開発途上国と中露との距離感の近さを問題視し、前者を先進国に「引き寄せる」べきだという議論が多く見られるが、その際、往々にしてアメリカや中国、ロシアなどがそうした開発途上国や新興国に働きかけることが想定されている。つまり、先進国とともに中国やロシアなどを主語として、開発途上国は「客体」として描かれることが多い。だが、むしろ新興国や開発途上国を主語として、なぜ彼らが時には中国なり、ロシアなりを選ぶのかという視点こそが重要なのではないか。またその際にはそれぞれの国が先進国、そして中国やロシアへの政策をいかにして決めているのかを、その内在的なコンテキスト、国内政治のありようなどから理解することが必要になるだろう。

このようなことを踏まえ、本書の第1部では中国やロシア、また北朝鮮、あるいは特定の地域それぞれに根ざした歴史認識や価値観、個別の論理について考察し、第2部では対外政策に影響を与える国内政治のありよう、枠組みについて考察を加える。第3部、第4部では、そうした内在的な論理に基づいて、グローバルな諸課題や地域問題がどのように把握、理解され、それがいかに政策に反映されているのかを考察する。それぞれの国や地域には政策の前提となる見方や考え方があり、国内の政治的な争点や論理にも大きく影響づけられて対外政策が決定される。そこには先進国の「合理性」や論理ではなかなか把握できない側面もあろう。これらの側面への想像力があってこそ、複雑な国際情勢が理解できるのではなかろうか。

それぞれの歴史認識とあるべき世界

ロシアのプーチン政権がなぜウクライナへの侵攻を決断したのか、また習近平政権は台湾侵攻を決断するのか否かといったことが多く話題になる。その際、しばしば彼らの決断の異常さや非合理性が指摘される。だが、ロシアや中国にはそれぞれの国や地域に内在する歴史観や世界観があり、為政者たちはそれに基づいて考え、行動している面がある。北朝鮮も例外ではない。無論、これらの国の内部に複数の、時には対立する歴史観や世界観が並存し、一元的でもないことがしばしばだ。また、「一枚岩」とされる中国とロシアや、あるいは「ならず者」などとされる国々であっても、その歴史観や世界観には共通性や比較可能な側面とともに、相違も存在する。

このような多様性にもかかわらず、これらの国を「非民主主義的」国家であるとか、あるいは「権威主義体制」といった言葉で括って理解しようとすることにも問題が残るだろう。それぞれの国において歴史的に作られ、長期に渡ってその国の決定を方向づける内在的な論理を、対象国・地域の視線にできるだけ寄り沿いながら抉り出す作業が必要である。

こうしたことを踏まえて、第1部の諸論考は、中国、ロシア、北朝鮮、そして東アジアに内在する歴史認識や世界観について考察した。岡本隆司による第1章「琉球から見る東アジア秩序の『内在論理』」では、二十一世紀に東アジアの秩序が動揺する中で、沖縄、香港、台湾などでこれまで以上に立ち現れる「独立」論に注目し、そこでの「独立」という言葉の使われ方には東アジアに内在する歴史的な因縁、刻印があるとする。その「独立」は、必ずしも近代主権国家としての独立ではなく、東アジア諸国が長らく経験してきた「フリーハンド・アイデンティティ」とでもいうべきものである。西洋発の近代的な国際関係の諸概念が東アジアに到来して漢語によって翻訳される際に、歴史的な内在論理がその訳語、すなわち「独立」に内包されるようになったのだという。

西山美久による第2章「歴史認識をめぐる戦い——プーチン政権と独ソ戦の記憶」では、ロシアのプーチン政権が第二次世界大戦での対独戦勝利を強調する歴史観を持ち、それが教育政策、法律などへと反映させていったこと、またその歴史政策によって生じた周辺諸国との摩擦を考察する。[1] ロシアは、ホロコーストを重視するイスラエル、対日戦争を重視する中国との協力や、こうした国々との共通の歴史認識を世界で広げようとする歴史戦を展開している。歴史教育を通じた国民の愛国心の鼓舞もまた、ウクライナ侵略の背景にもあるのだろう。

乗松亨平による第3章「ロシアの反体制派ナショナリズム」は、ロシアに「間違い」を犯させたものは何か、それはナショナリズムなのではないか、そのナショナリズムの肥大化はなぜ生じたのかという問いを設定する。ソ連には元来、多民族国家をまとめ上げる共産主義イデオロギーに依拠した帝国ナショナリズムと、一つの民族でありながら多数派であるロシア民族を核とするナショナリズムとがあり、両者の間の相剋があった。これはソ連が崩壊した後のロシアでも同様であった。それに対してロシア民族主義と民主主義が結びついたナッデムが登場し、帝国的なナショナリズムに反発し、プーチンの勢力拡大を抑制してきた。しかし、この流れがロシアのクリミア侵攻、占領に至る過程で頓挫し、ロシア民族主義はむしろプーチン体制支持派へと動員されることになったとする。このような思想的背景がプーチンの対外政策の支持基盤を形作っている面がある。

宮本悟による第4章「北朝鮮の世界観から見た世界の対立」は、なぜ北朝鮮がここまでロシアを支持するのかということについて、一般的な「利益」では説明がつかないとして、建国以来の北朝鮮の国益観、世界観について時系列に即した考察を加える。そこでは、一九八〇年代にその世界観が転換され、ナショナリズムが受容されたことなどが説明される。北朝鮮の世界観では、米国と対立するロシアには支持するだけの価値があり、それこそアメリカ「帝国主義」に反対する、世界的な反帝自主勢力形成に繋がると見なされている。他国から「独善的」だと思われるような内容であっても、北朝鮮には歴史の中で形成された北朝鮮なりの文脈や思考の「鋳型」のようなものがあることが読み取れる。

地域研究と対外政策研究との接合

外政は内政の延長という言葉にあるとおり、それぞれの国の政治社会、経済などを理解することでその対外政策を理解することも大切である。特に、新興国や開発途上国の対中、対露関係や対先進国関係を考察する際に、「中国寄り」「先進国寄り」などといった表層的な理解を繰り返すと、その理由が把握できない上に、今後の予測も難しくなる。

日本には世界諸地域に関する、重厚で多様な地域研究がある。ただ、そうした地域研究、とりわけ開発途上国に関する地域研究では、かつては農村社会が対象として重視され、特に一九九〇年代以降、経済発展が見られた地域に関しては社会経済の研究の重点が置かれてきたように思われる。そのため、対外政策は必ずしもそうした地域研究の対象として位置づけられてこなかった面がある。それは、一面で国内の政治社会や経済が理解できなければ対外政策がわからないと考えられてきたからだろうし、多くの場合、開発途上国の対外関係は国家の独立や主権そのもの、あるいは「発展」とか「成長」という国益に関わる至上命題に深く結びついていたため、国内の経済社会、あるいは国内政治を理解すれば足りると思われてきたからだろう。

しかし、たとえば二〇二二年にバリで行われたG20において、インドネシアのジョコ大統領が首脳宣言取りまとめで見せた外交手腕にあらわれたように、新興国や開発途上国の中には、従来は米欧や中露などの大国によって主導されてきた世界的な「外交（diplomacy）」の「対象」であるにとどまらず、より「主体」として主導的に振る舞おうとする国も現れ始めている。その外交は果たしてどのような理念、判断によってなされているのだろうか。それは主権や独立、そして経済、発展のための対外関係ということだけで整理できるだろうか。

新興国や開発途上国にもまたそれぞれの世界観や国益観があり、国内にはそれぞれの政治社会の磁場や経済状況がある。そうしたことを踏まえた上で、それぞれの対外政策、あるいは外交が考察できれば、それは新たな地域理解につながるのではないかと考えられる。そうしたことを踏まえて、第2部では、東南アジア諸国を中心に、それぞれの国内政治社会、経済状況からその対外政策を分析する。また、中国やロシアの国内政治が対外政策に滲み出る、あるいは溢れ出るように影響を与えていることも考察する。第2部の各論文を通じて、米中「対立」や「敵・味方」といった二分法に基づく世界認識では各国の対外政策が把握しきれないことが明らかになろう。

鈴木絢女による第5章「南シナ海問題とマレーシア――『合理的国家』を解体する」は、「外交分野における中小国の選択を説明する枠組みを模索する」と明確にその目的を示し、「歴史的に作り上げられてきた外交アイデンティティや国内の政治過程」を抉《えぐ》り出して、その国の「選択のロジック」を描こうとする。鈴木は、あえて米中「対立」の争点の一つとなっている南シナ海問題を事例とし、マレーシアのナジブ政権が中国の海洋行動を黙認する政策へと転換したことに注目する。そこでは、ナジブ個人の中国との外交、経済的な関係も指摘されるが、最終的には「大国からの自由」を求める非同盟、中立主義というマレーシアの対外政策の基礎が重要なのであり、それは米中二大国の間でうまく舵取りするようなイメージとはかけ離れていると指摘し、「国際政治分析も大国中心の轍を踏んでいるのかもしれない」と警鐘を鳴らす。つまり、大国に挟まれながらのらりくらりと双方から利益を引き出すという見方もまた妥当ではなく、より確固とした外交理念を有している、という主張である。

日下渉による第6章「ドゥテルテ政権のフィリピン外交――内政の論理と実利の確保」では、ドゥテルテ政権が「反米親中」を掲げながらも両国の間で揺れ動いたことに着目し、それを理解するには「米中間の大国間ゲームといった外在的視点ではなく、フィリピンの置かれた状況と内政の論理に着目する必要がある」という。日下は、政権初期には内政エリート間の派閥抗争が「反米親中」政策を招来し、南部のテロ戦争を経た後になると、実利優先の論理からアメリカに近づき、資源提供が減少した中国から離れるなど、「刻々と変化する国内外の情勢に応じて理念と実利を調整」した結果が政策となっており、それが「揺れ」として外部からは見えていると指摘する。日下は、米中の間で揺れ動く原因を国内におけるエリート間派閥抗争に求めている。

中西嘉宏による第7章「ミャンマー危機のディレンマ」では、「大国間競争や体制間競争という世界理解とミャンマー危機との関係」を論じ、さらに「こうした見方がミャンマー危機をさらに深刻化させる可能性」を指摘しようとする。中西によれば、「現在のミャンマーを強権的な軍事政権と民主化勢力の争い、すなわち体制間競争」として見ることは間違いとは言えないものの、その見方に立てば、その軍事政権と近づく中国、インド、タイなどがみな「あちら側」に見えてしまうという。だが、実際にはそうした国々はミャンマーの不安定化を警戒しているのであって、「理念より実利」で動いているに過ぎないという。つまり、「敵か味方か」というクリアな状況にはないということだ。また、西欧諸国によるリベラル・プロジェクトがミャンマーでいかに成果を結ばなかったのかということも、この論文の強いメッセージであろう。

青木まきによる第8章「タイの合意なき『バランス外交』――国内政治の力学からみる対外政策」では、「果たして二〇一四年以後のタイは本当に『バランス外交』から逸脱し『対中偏重』に向かっているのだろうか」との問題を提起し、こうした見方は「必ずしもタイの対外関係の実態を踏まえてはいない」とする。青木は、「二〇一六年国家安全保障評議会（NSC）法」とふたつの「国家安全保障政策および計画」を分析対象とし、タイから見て対米関係と対中関係とは決して二者択一の関係にないことや、タイ自身の国益観に基づく安保政策、対外政策は、他の諸国家との均衡に頼らざるを得ない面があるものの、その際にはバランスが求められ、どこかの国に過度に頼ると国内から強い反発が生じるということを指摘する。プラユット政権の対中関係強化もそうした側面から評価すべきであり、だからこそ中国に偏りすぎだとの批判を受けてバランスを取り戻そうとしている、という。タイにとっては、偏重を避ける「バランス」こそが求められている、ということである。

川島真による第9章「外へと滲み出る内部の論理――中国の『カラー革命』認識と国家の安全」は、日本を含む西洋諸国からの侵略という近代史を体験した中国では自らを「被害者」と位置付ける傾向があり、大国となった現在も西側諸国が中国国内への内部浸透工作を行い、体制転覆を目指すカラー革命を起こそうとしているという言説を国内向けに宣伝していること、また「カラー革命」防止のために国内で「国家の安全」を強調して社会の管理統制を強め、民族自治区や香港などの特別行政区を最も危険に晒されている地域と見做し、省や市の置かれているところと同様の水準で管理統制を強化したこと、さらにはその国内政策が対外政策にも浸み出し、西側先進国に対して中国の体制転覆を図らないように求めていることなどを指摘する。中国自身の自画像や歴史観に基づく世界認識、またそれに関わる国内での言説や宣伝政策が対外政策へと浸み出している、というのがその主張である。

鈴木隆による第10章「『お仲間』の政治学――中国のロシア政治研究とロシア・ウクライナ戦争の『教訓』」は、「ポスト社会主義のプーチン・ロシアと現存する社会主義の習近平・中国との間に見られる、政治の思惟と営為をめぐる知的連関、あるいは相互作用の帰結としての実践的連関を論じ」ようとする。とかく「権威主義体制」などとして一括りにされる国々の間の相互関係と比較を試みるものであり、いわば比較権威主義研究の実践と言えるだろう。鈴木によれば、プーチンと習近平の両者がそれぞれ指導者としての任期を延長するのは「相互作用としての実践的帰結」だが、中国側は自らの見方でロシアを捉えつつも、数多くの領域で両者の共鳴が見られるという。他方、中国にとってロシアは一面でアメリカと連携させてはならない存在であるからこそ重要なのだが、その反面ソ連解体に見られるようにロシアはカラー革命の敗者でもあるとも見なしている。だからこそ、両者は共鳴してはいるものの、運命共同体ではないというのが鈴木の見解である。

グローバルな諸課題、地域問題の見え方・捉えられ方

第2部では内政を把握してこそ理解可能な外政のあり様について様々な事例を考察したが、第3部ではいくつかのグローバルな「先端的」諸課題に関する多様な捉え方、認識について考察する。

家永真幸による第11章「台湾からみた人権問題の争点化」は、とかく米中間の争点となりがちな人権問題について、「台湾の内政を米国外交や米中関係の単純な従属変数として捉えてしまうと、台湾をめぐる国際秩序の見え方も歪んでしまう」として、「国家の内在論理に十分目配りする必要がある」と主張する。台湾の民主化の過程を振り返りつつ、確かに「人権の尊重を内外に向けて訴え」る動きはあったものの、それは「地域内部から湧き上がった動きであり、単純な対米従属の結果と見ることはできない」という。台湾の国内政治における「人権」の重要性を見落として、中国との関係性や米中対立からだけでそれを判断しては、多くの歪みが出てしまうというのである。

伊藤和歌子による第12章「中国の科学技術力を用いた影響力の行使——宇宙分野を例に」は、中国自身が宇宙技術や関連インフラを対内・対外政策においていかに位置付けているのかを考察する。伊藤は、胡錦濤政権が宇宙開発能力を国家の指標として位置付け、習近平政権が「宇宙強国」建設を掲げ、「人類運命共同体」にも関連づけたとする。他方で中国の宇宙開発に独自性が見られることについても、一九九〇年代以来のアメリカはじめ先進国が輸出管理を強めたことに

よって、中国は先進国の枠組み以外、すなわち途上国と協力することになったとする。

また、昨今、中国自身が宇宙開発をめぐるルール策定者の側に回ろうとする中で、国連が中国にとっての宇宙外交の場となり、そこでは一定の成果を上げているとする。これは中国にとっては先進国が主導するルール形成の場にアプローチできず、国連が関与しやすい場となっていることを示す。伊藤は、後発の競争者である中国が所与の条件の中で可動性の高い空間、方法を用いて自らの政策意図を実現しようとしている姿を描き出している。挑戦者としての中国は、与えられた選択肢の中で自己利益の最大化を図っている、ということでもあろう。

岡本正明による第13章「東南アジアのスマートシティ・ブームにみる米中対立相対化の可能性」は、アジア化・デジタル化・都市化という三つの特徴に象徴される時代に入り、東南アジアの都市が政治的にも経済的にも重要と見なされる現在、スマートシティ・ブームが起きているとして、そのブームに注目する。そこでは中国が官民を上げて関与しようとし、また具体的な活動が乏しいながらもアメリカやその他先進国も関心を強めている。だが、スマートシティ・ブームを見る際には「米中対立」という枠組みでは十分に事態を考察できないという。というのも、スマートシティをめぐる米中間の「対立」には、双方から東南アジア諸国が利益を引き出せるというメリットもあり、それぞれバランスをとりながら、自らのニーズに合うものを導入していくことになるからである。結論として「アメリカか、中国か」ではなく、現地企業や都市住民が主導権を握り、それぞれの都市の成熟度にあったスマートシティづくりが多様に展開する可能性が述べられる。

第3部ではグローバルな先端的な諸課題を扱ったが、第4部では激化する米中「対立」の下での地域問題について考察している。米中の「対立」や競争に密接に関連していると見なされることで大きな争点になりがちな地域問題も、地域に内在する視点からは、その問題の見え方は異なることが多々ある。

松田康博による第14章「中国・欧州関係の構造変化——欧州の対中警戒と対台接近はなぜ起きたか？」は、「二〇一〇年代後半に中国と欧州との関係が悪化した原因と、それと反比例するように台湾と欧州との関係が好転している原因とその構造変化を探究」する。松田は、二〇一〇年代以来の中国と欧州との関係とその変容を時系列的に整理した上で、この時期に本来超大国アメリカとの関係から一定の共通利益のあった中欧間の「同床異夢」状態が終わったこと、また二〇一六年から関係悪化が段階的、加速度的に進み、好転の契機がなかったこと、欧州の対中観が変化する中で台湾の重要性や民主主義的価値が再発見されたことを指摘している。

だが、二〇一〇年代の変化もまた固定化されるとは限らない。松田は、こうした変化が何をもたらし、またいかに制度化していくのかは、今後の「中国の行動と欧州および欧州各国の選択にかかっている」とする。米中「対立」に連動して生じたように思われる中国と欧州との間の緊張関係もまた、必ずしも米中関係要因だけでは説明がつかないのである。

田中周による第15章「GCAをめぐる中国の反テロ戦略——アフガニスタンを事例として」は、フレデリック・スターが提起し、当初は批判を受けた「大・中央アジア」という空間概念を取り上げ、その概念が定着する過程における、中国やその他の関係国のこの地域に対する反テロ政策を考察する。「大・中央アジア」という概念は、アフガニスタンや新疆などを含む地域概念として一定程度受け入れられ分析ツールとして用いられるようになったが、中国は二〇〇一年以降、経済発展を通じたそのGCAの安定、また法や制度整備を通じたテロの温床の根絶を図るなど、GCA諸国を取り込みながらその地域戦略を進めた。アフガニスタンの安定は中国の地域戦略にとって不可欠だと考えられたからだ。

だが、アフガニスタンにおけるタリバーン政権の復権とアメリカ軍の撤退により、中国もその戦略の再考を迫られた。他方、この地域へのアメリカの関与は減少し、またアフガニスタンの発展なしにこの地域の安定は望めないという共通認識がGCA諸国で育まれつつある。ここでの国際政治の枠組みはもはや米中「対立」では紐解けない状態になっているのである。

山口信治による16章「中国─イラン関係の深化とその限界──隔たりのあるパートナーシップ」は、中国とイランが二〇二一年に二五年にわたる協力協定を締結したことに着目し、対米対抗の面から協力的だと見なされがちな中イ二国間関係が「はるかに複雑」であり、その関係も「外部の予測ほど深まっていない」ということを、「中国の中東戦略全体の中でのイランの位置づけ」から考察する。山口によれば、両国関係が進化していかないのは、アメリカと距離を取りつつあるサウジアラビアとの関係を中国が重視していること、イランの反米に巻き込まれる事態を中国が避けようとしていること、イランもまた過度の対中依存を好まないことなどによるという。

米中「対立」という点から考えれば、中国とイランはその関係を深めるようにも思われるが、現実はそれほど単純ではない。山口は、両国の「隔たりのある戦略パートナーシップ」について、今後中央アジアや南アジアなども含めた地域において「重要な意味を持つ可能性がある」としている。引き続き注視していく必要があろう。

小泉悠による17章「ロシア・ウクライナ戦争と『圧倒的な戦略』」は、ロシアの戦争観、戦略観を考察する。ウクライナへの侵略発動とその態様をロシアの視線で理解しようというのである。小泉はまず、今世紀のロシアは、クリミア侵攻がそうであったように、「圧倒的な戦略」を用いて「低コストで勝利する」、「新型戦争」が構想されてきたはずだが、ウクライナ侵攻に際してはそれが採用されず、むしろ斬首作戦と電撃戦が採用されたことを指摘する。なぜ、「圧倒的な戦略」が用いられなかったのか。それはクリミア侵攻に際してウクライナに対して行った情報戦などが一部を除いて効果を上げなかったからであり、この「圧倒的な戦略」に基づく「新型戦争」はすでに限界を露呈していたと小泉は述べる。ウクライナに侵攻したロシアやプーチン大統領の判断を「狂気」と断じるよりも前に、その理念や情勢認識、そしてその決定と根拠についても考察することが必要となろう。

複数の、多様な「正しさ」

本書に掲載された一七本の論文は、それぞれが、とかく米中「対立」であるとか、先進国対専制国家との拮抗という枠組みで説明されがちな対象についての、見逃されてきた側面を描き出している。米中対立という理解の枠組みに意味がないというのではない。しかし米中の対立や競争の影響・波及以外にも数多くの要因があること、とりわけ非先進国の場合には、日本を含む先進国における言論では見落とされがちな要素が多々あり、必要な視点が多くあることを指摘している。その問題提起は、およそ次のようにまとめられるだろう。

第一に、世界を米中「対立」として理解し、アメリカや中国などの強大なパワーのある国や主体を「主語」にして世界情勢を説明し、米中がいわゆる「グローバル・サウス」からの支持を取り付けようと争奪戦を行っているという世界像を描いてしまうと、開発途上国や新興国の視線はもとより、それらの開発途上国、新興国の有している多様性さえも見失いがちになってしまうのではないか、ということである。それに対して、開発途上国それぞれを主語として考える場合は、米中の「対立」のなかで、自らの国益に叶わなければ双方を拒否し、叶うならば双方を競争させて利益を得ようとする各国の姿が浮かび上がる。また、これらの各地域の主要国・有力国のこうした選択が、大国間競争といった国際要因よりも、しばしば内在的な論理や理念によって導かれていることも見えてくる。

第二に、世界を先進国と「専制」国家との対立として読み解き、さらに先進国＝善／正、「専制国家」＝悪／邪と見なす傾向が多く見られるものの、「専制」国家、あるいは権威主義体制国家とされる国々にも、それぞれの自画像、それぞれの論理があり、それは必ずしも「異形」とか

「奇異」とは限らないということである。むろん、ロシアによる主権侵害などは認められることではなく、開発途上国の多くもそれを批判する。しかし、さまざまな地域問題や人権問題などグローバルな諸問題に対する見方や姿勢において、新興国や開発途上国は多様であり、また先進国と一致しないことも多い。また、先進国の秩序形成は時に非先進国を実質的に「排除」していることもあり、新興国や開発途上国がそれを避けるように行動することを強いられることもある。ここでも対外行動が国内、域内の利害対立や理念上の対立などにしばしば強く影響されている点が見逃せない。

以上の二点は、新興国や開発途上国とそれらからなる地域への対処や対応を考える際に、こうした国々の自画像やそれぞれの論理、判断の軸、国内の状況を踏まえるべきだということを示している。これは国際政治や各国の対外政策を分析するに際して、それぞれの国や地域の内在的な論理を重視して研究の対象とする「地域研究」の知見を取り入れることの意義、すなわち国際政治や外交、対外政策理解と地域研究とを関連づける必要性、そして可能性を示唆するものである。このことは当たり前のようでありながら、新興国や開発途上国については十分に行われてきていない。

第三に、本書の諸論考は、先進国の拠って立つ「リベラルな国際秩序」の現在の状況への批判的検討を行っている側面がある。西欧諸国が展開する途上国での民主化のプロジェクトは、必ずしも成功しているわけはない。そのリベラルな価値観の核をなす「人権」が、時に先進国から重視されて外交懸案になりはするものの、その人権が当該国・地域で重視されたとしても、しばしばそこには現地に特有の背景と文脈が見出される。

目下、世界は、単純に二分されているのではなく、複数の、多様な「正しさ」の中で、さまざまな分岐が折り重なっている状態にあるのだろう。現在の注目を集めがちな議論では米中「対立」や先進国対専制国家といった側面が強調されるが、それで説明、理解できることには限界がある。米・欧や中国の外側の広大な世界に存する有力な主体の、まさに本書が課題とするそれぞれの「自画像」の把握と、そしてそれらの国と地域で生じている、折り重なる「分岐」への想像力が必要である。その「分岐」の重なりこそが、米・欧と中国が覆い尽くすことのない将来の世界を形作るからである。もちろん、世界に無数にある分岐を全て把握したり、厳密に言えば際限なく細分化されてしまうそれぞれの自画像や論理をくまなく理解したりすることもまた困難だろう。しかし、だからと言って複雑な物事を過度に単純化することが正当だとも言えない。まずは、複雑な現実を可能な限り複雑な状態のまま理解することが求められているのではなかろうか。

注

1 ロシアの歴史政策は、多くの面で習近平の歴史政策とも重なりをもつ。川島真「習近平政権の歴史政策 馬工程と四史」(日本国際問題研究所領土・歴史センター編『日本国際問題研究所領土・歴史センター歴史系検討会(国際政治史検討会/東アジア史検討会)論文集』日本国際問題研究所、二〇二二年三月、https://www.jiia.or.jp/JIC/pdf/2-1.pdf、二〇二三年二月一日アクセス)。

第1部

世界を観る眼

それぞれの歴史認識とあるべき世界

第1章

琉球から見る東アジア秩序の「内在論理」

岡本隆司

はじめに——ふたつの「独立」

❶香港の「独立」

香港にいわゆる「雨傘革命」がおこって、若者たちを中心に選挙・政治の民主化を訴えたのは二〇一四年、もう十年近く前になる。その後も香港政府・北京政府に抵抗をつづけた民主化運動は、周知のとおり二〇二〇年六月の「香港国家安全維持法」の施行によって、新たな段階に入った。

運動は弾圧を受け、まもなくほぼ収束したといってよい。逼塞《ひっそく》を余儀なくされた人もいれば、身柄を拘束されたり、投獄されたりする人もいる。そうした締めつけはなお続いていて、少なくとも当面、以前のような民主化の活動が、ふたたび盛んになるとはおよそ想像できない。

そんな局面にいたった具体的な過程・由来・内実・展望には、すでに立ち入った考察もあれば、あらためて詳細な検証も加えられるだろう。ここでは、そうした作業に備えるためにも、運動の根柢に存在した論理・概念をとりあげてみたい。いわば運動を成り立たせてきた「内在論理」である。これまであまり着目のなかった、その歴史的な由来に考えをめぐらせようと思う。

もっとも、その種のタームやロジックはもとより多岐にわたるので、すべてをとりあげるわけにもいかない。あえて典型をあげるとすれば、「独立」という概念であろうか。

香港の民主化勢力はしばしば「独立」という言辞を用いた。香港独立党というグループも存在したほどである。香港「独立」とは運動の過程で人口に膾炙《かいしゃ》したフレーズであり、次第に当局の統制が強まっていった情勢に抗おうとする意味合いが強かった。

それがまた香港政府・北京政府の危惧・警戒を深めたことも否めない。「独立」は政府当局・中央＝「中国」から離反するというニュアンスを内包する概念だからであり、「香港国家安全維持法」を導き出す一因であったともいえよう。

もちろんそれは香港にとどまらない。台湾の「独立」もおよそ同じ文脈にある。現在の台湾人が、以前のように、あるいは最近までの香港人のように、「独立」という術語をあからさまに使わないにすぎない。大陸の政権が一貫して台湾に「警告」するのは、とりもなおさず「独立」である。

❷もう一つの「独立」

そうした「独立」という術語概念を考えてみると、日本人にとっては、もっと身近で重大な事例・問題が存在することに気づく。沖縄・琉球の「独立」である。

沖縄では米軍駐留・基地移設などの問題を中心として、かねて日本政府に対する不満が高まっていた。そこから「独立」をめざす活動が始まり、たとえば「琉球民族独立総合研究学会（ＡＣＳＩＬｓ）」（https://www.acsils.org/home〔二〇二二年九月十二日最終閲覧〕）というような組織が実在している。発足は二〇一三年五月だから、香港の「雨傘革命」より一年以上はやい。そして存続・活動も、はや十年に垂《なんな》んとする。

以下、「学会」発足の「趣意書」を抜萃したもので、たしかに「独立を前提」とする宣言だった。

「琉球國はかつて独立国家であり、『歴代宝案』において明らかなように、アジア諸国と外交関係を結び、19世紀中頃には欧米諸国とも友好条約を締結していた。……琉球民族は本来、独自のネイション（nation、peoples、民族、人民）であり、国際法で保障された『人民の自己決定権』を行使できる法的主体である。琉球の地位や将来を決めることができるのは琉球民族のみである。……琉球の独立が可能か否かを逡巡するのではなく、琉球の独立を前提とし、琉球の独立に関する研究、討論を行う」[1]

ここまで明瞭でなくとも、多くの媒体に散見するのは、琉球はかつて「独立」していた、という口吻であり、けだし大多数の論者に共通するテーゼだといってよい。そしてほぼ例外なく、現在の日米地位協定に拘束された沖縄は、そうした歴史的な「独立」を失っているというニュアンスを蔵したフレーズである。

❸「独立」という概念

このように考えてくると、香港と琉球、双方の「独立」という言説には、まったく背景・立場・利害は異なっても、一脈通じる共通点がある。

まず現状に不満で、それを否定するのは当然として、そのためにしかるべき過去にもどる、という意味合いである。沖縄のスローガンは「琉球独立」であり、それはかつての「琉球」への回帰にほかならない。

香港の民主化運動は「独立」のみならず、「光復」というスローガンをも用いてきた。「もとどおりになる」という意味の漢語であり、これがいわゆる「独立」と同義の場合も多い。だとすれば、香港も琉球と同じように、かつて「独立」していたことになる。

第二に、その「独立」とは文字どおり、真の独立なのか、という点である。もちろん史上、香港が独立したことはない。かつてイギリスの植民地であって、独立国とは正反対の存在だった。「光復《もとどおりに》」するにしても、独立するはずはない。そして現在も、中国からほんとうに独立することをめざしているのか、といえば、論者による温度差はあるにしても、おそらくそうではないだろう。

沖縄の場合も、「琉球國はかつて独立国家」だったというのは、現在の語彙概念でそう譬喩《ひゆ》表現できるだけで、当時は独立ということば・概念は存在しなかった。史実として「独立国家」ではありえない。

そして現在でも、「独立」をめざす運動は、実質的には現状変更をよびかける活動にとどまっている。表向きの言説内容はともかくとして、ほんとうに日本から独立し、独立国家を樹立するつもりがあるのかどうかは、かなり疑わしい。

客観的にみても、いずれも法制上、国際法上の独立国となることは、とうてい想定できない。それなら、いわゆる「独立」とは、何をめざしているのか。

香港の民主化勢力が訴えていたのは、とりもなおさず当局に対し、いわゆる「一国両制」、とりわけ香港特別行政区基本法第二条の「高度な自治 a high degree of autonomy」という条文の遵守・履行を求めるメッセージである。それがいわば「独立」にひとしい。

沖縄の場合は、いっそう明瞭に「自己決定権」といいかえるのが普通である。いうまでもなく国際人権規約の条文にいう"the right of self-determination"に基づく術語で、やはり「独立」とはいえ、必ずしも独立国・主権国家を意味しない。ここも共通する。

こうした「独立」という措辞・表現は、おそらく当事者たちがことさら意識して用いた術語概念ではない。香港・沖縄それぞれごく自然に発想して使ったタームにすぎないのだろう。しかしながら、そうした無意識裡の言動とそれが期せずして一致する暗合に、かえっていっそう東アジアの歴史的な因縁・刻印を感じてしまうのは、筆者だけであろうか。

そこで以下では、沖縄・琉球の史実経過に即して、その歴史的な刻印に一瞥《いちべつ》を加えたい。香港など中国語圏の重大な問題となってきた局面にも、参考の一助になれば幸いである。

1 琉球の歴史とその出発

❶歴史的前提

そうした沖縄・琉球の史実経過とは、具体的にいえば、いわゆる「琉球処分」にほかならない。それ以降「独立」していたとみるべき「琉球」は概念、ひいては実体として存在しなくなったからである。

それなら、その「琉球」とはいかなるもので、いかにして亡くなったかをみれば、その「独立」の意味内容も判明するといってよい。つまり「琉球処分」の過程をみなおす作業が必要である。

もっとも、日本で普通に「琉球処分」と称する歴史的事件は、その名称・概念で海外に通じる

図表1-1 琉球の歴史

1895	下関条約・台湾割譲	
1880	分島改約交渉	③「両属」時代（近代）
1879	琉球藩廃止・沖縄県設置	
1878	清朝駐日公使何如璋着任	
1875	朝貢停止	
1874	台湾出兵	
1872	藩王冊封	
1871	台湾事件	②「隠蔽」時代（近世）
1868	明治維新	
1854	琉米修好条約（1855 琉仏・1859 琉蘭）	
1644	清朝入関	
1609	薩摩侵攻征服	
1429	三山統一、琉球王国成立	①古琉球
1380s	三山冊封	
1372	中山王が朝貢開始	
1368	明朝建国	

わけではない。「処分」とは国内・内政上の処置を意味する。しかし海外からは当時、必ずしもそうはみられなかった。

当時だけではない。今もってなお然り、なのであって、日本人の一般常識・既成概念ばかりでは、琉球・沖縄の歴史的地位をはかることのできない事情が存在し、それがいわゆる「独立」の概念とも無縁ではないのである。

なぜそうなのかをつきつめて考えるには、やはり実際に歴史をたどってみるにしくはない。以下ひとまず大づかみに、沖縄の帰属がひとまず明確になった日清戦争終結までを範囲として概観してみよう。

上はさかのぼった略年表となり、ごく簡単な時期区分を施してある。琉球の歴史は、①十四世紀から十六世紀・「古琉球」の時代、②十七世紀から十九世紀半ばまで、いわゆる「近世」

の「隠蔽《いんぺい》」時代、③近代の「両属」時代を経てきた。

この区分は画期がそれぞれ、世界史的な「十四世紀の危機」と「十七世紀の危機」、および十九世紀後半の日本の「開国」＝「近代」の開幕とおおむね対応した歴史的展開となっている。やはり琉球史も世界史の一環として考えるべきことを示すといってよい。

ここでは、現代につながる③が、タイムスパンとしてごく短いながらも、やはり重要・中核であって、合わせて五百年にわたる②①は、むしろその前提といった位置づけになる。あらためて番号の順序、つまり時系列にしたがって跡づけてゆきたい。

❷「万国津梁」

①は琉球が成立、繁栄した時代であって、琉球史の文脈では「古琉球」と称する。
地球規模の寒冷化と疫病蔓延がもたらした「十四世紀の危機」は、東アジア各地にも秩序体系・権力構造の再編をもたらした。そのなかから生じた明朝の「朝貢一元体制」が当時の東アジア広域にわたる関係の前提になり、ある意味、現代をも規定している。

もとより琉球もその例に漏れない。まず、その内容を大づかみにみておこう。

明朝の「朝貢一元体制」とは、中国史上未曾有の対外秩序といってよい。朝貢とは文字どおりには、貢ぎ物をもって君主に挨拶するという臣下の礼を示す行為であり、儒教・華夷秩序を表象するパフォーマンスであった。朝貢という行為そのものは中国史に通有のことである。しかしながら、それしか往来・交流の手段を認めないというのが、明朝の「朝貢一元体制」の特徴的な原則だった。ほかの時代・政権に類例をみない。沿海でいえば、「板きれ一枚、海に浮かべてはならぬ」という海禁も同時に布かれており、併せて励行されねばならなかった。[2]

そうはいっても、朝貢はあくまで儀礼行為である。儀礼の形式に違《たが》わない範囲でなら自由な行動が可能であり、そこに琉球が登場し、存在感を高める余地もあった。

琉球の国家建設は、中山王が明朝から冊封、つまり国王の任命を受け、中国と朝貢関係に入ったところに始まる。十五世紀に入って、本島全島および周辺諸島から成る琉球王国が誕生した。

琉球は久米村の華僑はじめ、明朝政府と恒常的な交渉ができる組織を有する。それと同時に、ほかの地域とも交易を行っていた。明朝の「朝貢一元体制」で、中国との交通・貿易は統制が厳重で不自由だったため、琉球は各地の交易を中国とつないで、中継地として繁栄する。シナ海域の交易網全体を成り立たせる、いわば要の地位をなした。

そのため「古琉球」の時代を「大交易時代」といいならわす。また同時代の琉球は「万国津《ばんこくしん》梁《りょう》」と称せられた。琉球史上、栄光の記憶として残っている。

もっともその栄光は、必ずしも永続しなかった。それなりの歴史的な条件が必要だったからである。

まず明朝の「朝貢一元体制」という秩序体系の存在と制度の存続が、欠かせない大前提であった。そのうえで、さらに具体的な要件がある。

当時は琉球に最も近接し、また経済規模の大きい日本列島が、なお成長の途上にあった。しかも戦国時代、求心的な権力が空白で、政治的経済的な秩序に安定を欠いている。他方で中国大陸では、同じ時期に君臨していた明朝政権も、沿海・海外の利害にはきわめて消極的だった。

そうした日中の間隙に介在し、橋渡ししたのが当時の琉球という存在なのである。そこに「万国津梁」を構築できる余地・条件があった。だとすれば、そうした間隙・余地の幅員《ふくいん》が減少したり消滅したりするなら、「万国津梁」も立ちゆかなくならざるをえない。

2 「近世」琉球

❶「隠蔽」

このようにみてくると、琉球の条件は日中によって左右される。以上はおおまかにいって十六世紀まで、十七世紀は日中が大きな変貌をとげたため、情況が一変する。

まず日本についていえば、琉球の盛衰はいわば、列島と相反・反比例の関係にあった。琉球が盛んだったのは、列島がまだ盛んでなかったからである。

①の古琉球から②の近世琉球に転換するのは、その盛衰が逆転した現象にほかならない。列島の経済規模が拡大し、権力・秩序が確立したなら、貿易およびその統制に少なからぬ影響を与えるようになるからである。戦国時代の終焉と江戸開府、その前後を貫いた日本列島の「大開発」は、琉球の国際的地位にも無縁ではなかった。

その帰結が薩摩による琉球の侵攻・征服だった。もはや日本は空白どころではなく、あからさまな圧力として登場した。日本の空白が、琉球の「大交易時代」「万国津梁」と不可分だったので、前者の形態がかわると、後者も烏有《うゆう》に帰《き》さざるをえなかったのである。

それはまた中国の、さらには世界史的な転換とも、パラレルな関係にあった。世界史上の「十七世紀の危機」は、東アジア政治史としては、明清交代に帰結している。三百年つづいた明朝の滅亡、代わって満洲人の清朝が君臨する、という巨大な変動であり、当時は「華夷変態」という天地の顚倒《てんとう》に等しい転換ととらえる向きさえあった。

そのなかで琉球に対しては、清朝はあえて明朝の旧制を温存し、朝貢関係を継続更新している。しかしもはや「朝貢一元体制」ではなかった。朝貢の有無に関わりなく、ほかの周辺国・地域も清朝との交易が可能になっている。

中国との朝貢関係をほとんど経験したことのない江戸時代・「鎖国」の日本もそうだった。しかもその日本・薩摩が、琉球を征服し、一定の支配を及ぼしている。そうした変動・ギャップをほかならぬ琉球が一身にうけとめなくてはならなかった。

経済的に日中との交易で充足しながらも、もはや前代のような間隙は存在しない。それは琉球にとって、シナ海全域に展開し、中継貿易を一手に引き受けた「大交易時代」の終焉を意味している。

しかも前代の対中朝貢関係はそのまま続いたため、琉球とこれを支配する薩摩の側にも、変化と継続に応じた、あらたな施策が必要であった。そこで琉球は清朝に対し、通交を保ちながら、日本との通交、とりわけその従属関係を組織的に隠して見えないようにした。歴史学界でいうところの「隠蔽」である。[3]

日本に対する従属が清朝・中国の知るところになれば、その反応・挙動によっては安定した三者の関係が紛糾しかねない。そんな事態・局面は、琉球はもとより、日本の側も望むところではなかった。近世日本も秩序安定のため、琉球との関係を隠して、琉球をことさら「異国」と位置づける方が、好都合ではあった。

❷「自己決定権」

もちろん現実には、隠しきれない局面がくりかえし起こる。清朝側の個別の当局者は、決して琉球の対日関係あるいは従属の状態を察知しなかったわけではない。

けれども清朝は琉球に関するかぎり、前代明朝以来の朝貢関係を継承していた。それは儀礼関係であるから、形式がととのえば、関係の実質・真意には立ち入らない、つまりは疎遠・無関心を生み出す制度構造である。

そこに組み込まれた個別の当局者も、よほどのことがなければ、その構造に即して行動せざるをえない。だからかれら自身、日琉関係にも、およそ立ち入って関知しようとしなかった。日琉の望んだ「隠蔽」が二百年以上、政策的制度的に成り立って、継続しえたゆえんである。

その半面、日本・薩摩の琉球に対する支配・統治は、清朝への露顕を恐れて隠微かつ限定的にならざるをえない。琉球側が後年、自ら「君主の権」を行使してきたと言明する情勢は、程度の差こそあれ、一貫して継続したのである。

とりわけ清朝については、頭を下げるだけでは、心底の屈従を意味しない。儀礼をつつがなくすませれば、その裏面の活動は、相手にさしつかえの生じない範囲で、いわば自主自由だった。もちろんそれは、制度・権利として自他が望み認めた自主自由ではなく、疎遠な結果として、生じた余地にすぎない。それでも事実として、自主自由は厳存した。

琉球は清朝に対する「隠蔽」を通じて、日本に従属しながらも「異国化」と「中国化」を進めたばかりではなく、一定の内政外交の自主権・フリーハンドを保ち得た。それがいわゆる「自己決定権」の歴史的な由来である。

琉球の立場からいえば、勃興する列島と激動する大陸にはさまれて、四囲の条件に適応をはかって、「自己決定」できる余地を形成することで、「大交易時代」以後の損失を最小限にくいとめたといってもよい。

❸ 条約締結

そうした「自己決定権」行使の典型的な事例が、たとえば十九世紀半ば、欧米諸国との条約締結であった。西洋諸国の国際関係では、条約を結べるのは独立主権国家の間である。ところが、アメリカ側の当事者だった東インド艦隊司令官マシュー・ペリー（Matthew C. Perry）は、

「琉球がどの国に属するかは今尚議論のある問題である。或る人によればそれは日本の薩摩侯の属領と云はれ、他の人々は支那に属すると想像してゐる。けれども琉球は絶対的に日本に属してゐる属領であると云ふ方が多かれ少なかれ確からしく、支那に対しても貢物を送つてゐることに疑がないのだから、多分幾らかは同国にも従属してゐるのであらう」[4]

と記して、琉球が清朝との朝貢関係を有すると同時に、事実上「絶対的に」日本への従属状態にもあったことを明白に認識していた。それにもかかわらず、ペリーはあえて琉球を交渉・締結の相手とし、また琉球もそれに応じて、日本との関係を「隠蔽」したまま条約を結んだのである。アメリカのみにとどまらない。それは翌年のフランス、五年後のオランダにも及んだ。

条約締結は今日的な基準でいえば、たしかに一種の「外交権」行使にひとしいから、その立場からは、「独立」国の行動ともいえるかもしれない。しかし琉球がこうして「自己決定権」を行使したのは、ペリーの引用にいうような状態においてである。あくまで「両属」状態と「隠蔽」が機能して有効だったからこそ行使しえたものであって、やはり日中の体制・秩序体系、とりわけ琉球との関係が以前と変わらないことが前提だった。

しかしながら欧米との条約締結というそのこと自体、新たな事態の発生である。もとより琉球だけの問題ではない。東アジアというひろい文脈でも、やはり新たな局面・段階である。琉球は変わらなかったのに対し、包摂対処しきれずに、自らの秩序体系そのものの変革を迫られた国もあった。ほかならぬ幕末維新の日本である。

3 「琉球処分」

❶「両属」概念とその矛盾

幕末は近世日本旧来の体制そのものが問われた時代であった。その影響は薩摩に及び、やがて薩摩が支配する琉球の内外における地位が問題になり、薩摩と幕府の対立にも関わってくる。そしてそのなかで、日本に対する琉球の従属が公然と語られるようになった。

それまで琉球の対日従属は「隠蔽」を通じて、なお国際的に認知されていない。もちろん清朝の冊封使やペリーのように、当事者たちが個別のケースで気づいていたことはあっても、清朝との朝貢関係は継続していたし、欧米諸国と条約も結んでいる。

しかし「開国」した日本は、従前とは異なる方針をとりつつあった。ことあるごとに、琉球が日本にも従属している「両属」にあることを表明したのである。

その趨勢は「御一新」の政体に転化した明治維新以後、いっそう明白となり、固まってきた。その一つの帰結が明治天皇による一八七二年の琉球「藩王」冊封である。これは列強にアピールしてきた琉球の日本従属を公式化した上で、内外に闡明《せんめい》する措置であり、しかもそれまでは認知し、事実上黙認してきた琉球の日清「両属」の状態を否定する方向に舵を切ったことを意味した。

西洋的な主権国家・国際関係からすれば、同時に別の二国に従属するというのは、ありえない状態だからである。西洋化をめざす明治日本に琉球が従属する以上は、専属しなくてはならない。いわば明治政府のとなえた「両属」概念とは、琉球の日清「両属」という現状の否定をめざした表現だった。

それに対する琉球の反応は、そうした明治政府の思惑とは必ずしも合致していない。明治政府が「藩王」冊封にさいして、「両属」を明示公言したことで、従前のような「隠蔽」の必要がなくなったのは、琉球にとっても新たな局面・段階であった。そこで琉球当局は、むしろ自ら「両属」概念を明示してゆくことで、従前の「両属」状態を維持しようとする方向にすすむ。

そこで明治政府と矛盾が生じ、対立が始まった。しかもほとんど時を措かずに、である。日本政府が琉球を口実に、台湾出兵を強行したのは一八七四年だった。

❷ 廃藩置県へ

日本側はその台湾出兵の結果、清朝と交わした合意文書に、琉球人を指して「日本国属民」と書き込むことに成功した。清朝側はのちにその含意を否定したものの、日本側は解釈をあらためず、かくて一八七五年以降、清朝への朝貢停止を求めるなど、琉球の専属化をめざす動きを強める。これに反発した琉球側は、日本政府に対し抗議請願をくりかえして、清朝への朝貢＝「両属」の継続をはかろうとした。

かたや清朝は制度的な疎遠から、そうした日琉対立にほとんど関知していない。やがて一八七七年、朝貢の停止が明るみに出ると、ようやく日琉の軋轢に気づいて腰を上げる。琉球側も清朝をまきこんで、日本に対抗しようとした。

清朝が疎遠だったのは、琉球自体に対する利害関心が弱かったからでもある。海を隔てた小さな列島では、安全保障にしても経済関係にしても、大きな価値を認めがたい。それでも関与をはじめたのは、控える相手がほかならぬ日本だったからである。その日本は「倭寇」と朝鮮出兵で過去の前科があったばかりか、目前にも富国強兵を進めており、潜在的な軍事的脅威だった。とりわけ懸念したのは、三百年前よろしく、首都北京に近い朝鮮半島への侵攻である。

したがって琉球そのものより、むしろ朝鮮半島という別方面の利害関係から、清朝側は琉球の対日抵抗と足並みをそろえた。とりわけその先鋒に立ったのは、新たに赴任した駐日公使の何如《かじょ》璋《しょう》である。

年表にもあるように、琉球はかつて一八五〇年代、日本との関係を「隠蔽」し、また清朝との朝貢関係を維持しつつ、欧米と条約を結んでいた。[5] 何如璋はこの事実に依拠して、強く日本に抗議した。いわく、清琉の朝貢関係を否定することは、琉球の「自治」を否定し、したがって欧米との条約関係をも否定するにひとしく、国際法にかなわない、との主張である。また日本政府に抵抗する琉球側も、これに同調して、清朝のみならず欧米当局にも接近する動きを示したため、日本側の強い反撥を招き、「処分」をかえって促す結果になる。[6]

そうした折衝のなかで、何如璋が意識したのは、近世琉球の「両属」状態だった。日本に赴任してから琉球側と接触し、また情報を収集するなかで、琉球と欧米との条約関係を利用して、自らの体制秩序維持に西洋諸国の支持を得ようとする戦略をたてたようである。

琉球と欧米諸国との間で締結した条約は、清琉旧来の朝貢関係の下で存在しえたものであり、日琉関係と無縁であるにもかかわらず、日本が一方的に両者の廃棄を強要するのは不当だ。何如璋は以上のような論法で、日本政府に再考を迫った。そのさい琉球が「隠蔽」しつづけ、また清朝も一貫して疎かった日琉関係には、ほとんど立ち入っていない。

そんな主張に日本政府はもちろん承服しなかった。何如璋の主張を顧慮せずに「処分」を進め、一八七九年には首里城を接収、琉球藩の廃止・沖縄県の設置を断行したのである。

おわりに

1 その後

それなら廃藩置県にふみきった日本に、清朝・琉球が承服したのかといえば、やはりそうではない。琉球の「救国運動」、日清の交渉と対立は、なお以後もつづいた。けれども十五年間にわたり、大きな転換をみることなく、一八九四年の日清戦争を迎える。

日本の戦勝・台湾の割譲という結果によって、琉球も「処分」の結果・廃藩置県の既成事実が、継続定着することとなった。前後を通じて、日中沖三者の合意はついにみないままだったのである。

以上の歴史的事象の背景にある論理は一つではない。「琉球処分」は明治日本が国内体制の論理で断行したものである。ただし琉球を新たな近代国民国家体制に取り込むという意味で、日本の論理は、まったく西洋の主権国家体系という外在論理に立脚していた。

それに対し琉球をはじめ、朝鮮・ベトナムなど「自治」「自主」だった周辺国の有した朝貢関係は、実地の行政に疎遠な体制だった明清中国の統治原理が対外的に発露したものである。それは「属国自主」とも称せられる、[7] 東アジアの秩序体系の歴史的な内在論理に相当した。琉球の場合、それが「近世」日本の琉球支配と交錯して、「隠蔽」を通じた「両属」状態を生み出し、ひいては琉球の「自己決定権」を存続せしめたのである。

明治政府は一八七〇年代、西洋の主権国家体系に即して、「両属」状態にあった琉球を専ら日本に帰属させるため、「処分」を通じて現状の否定を試みた。琉球と清朝はそれに対し、日本が提起した「両属」概念を換骨奪胎して「属国自主」を主張することで、現状の肯定・維持をめざしたのである。

したがって「琉球処分」は、西洋由来の外在論理と東アジアの内在論理の切り結んだ、典型的な史実・事例とみてよい。ひるがえって現在、国家主権と「自己決定権」とが対立する「琉球独立」の論議をみるに、この史上の相剋《そうこく》が形を変えてあらわれているともいえようか。

❷ 展望

しかもその種の事例は、琉球・沖縄ばかりに限らない。時期・場所の違いに応じて、以後も「自主」「自治」「独立」という多様な概念、またそれをめぐる紛糾となってあらわれた。

とりわけ二十世紀に入ると、中国は清朝以来の疎遠な統治を否定し、西洋の外在論理を奉じて国民国家の創出をめざした。現代中国の区域「自治」制度や「一国両制」も、そうした歴史的展開の上にある。中央政府からみれば、旧体制の疎遠な統治を国民国家体制に転換させる制度的な手段にほかならない。

しかし現地からすれば、自ずから立場は異なる。たとえば「自治」は、従来の疎遠な体制で経験享受してきたフリーハンド・アイデンティティを意味するのであって、ダライ・ラマ十四世が主張するチベットの「高度な自治：genuine autonomy」は、香港「光復」や「琉球独立」と同じく、かれらなりの内在論理にほかならない。中国政府から否定されるのはそのためであって、あたかも琉球の「両属」「自治」（＝「自己決定権」）が明治日本に否定された史実を髣髴《ほうふつ》させる。

現代世界は国民国家にもとづく国際関係で成り立っており、それは西洋の外在論理以外の何物でもない。しかしこうした外在論理が東アジアに持ちこまれると、翻訳概念として漢語が媒介したため、それまで当該漢語が含有していた歴史的な内在論理が残存併存することも少なかった。「自治」も「独立」もそのため、つねに内在論理と外在論理の両義性と分岐をはらんでいる。両者の矛盾と軋轢は、パワーバランスによって、潜在化することもあれば顕在化することもあった。[8]

現代の琉球・香港の「独立」概念は、そうした歴史的な一事例としてとらえることができる。逆にいえば、そうした「独立」問題を考えるにあたっては、以上のような歴史を考えあわせなくては、十全な理解に達することができないのである。

注

1 「琉球民族独立総合研究学会設立趣意書」二〇一三年五月十五日 https://drive.google.com/file/d/1thAix3YobZ5baMSA8ZuGtGU0LmYr0Ju1/view（二〇二二年九月十二日最終閲覧）。学会ACSILsのホームページhttps://www.acsils.org/homeから閲覧できる。

2 「朝貢一元体制」については、岩井茂樹『朝貢・海禁・互市——近世東アジアの貿易と秩序』名古屋大学出版会、二〇二〇年を参照。

3 このような体制としての「隠蔽」については、渡辺美季『近世琉球と中日関係』吉川弘文館、二〇一二年を参照。

4 土屋喬雄・玉城肇訳『ペルリ提督 日本遠征記（二）』岩波文庫、一九四八年、八頁。

5 琉球と欧米との条約およびその重要性については、ティネッロ・マルコ『世界史からみた「琉球処分」』榕樹書林、二〇一七年、および国際法からみた柳原正治「仕置、附庸、属国、そして主権——近世・近代における琉球王国の「国際法」上の地位」同編『変転する国際社会と国際法の機能——内田久司先生追悼』所収、信山社、二〇一八年、琉球の立場からみた上原兼善『黒船来航と琉球王国』名古屋大学出版会、二〇二〇年を参照。

6 以上の清朝側の動向、および中国側の体制全般については、拙著『中国の誕生――東アジアの近代外交と国家形成』名古屋大学出版会、二〇一七年を参照。

7 「属国自主」の具体的な史実経過については、拙著『属国と自主のあいだ――近代清韓関係と東アジアの命運』名古屋大学出版会、二〇〇四年、拙編『宗主権の世界史――東西アジアの近代と翻訳概念』名古屋大学出版会、二〇一四年を参照。

8 以上の歴史的な淵源については、前掲拙著『中国の誕生』を参照。

第2章

歴史認識をめぐる戦い
――プーチン政権と独ソ戦の記憶

西山美久

はじめに

ウラジーミル・プーチン大統領は、ロシアの偉業である独ソ戦の勝利を用いて国民の愛国心を鼓舞している。戦勝はロシアにとって神聖な国民的物語に他ならない。他方で、近隣諸国は独ソ戦で活躍したソ連兵士の銅像や記念碑を撤去するなどロシアの歴史認識に反発しており、戦勝の記憶をめぐる対立が近年、顕著になっている。

こうした中、プーチン政権は戦勝を絶対視する歴史認識をどのように正当化し、擁護しているのだろうか。本章では、その取り組みを明らかにしたい。

1 プーチン政権の歴史政策

❶ 戦勝を絶対視する歴史認識

ロシアの歴史認識の中核ともいえるのが、独ソ戦での勝利である。プーチン大統領や政府高官は、ロシア国民の愛国心を鼓舞するために五月九日の戦勝記念日に退役軍人を労い、戦勝の意義を説いている。[1]

プーチン大統領のこれまでの発言を振り返ってみると、たとえば就任直後の二〇〇〇年五月の戦勝式典で「我々は勝利のために全てを捧げた。……我々は世界の平和を守り、ナチズムへの勝利に大きな貢献を果たした」と語り、二〇〇五年の式典では「ソ連軍は欧州解放やベルリン攻防戦で勝利のうちに戦争を終わらせた」とその功績を強調した。

二〇二〇年の戦勝七十五周年記念式典では「ナチズムはソ連の数百万の人々の命を奪った。……彼らは祖国を守りながら戦い続けた。欧州諸国を占領者から解放し、ホロコーストの脅威を終わらせたことで、ナチズム（の脅威）から救済した」と喝破し、戦勝を重視する立場は今も変わっていない。

このように見ると、プーチン政権は、多大な犠牲を被りながらもソ連がナチス・ドイツという巨悪を倒し、ナチズムの脅威から欧州諸国を解放したという点を強調していると言えよう。

実は、このような歴史認識は国民からも支持されている。独立系機関レヴァダ・センターの調査によると、「戦勝に誇りを感じる」とする回答者の割合は、二〇〇三年八三％、二〇〇八年八九％、二〇一五年八五％で、二〇二〇年も八九％を記録した。国民が誇りとする戦勝は、ロシアにとって輝かしい歴史の一ページに他ならない。

プーチン政権は国民の後押しもあり、戦勝を絶対視する歴史認識をより一層普及していく。以下、主な政策を簡単に見ていこう。

❷歴史教科書への関心

プーチン政権は若年層の愛国心涵養《かんよう》のために歴史教育に注目した。ロシアの初等中等教育を所轄する教育省は、スターリンを独裁者と描き、ソ連時代を否定的に説明したとして歴史家イーゴリ・ドルツキーの教科書に批判の矛先を向けた。欧米メディアなどが政権による歴史教育への介入だと指摘したが、同省は二〇〇三年十二月に同教科書の検定合格を取り消した。

それでも物足りなかったのか、プーチン大統領は二〇〇七年六月、歴史教師などを交えた会合で「ロシア史を奥深く、正確に記した教科書は事実上存在していない」と不満を吐露した。戦勝のほか、それに関わるスターリンやソ連時代に関する記述内容が問われた。

プーチン大統領は記述内容の指針を示すかのように、スターリンの人権弾圧を認めつつ、彼の指導の下でソ連は勝利できたとし功罪両面を強調した。こうした立場を受けてなのか、政権寄りのシンクタンクで副所長を務めるアレクサンドル・フィリポフによる教員用指導書『ロシア現代史』が二〇〇七年七月に教育出版社から発売され、戦勝のほかスターリンの指導力にも焦点が当てられた。

歴史家による教科書も見ると、たとえばザグラジン・コズレンコ・ミナコフ・ペトロフの四名による一一年生〔日本の高校生に相当〕用の歴史教科書『ロシア史——二十世紀初頭から二十一世紀』は、スターリンの人権抑圧に触れつつ、ソ連軍による欧州解放という功績のほか、「ソ連人民のスターリンへの信頼が勝利に繋がった」と戦勝の一要因を説明した。[2]

プーチン大統領の歴史教科書への関心は依然として高く、二〇二一年四月の教書演説ではロシアの政治経済情勢について語る一方で、名指しこそ避けつつ、独ソ戦の説明が不十分だとしてある歴史教科書の記述内容に不満を表明した。大統領の発言を受け、教育省は問題となった教科書を見つけ出すに至った。

そうした中、元文化大臣で、現在大統領補佐官を務めるウラジーミル・メディンスキーが監修した一〇年生用の歴史教科書が二〇二一年七月に出版された。この教科書では、独ソ戦の記述は計七九ページにもなり、写真や図表も交えて戦争に至る過程やソ連軍の功績が淡々と説明され、同時にプーチン大統領が強調する「ソ連の犠牲」や「欧州のナチズムからの解放」なども言及されている。[3]

❸ シンボル操作

プーチン政権は戦勝の記憶を共有するために一般国民を広範に巻き込むことにした。そこで着目したのが、戦勝のシンボルとされるオレンジと黒のストライプ模様の「ゲオルギー・リボン」

である。

戦勝記念日が近づくとロシア各地でリボンが無料配布され、国民はカバンに結びつけたり身に着けたりして、戦勝の記憶を共有している。もともとは、リア・ノーヴォスチ通信などが二〇〇五年の戦勝六〇周年に合わせてリボンの配布を始めたことがきっかけであり、その後は配布運動が全国規模に拡大した。

リボンがロシア全土で周知されるようになると、二〇〇七年五月からはプーチン大統領や政権幹部のほか、国営テレビのニュースキャスターなどがリボンを左胸に付けるようになった。また、式典会場や軍事パレードで披露される戦車などにリボンが飾られるようになり、戦勝のシンボルとして定着した。少し古いデータとなるが、世論調査機関の「世論基金」が二〇一二年四月に公表した結果によると、回答者の七〇%がリボンを肯定した。

プーチン政権は戦勝の記憶を共有するために、ゲオルギー・リボンのみならず、戦没者を追悼する「不滅の連隊」と呼ばれる行進にも着目した。この「不滅の連隊」はもともと二〇一二年にシベリアの都市トムスクで始まった草の根的な運動であり、参加者は遺族の写真を伴って行進する。二〇一二年以降、賛同者は次第に増えていき、ついには全国規模で実施されるようになった。

これを受け、二〇一五年五月からは政権も「不滅の連隊」に関与し始めた。プーチン大統領はゲオルギー・リボンを左胸に付け、父親の写真を伴って行進に参加し、戦勝に多大な貢献を果たした先人の偉業を称えた。

こうして、政権は国民共通の記憶としての戦勝をイメージづけるためにこの運動にも関心を示し、戦勝を絶対視する歴史認識の普及を図ったのである。政府機関紙『ロシア新聞』によると、二〇一五年五月の行進にはロシア全土で一二〇〇万人が参加した。独立系機関レヴァダ・センターによると、二〇一五年当時、八九％が「不滅の連隊」を肯定的に評価した。

このように、プーチン政権はシンボル操作も行いながら「公的な記憶」と「私的な記憶」の接続を図り、戦勝を絶対視する歴史認識の更なる普及を進めている。

④ 刑法・行政違反法・憲法の改正

歴史家ドルツキーの教科書事件や二〇〇七年のプーチン発言などが示すように、戦勝を絶対視するプーチン政権は異論を認める気はないようだ。それを意図してか、政権与党「統一ロシア」のイリーナ・ヤロヴァヤ議員などは二〇一四年四月、ナチズムの復権を試みる言動に罰則を設ける刑法改正案を下院に提出し、同年五月にプーチン大統領が承認するに至った。戦勝記念日を見据えたかのように、わずか一カ月でのスピード採択となった。

今回の改正で刑法に第三五四条の一が新たに設けられ、ニュルンベルク裁判で確定された事実の否定や、第二次大戦世界大戦時におけるソ連の活動について虚偽の情報を頒布する行為などに対して、最大三〇万ルーブルないし年収二年分の罰金が科されることになった。

異なる解釈の流布を防ぐためか、二〇二一年四月に当該規定は改訂され、退役軍人に対する虚偽の情報頒布も処罰の対象とされたほか、罰金が最大三〇〇万ルーブルに増額された。プーチン政権は異なる歴史認識に対して刑罰を科すことにしたのである。

プーチン政権は行政罰を定めた行政違反法の改正にも着手した。もともと二〇〇一年十二月に制定された本法は、その二〇条の三で「ファシズムを連想させる品々やシンボルの宣伝および発表」を禁止した。その後、「ファシズム」から「ナチス」に文言が変更されたほか、規制対象が拡大され、二〇一四年の改定時には「ナチスを連想させる品々やシンボル、上記に類似した品々やシンボル、過激主義組織の品々やシンボル、その他連邦法で禁止されたシンボルの宣伝および発表が禁止」となった。

この規定に違反すると、一般人は一〇〇〇ルーブル以上二〇〇〇ルーブル以下（日本円で約二〇〇〇円以上四〇〇〇円以下）、公務員には一〇〇〇ルーブル以上四〇〇〇ルーブル以下（二〇〇〇円以上八〇〇〇円以下）、法人には一万ルーブル以上五万ルーブル以下（二万円以上一〇万円以下）の過料が科される。

このほか、プーチン政権は二〇二一年六月に憲法改正も行った。多数の項目が新たに盛り込まれたが、その一つとして過去の偉業や祖国防衛に尽力した英雄の功績を後世に伝える必要性を強調した条項が新たに追加された。独ソ戦の記憶を擁護する政権の姿勢が最高法規である憲法に明文化された形となった。

⑤プーチン体制の支柱

ロシアの専門家は、プーチン政権が推し進める歴史政策に注目している。たとえば、ロシアの歴史政策や歴史認識などをまとめた『厳格な体制下の記憶――ロシアの記憶と政治』の著者で知られるサンクトペテルブルク大学教授のニコライ・コポソフは、「戦勝は新生ロシアを形作る真の神話」だと説いている。[4] 戦勝に関する歴代大統領の言説などを分析しているモスクワ国際関係大学教授のオリガ・マリノワはさらに踏み込んで、「戦勝はプーチン・ロシアの基礎となる神話」だと言明した。[5] 彼らの指摘に従うと、独ソ戦の勝利はプーチン体制の支柱とも言えるのかもしれない。このように国民から支持される戦勝の記憶は、プーチン政権の後押しもあり、現代ロシアを織りなす重要な要素の一つとして理解されるようになった。

2 欧州との対立

もっとも、プーチン政権の歴史認識は、近隣諸国や国際機関からの反発を生んでいるのも事実である。ここでは、ロシアを批判する彼らのロジックを簡単に確認したい。

❶近隣諸国からの異論

バルト諸国やポーランドなどは戦勝を絶対視するロシアの歴史認識を批判している。これらの国々では、脱共産主義化の一環でソ連兵士の銅像や記念碑が撤去されている。彼らによると、ナチス・ドイツからの解放後、ソ連に占領され、共産化された結果として基本的自由が剝奪されたのであり、旧体制下での記念碑などはまさに「占領」の証だという。バルト諸国やポーランドなどは、ナチス・ドイツとソ連という二つの全体主義国家から占領され、長らく抑圧の下にあったと主張している。

それを示すように、ラトヴィアやエストニアでは、ナチス・ドイツが創設した武装親衛隊の元兵士らが当時の軍服に身を包んで記念集会などを開催している。彼らによると、ラトヴィアおよびエストニアの武装親衛隊は、自国に攻め込んだソ連軍から祖国の自由独立を守るために立ち上がった闘士に他ならない。

そのためか、ラトヴィア議会は一九九九年六月に武装親衛隊ラトヴィア人部隊の創設日である三月十六日を記念日に制定したが、国際的な批判があったのか翌年には撤廃するに至った。それでも元兵士らは三月十六日に集会を毎年開催し、祖国独立に尽くしたと訴えている。ロシアが主張するソ連によるナチスからの解放は否定され、むしろソ連による占領が強調されている。

ロシアのメディアによると、武装親衛隊元兵士らの活動は自国内でも批判されているが、ラトヴィアおよびエストニアの両国政府は目立った動きを見せておらず、今も記念集会が開催されているという。

旧体制下で建設された記念碑の撤去も進んでいる。たとえば、エストニアでは二〇〇七年一月、首都タリンの中心部にあるソ連兵士の銅像が郊外に移設され、ロシアが大批判キャンペーンを展開して国際的に注目された。ロシア側は当該銅像を「解放兵士の像」と呼んでナチス・ドイツからの解放を強調したのに対し、エストニア側は「占領の象徴」だとして移設決定を支持した。銅像や記念碑の撤去はエストニアのほかにも、ポーランドやチェコなどでも生じている。こうした状況は一部の研究者から「記念碑をめぐる戦争」とも呼ばれており、共産主義時代の記憶をどのように評価するのかが問われている。

ポーランドでは国民記憶院と呼ばれる組織が一九九八年十二月に創設され、秘密警察の文書や共産主義時代の記念碑のリスト化・撤去などを進めている。ロシア紙『イズヴェスチヤ』によると、二〇一九年八月時点でポーランド国内にある四二七の記念碑や銅像が撤去されたという。チェコの首都プラハでは二〇一九年九月、プラハ解放に尽力したとされるソ連元帥イヴァン・コーネフの銅像が撤去され、ウクライナでは脱共産化の名目でソ連時代の記念碑や銅像が次々に撤去されるに至り、ロシア側は「歴史の歪曲」だと批判している。

❷ 欧州国際機関の反論

バルト三国やポーランドなど欧州各国が個別にロシアの歴史認識に異論を唱える中、欧州議会といった国際機関も次第に声を上げ始め、「欧州」としての意見を提示するようになった。

中でも欧州議会はこれまでにいくつかの決議を採択し、ロシアの歴史認識を牽制してきた。それらを確認すると、たとえば同議会は二〇〇八年九月に採択した決議で、独ソ不可侵条約が締結された八月二十三日を「スターリニズムとナチズムの犠牲者追悼の日」にすると発表した。二〇〇九年四月には「欧州の良心と全体主義」と題する決議を採択し、「中東欧はナチズムと共産主義の両方を経験した。この二重の独裁体制の遺産について理解を深める必要がある」と、ロシアの立場を一蹴した。

欧州安全保障機構議員会議は二〇〇九年七月、「分断された欧州の統合」と題する決議を採択。その冒頭では、「欧州は二十世紀にジェノサイド、人権と自由の侵害、戦争犯罪および人道に対する罪をもたらしたナチスとスターリニズムという二つの強力な全体主義体制を経験した」とし、ロシアの歴史認識とは程遠い見方を示した。

ロシアの歴史認識への異論はその後も見られた。欧州議会は二〇一九年九月、「欧州の未来に向けた歴史的記憶を守る重要性」と題する決議を採択した。今回の決議はこれまでのものと比べてもかなり踏み込んだ内容であり、メディアからも注目された。決議は、「二つの全体主義国家によって欧州と他の国々が分断され、結果として第二次世界大戦へと突き進むことになった」と指摘した上で、「ロシアは独ソ不可侵条約とその結果に対する責任を否定」していると非難した。そして、「現在のロシア指導部は歴史的事実を歪曲しソヴィエトの全体主義体制による犯罪を誤魔化して」いるとし、プーチン政権の立場を厳しく批判した。

欧州がこの種の決議を採択したのはなぜか。ロシア側の説明によれば、欧州連合（EU）に加盟したバルト諸国やポーランドといった旧共産圏の国々が「占領史観」の正当性を長年にわたって主張してきた結果であり、歴史認識で有利な立場を維持してきたという。

いずれにせよ、欧州の国際機関はロシアの歴史認識に異議を唱え続け、二〇一九年決議に至ってはロシア側の主張を真っ向から否定している。こうして欧州は、ナチス・ドイツからの解放を主張するプーチン政権の歴史認識に異を唱え、ソ連による占領を改めて強調したのであった。

3　国際協力の展開

このように近隣諸国や欧州国際機関から異論・反論が提出される中、プーチン政権は黙認していたわけではなかった。ロシア単独で反論すると同時に、第三国との国際協力も進めることでロシアの歴史認識を正当化することにした。二〇〇八年以降に採択されたロシア外交の指針である「外交政策の概念」では、歴史認識の拡散が謳《うた》われている。

❶イスラエルと中国との協力

プーチン政権は第二次世界大戦に関する「共通の記憶」を意識し、イスラエルと中国との協力に乗り出した。

プーチン政権はイスラエルとの協力を推進するに当たり、ホロコーストに着目した。二〇〇五年一月、アウシュヴィッツ＝ビルケナウ強制収容所解放六〇周年式典においてプーチン大統領は、犠牲者を追悼しつつ、収容所解放に尽力したソ連兵の功績を称えることで、ロシアとイスラエルが記憶を共有している点を訴えた。二〇〇五年の時点でこうした動きが見られたものの、本格化するのは近隣諸国や欧州国際機関との歴史認識問題をめぐる対立が先鋭化する二〇〇九年〜二〇一〇年以降である。

たとえば、プーチン大統領は二〇一二年六月にネタニヤフ首相と会談した際、「ナチスを撃破したソ連の役割に疑問を挟む余地はない。ホロコーストを経験した人々は死刑執行人と解放者をしっかりと覚えている」と述べた。これに対しネタニヤフ首相は、「ホロコーストを否定する試みに対して対抗するし、ナチス・ドイツへの勝利に重要な役割を果たした赤軍の役割を否定する試みにも対抗していく」と応答し、歴史認識での協力を表明した。

二〇一八年五月に戦勝記念式典に出席したネタニヤフ首相は、ロシアの歴史認識に共鳴するこれまでの発言を体現するように、ゲオルギー・リボンを左胸に付けてパレードを観覧したほか、プーチン大統領とともに「不滅の連隊」にも参加した。首脳会談でプーチンがソ連による強制収容所解放に改めて言及すると、同首相は「(ホロコーストは)両国および両国民の間に深い繫がりがあることを意味している」と述べるなど、歴史認識での協力が演出された。

ロシアはイスラエルと協力を進めつつ、同じく二〇一〇年頃から中国との関係構築にも乗り出した。プーチン政権は特に第二次世界大戦下における極東での中ソ協力に着目し、軍国主義日本を打ち破った功績を強調することで接近を図った。

たとえば二〇一〇年五月、一時的に首相に退いたプーチンは胡錦濤国家主席との会談で「ロ中は大戦の同盟国であり、ファシズムや日本軍国主義を撃破するために大きな役割を果たした」と述べると、同主席は「両国の立場は一致している」と返答した。

二〇一五年の戦勝七〇周年記念式典に出席した習近平国家主席は、九月三日の抗日戦勝記念日にプーチンを招待したいと述べ、歴史認識で両国の結束を訴えた。招待に応じたプーチンは新華社通信とのインタビューで「欧州でもアジアでも第二次世界大戦の結果を歪曲」する動きがあり、これに対する「ロ中両国の立場は一致している」と強調し、歴史認識問題での共闘を表明した。

こうしてプーチン政権は、イスラエルおよび中国から協力を得ることで、戦勝を絶対視する歴史認識の正当性を世界に訴えてきたのである。

❷旧ソ連諸国との協力

歴認認識の正当化に努めるプーチン政権は、イスラエルと中国の二カ国だけではなく、戦勝という「共通の記憶」に着目し旧ソ連諸国との協力も図った。プーチン大統領は就任当初から、独ソ戦での勝利が旧ソ連諸国、とりわけ独立国家共同体諸国（以下、ＣＩＳと略記）を結びつける共通の記憶だと説いた。このＣＩＳとは、一九九一年十二月に創設が発表され、バルト三国を除く計一二カ国で結成された。その後、紆余曲折あり、グルジアは二〇〇九年八月に正式脱退、ウクライナは二〇一四年三月のクリミア併合を受け、ＣＩＳから距離を取り始め、トルクメニスタンは二〇〇五年八月に準加盟国となった。

このように加盟国の増減がありながらも、プーチン大統領は過去の戦勝記念式典で「五月九日の戦勝記念日はＣＩＳ諸国で祝われている」「五月九日はＣＩＳ諸国にとって神聖な日である」などと述べたほか、各国首脳に対して祝賀レターを毎年発出したりして、戦勝が各国を結びつける共通の記憶だと強調している。

こうした認識のもと、プーチン大統領はＣＩＳ首脳会合などで戦勝の歴史的意義を述べつつ、各国が協力して五月九日の記念日を祝うべきだと訴えた。これを受け、戦勝六十五周年（二〇一〇年）、七十周年（二〇一五年）および七十五周年（二〇二〇年）という節目の年に向けて、戦勝記念に関するＣＩＳ共同事業計画やＣＩＳ首脳共同声明が採択されたほか、「退役軍人の年」といった共通年の制定、ＣＩＳ共通戦勝記念メダルの製造、国際学術会議の開催などあらゆるレベルで様々な協力が図られた。

また、戦勝記念式典でも共通の記憶が演出された。たとえば二〇一五年五月の戦勝七〇周年式典では、中国やインドの軍隊のほか、ＣＩＳからアゼルバイジャン、アルメニア、ベラルーシ、カザフスタン、キルギスおよびタジキスタンの軍隊がパレードに参加した。二〇二〇年の式典でもアゼルバイジャン、アルメニア、ベラルーシ、カザフスタン、キルギス、モルドヴァ、タジキスタン、トルクメニスタンおよびウズベキスタンの軍隊がパレードに加わるに至り、プーチン政権は各国の協力も得ながら、戦勝記念式典という晴れの舞台で歴史認識の正当性を内外に訴えたのであった。

歴史認識をめぐるロシアと欧州諸国の対立が長期化する中、欧州による「歴史の書き換え」を訴えるプーチン大統領の主張に賛同したのか、各国首脳は「歴史の書き換えに反対」などと発言しロシアの立場に寄り添った。各国首脳の態度を反映させ、二〇一五年以降に採択されたＣＩＳ首脳共同声明には「歴史歪曲に反対」「歴史の書き換えに反対」といった文言が盛り込まれるに至った。

以上のようにプーチン政権は、戦勝が各国を結びつける共通の記憶だと訴えることでＣＩＳ諸国からの協力を取り付け、欧州による異論・反論に対抗してきた。

4 国際連合での活動

プーチン政権は歴史認識を正当化するに当たり、イスラエル、中国、ＣＩＳ諸国との協力にとどまらず、国際連合での活動にも活路を見出していた。ロシアは独ソ戦での勝利を称揚する決議を採択することで、歴史認識を正当化しようと目論んだ。

二〇〇四年四月、ロシアはジュネーヴで開催された国連人権委員会で「現代的形態の人種主義、人種差別、ゼノフォビアおよびそれらに関連する不寛容を促す行為の禁止」と題する決議案を提出した。決議案では「銅像や記念碑の設置、街頭での示威活動などによってナチズムや武装親衛隊を神聖化する動きに懸念を評す」といった内容が盛り込まれており、特にラトヴィアやエストニアにおける武装親衛隊元兵士らの活動が念頭にあったことは疑いない。同決議案は、委員会加盟国五三カ国のうち、賛成三六カ国の多数で採択された。ロシアは二〇〇五年四月、若干の改定を施した同名の決議案を同委員会に提出し採択にこぎつけたが、同年十一月には国連総会での決議採択を目指した。なぜなら、総会は一九二（当時）の全加盟国からなり、賛成多数で決議を採択できればロシアの歴史認識の正当性を世界にアピールできると踏んだからである。

そこでロシアは二〇〇五年十一月に決議案を国連第三委員会に提出した。審議でロシア代表団は、戦勝六〇周年という記念の年に、かつて世界を恐怖に落とし入れたファシズムの再来を防ぐためにも、当該決議案を採択し世界が団結して抗すべきだと訴えた。決議案では、人権委員会での決議同様に、ラトヴィアやエストニアにおける武装親衛隊元兵士らの活動などを念頭に置いていた。これに対してアメリカや欧州諸国は、当該決議案には表現の自由を規制し得る文言が含まれているとの理由で決議採択に難色を示した。

欧米の反対意見がありながらも、決議案は賛成九七カ国、反対四カ国、棄権六三カ国で採択された。十二月には第三委員会の勧告に基づき、国連総会本会議で改めて採決に付され、賛成一一四カ国、反対四カ国、棄権五七カ国の多数で採択された。多数の加盟国が決議を支持したため、ロシアからすると自国の歴史認識が認められたということになる。

ロシアは二〇〇六年以降も内容に修正を加えた同様の決議案を毎年提出しており、いずれも賛成多数で採択されている。反対はこれまでアメリカのみであったが、クリミア併合の影響でウクライナも立場を変化させ、二〇一四年以降はこの二カ国が反対票を投じている。棄権国は欧州や一部の国々で、年によってその数は異なるが、おおよそ五〇カ国ほどになる。数から見ればロシアの決議が多数の国連加盟国によって支持されたことになる。

こうした結果を受け、ロシアは戦勝を絶対視する歴史認識が国際社会から支持されていると主張しており、反対・棄権する欧米については、ファシズムを支持しているかのようだと皮肉った。

このようにプーチン政権は、国際社会を巻き込みながら戦勝を絶対視する歴史認識の正当化に努めているのである。

5　歴史の政治利用

プーチン政権はイスラエル、中国、ＣＩＳ諸国と協力して歴史認識を正当化しながら、その一環で他国を批判する武器として歴史を用いている。ここではその一例として、我が国に対する同政権の対応を簡単に確認したい。連邦保安庁（ＦＳＢ）は二〇二一年七月、その前身である国家保安委員会（ＫＧＢ）が保有していた複数の公文書を公開し、「日本がソ連侵攻を準備していた」とした。同庁は十一月にも類似の文書を公開した。

ロシア側の試みはこれだけではない。時期が若干前後するが、二〇二一年九月に極東の都市ハバロフスクで、関東軍兵士九名を処罰したハバロフスク裁判に関する国際学術会議が開催された。同会議には中国や韓国の歴史家などが招かれたほか、現地に駐在する中国の外交官も会場に居合わせるなど注目を集めた。

会議には政権幹部が挨拶を寄せた。プーチン大統領は「公文書に基づいて議論すべきである。このような誠実で責任ある態度は、第二次世界大戦の出来事を歪曲する試みに反論する際に、また歪曲そのものを防ぐために重要になる」と述べた。これに対しラヴロフ外相は、「ハバロフスク裁判は日本軍の犯罪を客観的に評価したものである。第二次世界大戦中に日本軍国主義者が犯した暴行を、将来世代に記憶させることが重要」と日本批判を含めた形でメッセージを寄せた。また、ナルィシキン対外諜報庁長官兼ロシア歴史協会会長も挨拶を寄せ、日本軍が生物兵器の使用を準備していたと指摘した。

会議では、ラヴロフ外相やナルィシキン長官のように歴史認識で日本を牽制する発言がみられ、ロシア側の意図に関心が集まった。日本政治を専門とするモスクワ国際関係大学教授のドミトリー・ストレリツォフ氏は『毎日新聞』の取材に対して、今回の学術会議は中国との協力関係を意識したものだと解説した。他方で、歴史認識を引き合いに出し、領土問題を抱える日本を牽制する狙いがあったとも受け取れる。

いずれにせよ、独ソ戦の勝利を国民的物語として神聖化するプーチン政権下においては、国益を実現するために戦勝を持ち出し、他国を批判するケースが今後も続くだろう。それは日本も例外ではなく、今後の展開に目が離せない。

おわりに

以上のように、プーチン政権は独ソ戦の勝利を絶対視する歴史認識をめぐって近隣諸国と対立しつつも、大戦に関する共通の記憶に基づきイスラエル、中国およびＣＩＳ諸国との協力を推進し、また国連で決議を採択することで、自らの正当化に努めている。

プーチン大統領は、二〇二二年二月末に始めたウクライナ侵攻の目的の一つとして「非ナチ化」を掲げ、ロシア国民に深く刻まれた独ソ戦の記憶を動員して国内での支持調達を図っている。二〇二四年には大統領選挙が行われ、プーチン再登板の可能性も排除できないが、同時にポスト・プーチンを見据えて、歴史認識をめぐるロシアの今後の舵取りに注目すべきだろう。

注

1 詳細は、西山美久『ロシアの愛国主義――プーチンが進める国民統合』法政大学出版局、二〇一八年を参照。

2 *Загладин Н.В., Козленко С.И., Минаков С.Т., Петров Н.В.*, История России. XX - начало XXI века, М.: Русское слово, 2010, С. 221-222, 228.

3 История России. Начало XX - начало XXI века. 10 класс / Под. общ. ред. В.Р. Мединского, М.: Просвещение, 2021, С. 175-254.

4 *Копосов Н.* Память строгого режима: История и политика в России, М.: Новое литературное обозрение, 2011, С. 163.

5 *Малинова О.Ю.* Кто и как формирует официальный исторический нарратив: анализ российских практик // Полития, 2019, № 3, С. 108.

第3章

ロシアの反体制派ナショナリズム

乗松亨平

はじめに

ロシアのウクライナ侵攻が世界に与えた衝撃の一因は、その動機の不可解さにあった。プーチン政権はどうやらウクライナの抵抗をあまりに軽く見積もって侵攻に踏み切ったようだが、仮に当初の目論見どおりに数日でウクライナ全土を掌握できたとしても、西側諸国と深刻な対立に陥ったことは間違いない。その損失を上回るいかなる政治経済上の利益が期待されていたのか、いまだ判然としないし、ましてやこの見通しすら現実離れした楽観的なもので、ロシアは泥沼の戦争に陥ったのである。

プラグマティックな政治家といわれてきたプーチンをして、少なくとも直近の利害を捨て、さらには致命的な見込み違いを犯させたのはいったい何なのか。ありうる原因の一つとして、プーチンが侵攻前年の論文「ロシア人とウクライナ人の歴史的一体性について」であらわにしたような、ナショナリズムの思想が指摘されている。プーチン政権の掲げるナショナリズムは、国民を動員するためのたんなる手段、大義名分にすぎないという見方もあるが、ナショナリズムがたんなる手段にとどまらず、自己目的的に追求されるようになったことが、ウクライナ侵攻の一因ではないかと筆者も考えている。

ナショナリズムは思想や理念としての側面をもつと同時に、非理性的な感情の源泉ともなるものであり、だからこそ国民を広く動員できる。しかしナショナリズムがかきたてる感情を、道具のようにコントロールすることは難しい。とりわけプーチン政権のナショナリズムは、ソ連崩壊と冷戦敗北というトラウマ的出来事に対する怨念や復讐の感情に発する部分が大きく、政権自体がこの感情に呑み込まれていったようにも思える。

プーチン政権に自己制御を失わせるようなナショナリズムの肥大化はいかにして生じたのか。本章では、プーチン政権下のロシアにおける、政権と反体制派のあいだでの「ナショナリズムのとりあい」ともいうべきプロセスに注目したい。ロシアのナショナリズム思想には多様な流れがあり、それらは時に矛盾し競合する関係にあった。しかしウクライナ侵攻にいたるまでの過程で、この多様性は淘汰され政権のもとに一元化されてゆく。それは同時に、政権のなかでナショナリズムが肥大化する過程でもあった。ウクライナ侵攻という破局を導いた一因を、このプロセスのうちに探ってみたい。

1 「ナショナル・デモクラシー」の盛衰

ロシアは一五〇以上の民族が暮らすとされる多民族国家である。なぜこれほどに多民族なのかといえば、ロシアが脱植民地化していない帝国だからにほかならない。たしかにソ連崩壊にともない、帝政ロシア時代の領土の約四分の一がロシアとは別の国家となったが、それでもかつて他民族を征服して得た広大な領土が、いまだロシアのうちにとどまっている。その一方で、人口のうえではロシア民族が約八割を占める。「ロシア」という名のもとに、多民族を統合する帝国をイメージするか、その多民族の一つであるロシア民族をイメージするかで、ロシアのナショナリズムは分裂を抱えてきた。

二様のナショナリズムのあいだの緊張関係は、ソ連崩壊にともない先鋭化した。往時、多民族を統合する帝国は「ロシア」ではなく「ソ連」と呼ばれ、その統合の屋台骨はナショナリズムではなく共産主義イデオロギーであった。少なくとも公式的には、ナショナリズムはいずれ共産主義のもと、解消されるべきものだったのだ。それに対して後期ソ連では諸民族のナショナリズムが高まり、連邦崩壊の一因となった。民族主義はリベラリズムとならぶ、反体制運動の両輪だったのである。

現在のロシア連邦も、こうしてロシア民族主義の後押しを受けてソ連から独立した。だがそのロシア連邦もまた帝国であり、多民族を統合しなければならない。ソ連で多民族の統合を支えた共産主義イデオロギーはすでになく、それに代わる支えとして、単一民族への帰属ではなく多民族の包摂を旨とする帝国的ナショナリズムが求められたのである。諸民族が一丸となった第二次世界大戦での勝利の記憶を、プーチン政権がナショナリズム発揚の中心に据えるのはそのためだ。こうしてロシアのナショナリズムは、ソ連の反体制運動の流れを汲むロシア民族主義と、官製の帝国的ナショナリズムとの緊張関係を抱えることとなった（これはむろんごく簡略化した説明であり、実際には親体制的あるいは官製のロシア民族主義もあるし、官製ではない帝国的ナショナリズムもある）。

プーチン時代のロシアで反体制運動が最も高揚したのは、再選制限規定でメドヴェージェフに大統領の座を譲っていたプーチンが返り咲く二〇一二年三月の大統領選前後である。二〇一一年十二月の国会議員選挙での不正疑惑をきっかけに、ロシア全土で大規模な反政府デモがくりかえされ、二〇一四年のクリミア併合までプーチンの支持率は比較的低調なままだった。この時期の反体制運動では、リベラルだけでなくロシア民族主義者も存在感を示し、民族主義と民主主義の連合を謳う、「ナショナル・デモクラシー」略して「ナツデム」と呼ばれる勢力が中核を担ったのである。

このナツデムの代表者が、日本でもしばしば報道されるアレクセイ・ナワリヌイ（一九七六―）で、汚職調査のブログを運営していた彼は、二〇一一年末からの大規模デモで名を上げ、二〇一三年のモスクワ市長選に出馬し第二位となる。その後もインターネットを拠点に厳しい政権批判を続けるも、二〇二〇年に毒殺されかけたのちに逮捕され、ウクライナ侵攻開始の直後に禁固九年の判決が下った。海外では彼はたんにリベラルとして紹介されることが多いが、ロシア民族主義ともつながりの深い人物である。

そもそもなぜ、ロシア民族主義と民主主義が連合できるのだろうか。ナツデムを謳った勢力には右から左まで幅があり、この連合の論理も異なる。ロシア民族主義色がとりわけ濃く、他民族への排斥的態度をあらわにする右派ナツデムの論理は、ロシア連邦の人口の八割をロシア民族が占める以上、民主主義が正当に実行されれば多数決でロシア民族の利益が叶えられるはずだ、というものだ。ロシアにおいてロシア民族は他民族に搾取される犠牲者でありつづけており、民主主義の導入によってこの差別を解消しなければならない、と彼らは主張する。これはアメリカのトランプ支持者など、近年のポピュリズム的ナショナリズムによくあるマジョリティの権利主張の一種であり、日本の在特会などとも似ている。

それに対して左派ナツデムは、ロシアの多民族性を受け入れたうえで民族の違いを超えた一体的国民を形成し、国民主権にもとづく市民的民主主義を打ち立てることを唱えた。彼らの主張はリベラルと大差ないものであり、右派に比べると目立ったとはいえない（政治家のウラジーミル・ミロフや政治学者のエミール・パインら）。加えて、右派と左派のあいだで揺れ動く中間的グループがあり、ナワリヌイもそのひとりとみなしうる。

このように、一口にナツデムといっても主張は雑多であったが、反体制運動を大きなうねりとするには小異を棚上げした大同団結が必要だという機運が盛りあがり、ナツデムはその旗印となった。それに対して二〇一二年以降のプーチン政権は、メドヴェージェフ大統領期からみられた「保守的転回」と呼ばれる方針の強化によって対抗した。ロシア正教会との関係の緊密化や性的マイノリティの抑圧といった文化政策に始まり、二〇一四年のクリミア併合にいたるこの流れを、たんなるリベラル弾圧と理解すべきではない。これらの政策は、ロシア民族主義を反体制運動から引き剝《は》がし、政権支持層にとりこむことに寄与した。「ナツ」と「デム」は分断され、反体制運動のリベラル単色化が進んだのである。次項以降、この過程を詳しくみていこう。

2 「青年保守主義」グループ

右派ナツデムの源流となったのは、二〇〇〇年代初頭に論壇に登場し、ブログプラットフォームの「ライヴジャーナル」や右派ネットメディアの「政治ニュース・エージェンシー」「ロシアン・ジャーナル」など、インターネットを中心に活動した「青年保守主義」と呼ばれるグループである。中核メンバーのコンスタンチン・クルイロフ（一九六七―二〇二〇）、ボリス・メジューエフ（一九七〇―）、ミハイル・レーミゾフ（一九七八―）はいずれもモスクワ大学哲学部を卒業したエリート知識人であり、ほかにエゴール・ホルモゴロフ（一九七五―）などがいる。

彼ら四人を含む一三人の「保守協議会」の連名で二〇〇五年に発表されたレポート「反改革」は、青年保守主義グループの綱領とみなすことができる。近代化以降のロシアの国家体制は、たえざる改革をその本質としてきたと彼らはいう。それは西欧に追いつき追い越すためのたえざる自己破壊にほかならなかった。結果としてロシアでは何一つ定着せず、いまや衰亡の危機にある。この危機を脱するため、改革から反改革へと国家方針を転換することを彼らは提唱する。反改革とは変化を拒むことではかならずしもない。しかし変化は上から理想を押しつけるのではなく、現実に対応するなかで下から生ずべきものだ。人々が日常で問題に対処するとき過去の経験を参照するように、下からの変化は新規性ではなく伝統にもとづいたものとなるだろう。このように人民が下から主導する国民国家にロシアはならねばならない。

国民主権にもとづく国民国家の形成という、のちのナツデムの共通目標がここにはすでに掲げられている。ただし民主主義という言葉は、西欧に追いつこうとする上からの改革の一端として、否定的にしか使われていない。下からの動きを受けとめそれを制度化するのが国家の役割とされるが、下からの動きがどのように国家に伝わるのかは明らかでない。

もう一つ、のちの右派ナツデムとの違いとして、「反改革」ではロシア国民の多民族性が強調されている。ただしそれはあくまでロシア民族を中核としており、帝国的ナショナリズムとロシア民族主義の折衷というべきものだ。「現代ロシアの主権主体は**複数民族的（多民族的）なロシア国民**であるべきであり、**それはロシアの人民のことである**。この国民はロシア語を話し、千年以上の歴史にわたるロシアの国家的・社会的伝統を発展させる」[1]。この伝統における正教会の重要性にも触れられている。

民主主義とロシアの多民族性というこの二点は、青年保守主義グループのなかで意見が分かれたポイントであった。たとえばレーミゾフは二〇〇六年の論文で、「保守知識人の伝統的使命の一つは、人民の無意識的真実を意識的に擁護することにあった」[2]と述べる。人民はあくまで無意識的存在であり、人民みずからが「真実」を選挙やデモで意識的に表明することは想定されていない。それに対してメジューエフは、ロシアにおける民主主義の確立を重視し、メドヴェージェフ大統領期の与党「統一ロシア」に、議会制民主主義を機能させるチャンスを見出した。逆説的だが、プーチンが大統領を退いたことで、プーチン率いる統一ロシア党の力が大統領を上回り、議会の権限強化の可能性があったというのである。[3]

この時期のメジューエフの立場は左派ナツデムに近く、ネーションの自律性は個人の自律と自由を保証するからこそ重要なのだと論じていた。したがってネーションがそのなかのマイノリティを抑圧するようなことがあってはならない。それに対してレーミゾフは、個人の自律にもとづく市民的ネーションを否定し、ロシアのネーションはロシア民族のもとに統合されるべきだと主張する。他民族はロシア語・ロシア文化へと自発的に同化すべきなのである。ホルモゴロフも同様に、少数民族がロシア民族に同化するのが自然であり必要でもあると唱えた。

青年保守主義グループは二〇〇〇年代後半には分解する。政治信条の違い以上に大きかったのは、政権に対する姿勢の違いであった。レーミゾフ、メジューエフ、ホルモゴロフが政府系機関の仕事に携わったのに対し、反体制を明確にし、右派ナツデムの中心人物となっていったのがクルイロフである。

クルイロフは民主主義によってロシア民族中心のロシアを実現しようとする。ソ連崩壊後のロシアで権力を握ったのは、ロシア民族を抑圧し搾取するリベラル・エリートであり、「多民族国家」はそのための標語なのだという。ロシアの人民は権力への服従をやめ、自律を勝ちとらねばならない。

このようにロシア民族主義を掲げるクルイロフだが、ネーションという集団を生得的なものではなく、あくまで歴史的に形成されるものと捉える点に特徴がある。二〇〇二年の論文「ネーションとナショナリズム」では、社会構築主義のネーション論を参照しつつ、ネーションとは敵との対立、「われわれ」と「彼ら」との線引きを通じてつくりだされるものであり、人民とは「衝突の主体」なのだと述べる（それに対してネーション未満の「エトニ」は他者との対立をもたないという）。つまりネーションとは、人民が敵と闘争することで形成されるものなのだ。リベラルであれば、だからつくりものにすぎないネーションなど解体しようというところかもしれないが、クルイロフはだからこそ闘争を通じてネーションをつくりあげねばならないと主張する。[4] 彼が人民に権力との闘争を呼びかけるのは、こうしたネーション観にもとづくといえる。

これはロシア民族とロシア国内の他民族との関係にもかかわる。レーミゾフやホルモゴロフのように他民族の同化を目指すよりも、クルイロフは他民族との線引き、さらには排除を唱えた。ロシア民族以外の民族をロシアから分離することは政権が是認しえない主張であり、だからこそ反体制的なロシア民族主義者が、政権の帝国的ナショナリズムとの違いを明確にできるポイントとなった。

特に争点化されたのが、二〇〇九年に独立紛争に終結宣言が出されたチェチェンを含む、北コーカサス地域の扱いであった。紛争で荒廃したチェチェンを政権は膨大な経費を投じて復興したが、少数民族のためにまたもロシア民族が搾取されたと非難の的となる。ロシア民族主義者たちは二〇一一年に「コーカサスを養うのはたくさんだ」というデモを組織し、クルイロフはそこで行った演説が「憎悪・敵意の煽動、人間の尊厳の冒瀆」罪に問われ、二〇一三年に有罪判決を受けている。

いまでもユーチューブでは、「コーカサスを養うのはたくさんだ、クレムリンを養うのはたくさんだ」とデモ参加者を煽るクルイロフの映像を観ることができる。コーカサスや中央アジアからの移民は、ロシアではかねて差別の対象となってきた。クルイロフはそうした差別感情を、納税者の意志を反映しない政治への批判に展開しようとする。このデモにはナワリヌイやミロフら中道・左派ナツデムも支持を表明し、二〇一一年末から始まる大規模反政府デモでの大同団結を準備したといえる。

クルイロフは二〇一二年に、「コーカサスを養うのはたくさんだ」デモの組織者であるウラジーミル・トールらとともに、「ナショナル・デモクラシー党」を結成する。その公約では、公正な選挙や国民国家の実現が謳われたが、それはロシア民族を中心とするロシアの実現に他ならない。ほかにも、少数民族への優遇措置の廃止を意図して「民族間・地域間の平等」が謳われたり、ヘイトスピーチの合法化を意図して「言論の自由」が謳われたりと、リベラルの標語が意味内容を変え転用されている。

それとともに注目すべきなのが、「ロシア民族離散」問題の重視である。帝政期・ソ連時代を通じてロシア民族は旧ソ連の全域に広がったが、ソ連崩壊にともない、ロシア国外に残されたロシア系住民の地位が問題化した。ナショナル・デモクラシー党は、ロシア国外のロシア民族に対するロシア国籍の付与、離散したロシア民族の帰還・再統合を目標に掲げる。[5]

結果的にはこの問題がナツデムを瓦解させることになった。二〇一四年のクリミア併合を、プーチンは「ロシア世界の一体性の回復」と呼んだ。政権の掲げる「ロシア世界」の指示内容はさまざまだが、最も狭い意味でも、ロシア国外を含めてロシア民族が多く住む地域全体を指す。ナショナル・デモクラシー党はロシア民族を国外から帰還させるかたちでの「一体性の回復」を謳っていたが、それを凌駕する領土併合というかたちでの「一体性の回復」に、ロシア民族主義者たちは熱狂した。

続いて生じたドンバスの独立派蜂起までの流れを、ホルモゴロフは「アラブの春」になぞらえ「ロシアの春」と名づけて流布させた。「アラブの春」と同様の、ウクライナ政府の圧政に対抗する民衆運動だというわけである。クルイロフは「ロシアの春」をクリミアやドンバスの人民主導のものとみなし、ドンバス独立派支援に対するプーチン政権の消極的姿勢を批判してゆく。だが同様の批判は親体制のロシア民族主義者にもみられたものであり、政権打倒の訴えとして力はもちえなかった。プーチン政権は相変わらず多民族国家を掲げロシア民族を抑圧しているという主張をクルイロフは続けたものの、クリミア併合を断行した政権への批判としてはもはや無理筋であった。

「ロシア世界」という標語の肝は、帝国的ナショナリズムとロシア民族主義の境界をなくしてしまうことにある。離散したロシア民族の再統合という名目で、帝国的拡張が可能になるのだ。「ロシア世界」の指示内容が、ウクライナ・ベラルーシを含む東スラヴ（ルーシ）全体、さらにはロシア語使用地域全体などへと融通無碍に拡大される点に、この標語の帝国性がよく表れている。クリミア併合を契機に、ロシア民族主義の主眼がロシア国内の他民族排除からロシア国外のロシア民族統合へ変わったことで、ロシア民族主義は帝国的ナショナリズムにとりこまれたといえる。

　こうしてロシア民族主義は官製の帝国的ナショナリズムの一翼にすぎなくなり、右派ナツデムは反体制性を実質的に失った。「ナショナリズムのとりあい」に政権が勝利したのだ。だがそれは、ロシア民族主義を政権が内部に抱え込んだということでもある。ウクライナ侵攻は親体制のナショナリストたちが求めてきたことであり、統合して内部にとりこんだナショナリズムに政権自体が侵され、冷静な判断力をなくしていったようにもみえる。

3 中道派ナツデムとナワリヌイ

このように二〇一四年以降、ナショナリズムが政権に占有され、右派ナツデムが反体制性を失ったのに対し、ナツデムの一部はナショナリズムから離れることで反体制性を維持した。ナツデムからただの「デム」へ転換したのである。ただの「デム」ならリベラルと変わらないようにも思えるが、彼らはナショナリズムを捨て去ったわけではなく、重心を移したという方が正しい。こうして右から左へ舵を切った中道派ナツデムとして、先に触れたナワリヌイのほか、ワレリー・ソロヴェイ（一九六〇―）を挙げることができる。

ソロヴェイはもともと歴史学者で、『ロシア史の血と土』（二〇〇八）、『起こらなかった革命』（二〇〇九、タチヤーナ・ソロヴェイと共著）といった著書で、ロシア民族被害者史観を展開した。「帝国の名目上の統治者――ロシア民族――は、実際には帝国的拡張の役畜であり肉弾であった。帝国の名目上の宗主国――ロシア――は国内植民地であった」。それゆえ「帝政期・ソ連期のロシア民族主義は反帝国的で、その大部分は自然と実質的に民主主義的潮流となった」[6]。二〇一二年に立ちあげた「新しい力」党は、コーカサス・中央アジアからの移民問題を前面に掲げ、右派ナツデムに典型的な主張を唱えた。

ソロヴェイが述べているような帝国主義と民族主義の対置を、クリミア併合は掘り崩したのであった。しかし反帝国主義をロシア民族主義の定義そのものとするソロヴェイにおいて、この対置はより徹底していた。そのためほかのロシア民族主義者のように、クリミア併合やドンバス蜂起に熱狂し、政権の帝国的ナショナリズムに呑み込まれることはなかった。とはいえそんなソロヴェイですら、クリミア併合やドンバス独立に明確な反対は示さず、二〇二〇年には、クリミア併合は違法だがいまや原状回復は不可能、ドンバスの帰属は国際的枠組で決めるべき、と語っている。[7] ちなみに彼はウクライナ出身であり、ロシアとウクライナを同一民族とみなすことには反対する。そのような彼であっても、民族主義と帝国主義を完全に切り分け、クリミア併合を帝国主義として批判することは困難だったのである。

クリミア併合以降、ソロヴェイはナショナリズムを前面に出さないかたちで政権批判を続行する。たとえば二〇一五年の著書『絶対的武器』は、プーチン政権のメディア統制を詳細に論じた（反体制活動を理由に二〇一九年に辞職させられるまで、彼はモスクワ国際関係大学の広告学講座長を務めていた）。当局による拘束や「外国エージェント」指定（反政府勢力としての公式認定）を受けながらも、自前のユーチューブ・チャンネルを拠点に政府批判を続け、ソロヴェイが語るだけの素朴なつくりにもかかわらず、チャンネル登録者は二〇二二年十二月時点で五〇万人にのぼる。

同様の「左旋回」はナワリヌイにもみてとれる。彼はリベラル政党「ヤブロコ」の出身であったが、汚職調査のブログを開始した二〇〇六年以降、ロシア民族主義者の合同デモ「ロシアの行進」（十一月四日の祝日「民族統一の日」に毎年行われた）の協議会メンバーとなる。二〇〇七年には右派の人気作家ザハール・プリレーピンらとともに「ロシア民族解放運動」を結成、「ロシアの行進」の中心であったアレクサンドル・ベローフの率いる「反非合法移民運動」と共闘した。すでに触れたように、二〇一一年のデモ「コーカサスを養うのはたくさんだ」にも支持を表明し、チェチェンへの補助金の見直しやコーカサス・中央アジアからの移民の制限が持論であった。

ナワリヌイは二〇一一年末からの大規模反政府デモで名を上げるが、このときソロヴェイは、リベラルとナショナリストを架橋し、それにより大量動員を可能にする新しいタイプの「リベラル・ナショナリスト」として彼を評価している。[8] ナワリヌイがそのような存在になりえたのは、反汚職・反不正選挙という、政治信条の左右によらず合意できる活動を主軸としたからでもあろう。

しかしその後のナワリヌイは、クリミア併合に先立ってロシア民族主義と距離をおき、二〇一二年以降は「ロシアの行進」との関係を断つ。ただし移民制限の主張は続けたし、正教会の価値観の重要性を唱えてもいた。クリミア併合については公正な住民投票で再決定すべき、ドンバスへの武力干渉は中止すべきという立場であり、ソロヴェイと同じく、民族主義に関わるウクライナ問題になると政府批判の舌鋒は鈍った。こうしてナショナリズムは彼の主張のなかで目立たなくなってゆく。

ナワリヌイはロシアの反体制運動の中心となり、多くのデモや選挙行動を呼びかけ、政府の不正を組織的に告発してきた。ユーチューブ・チャンネルの登録者は二〇二二年十二月時点で六三〇万人、最も閲覧された「プーチン御殿」告発の動画（プーチンの隠し別荘を暴露したもの）は一億二〇〇〇万回という驚異的な再生回数に達している。だがその一方で、二〇一一―一二年の連続デモを上回る反体制運動の波は実現できなかった。その一因として、ナッデムの「ナッ」と「デム」が分断され、反体制運動のリベラル単色化が進んだことを挙げられるのではないか。

リベラルがナショナリストと連帯することへの疑義はあろう。ナッデムの主張は近年の欧米で台頭する極右と重なる部分が多い（ただし欧米の極右はプーチン政権と接近しているともいわれる）。とはいえナッデムの主張にみるべき点はないのだろうか。

共産主義時代のポーランドの反体制活動家アダム・ミフニクとの対談（二〇一五年）でナワリヌイは、プーチン政権の帝国的ナショナリズムとは異なる「市民的ナショナリズム」を提案したうえでこう述べる。「スターリンによる弾圧の規模について、国民はいまだに反省できておらず、スターリンがヒトラーと並んでロシア民族を虐殺した主要な人間であることを認識していません」。[9]

現在のロシア外交が抱える多くの問題は、ロシア連邦がソ連の継承国家となったことから生じている。それゆえに西側社会への包摂は進まず、東欧諸国からはソ連時代の加害責任を問われ、旧ソ連諸国をいまだ属国のように勘違いしてしまう。ナワリヌイの発言は、ロシア民族をソ連の被害者と位置づけることで、ソ連とロシアを切り離そうとするものだ。かつてのソロヴェイの主張とも通じるが、ロシア民族被害者史観にもとづいて、ソ連の帝国性から切り離された国民国家へとロシア連邦を変えることが図られている。ロシアをリベラル化しようとする一九九〇年代の試みの失敗を受けて、ソ連の亡霊と絶縁する別の方途をナワリヌイやソロヴェイは模索していたのである。

おわりに

帝国的ナショナリズムにロシア民族主義をもって対抗するナツデムの試みは、クリミア併合により潰えた。だがウクライナ侵攻は、このような試みをふたたび可能にするかもしれない。ウクライナのロシア系住民を救うと称しながら実際には虐殺しているこの侵略に対しては、ナワリヌイもソロヴェイも批判を繰り広げている。なかでも興味深いのが、かつての「青年保守主義」グループで、親政権的な立場をとってきたメジューエフが侵攻後に発表した論文「文明的無関心」である。

メジューエフはウクライナ侵攻を、政権の新保守主義者《ネオコン》たちが帝国主義的誘惑に駆られて起こしたものと批判する。伝統保守主義者《パレオコンサヴァティヴ》である自分とは違って、彼らはリベラルと同じく、じつは西側に受け入れてもらいたがっているのだという。今回の軍事行動は、対等の立場で西側の外交関係に混ぜてもらうための手段であり、西側から独立した勢力圏の確保が目的なのではない。もしそれが目的なら、戦線をウクライナ全土に広げる必要などなく、東部の紛争地に集中しておけばよかった。多極世界などとうそぶきながら、ロシアの人々は相変わらず西側にしか興味がない。だが、キリスト教の伝統的価値観を捨てた西側とは、ロシアは別の文明圏なのであり、西側への関心を捨ててきっぱりと孤立すべきだとメジューエフは主張する。[10]

メジューエフのいう「伝統的価値観」は具体的には同性愛の禁止であり、ウクライナはロシアと西側が分割し、バルト海・黒海間は非武装化して緩衝地帯とするといった、決して許容されえない主張を含んでいる。西側から独立した一体的文明圏としてのロシアという発想自体が、実際には帝国的である。とはいえこの奇妙な反戦論は、帝国的ナショナリズムに対抗する別のロシア・ナショナリズムの再興の兆しにも思える。肥大化したナショナリズムを抱え込んだプーチン政権にとって、それはリベラルからの批判以上に脅威になりうるかもしれない。

注

1 Контрреформация // Русский обозреватель, 11.09.2009. Заключение, абз. 5 (https://www.rus-obr.ru/ru-club/4066 [дата обращения: 29.12.2022]). 強調原文。以下同様。

2 *Ремизов М.* Консерватизм // *Куренный В.* (ред.) Мыслящая Россия. Картография современных интеллектуальных направлений. М., 2006. С. 120.

3 *Межуев Б.* «Перестройка-2». Опыт повторения. М., 2014. Вступление.

4 *Крылов К.* Нация и национализм. Введение в проблематику // Русские вопреки Путину. М., 2012.

5 Манифест о создании национально-демократической партии // Вопросы национализма. № 2, 2012; НДП добивается реализации следующих прав и свобод (https://vk.com/pages?oid=-33941110&p=Важные%20 новости [дата обращения: 29.12.2022]).

6 *Соловей Т. и Соловей В.* Несостоявшаяся революция. Исторические смыслы русского национализма. М., 2011. С. 521.

7 Преемник Путина профессор Соловей. Болезнь Путина, Навальный, Зеленский, Дудь // В гостях у Гордона, 23.09.2020 (https://www.youtube.com/watch?v=vE88hG4FsyE [дата обращения: 29.12.2022]).

8 *Соловей В.* Почему важно поддерживать Алексея Навального // Агентство политических новостей, 05.01.2012 (https://www.apn.ru/index.php?newsid=25675 [дата обращения: 29.12.2022]).

9 *Навальный А.* Диалоги. М., 2015. Гл. 10, абз. 26 [электронная книга].

10 *Межуев Б.* Цивилизационное равнодушие. Способна *ли* Россия *держать* культурную дистанцию в отношениях с Европой // Россия в глобальной политике, 01.09.2022 (https://globalaffairs.ru/articles/czivilizaczionnoe-ravnodushie/ [дата обращения: 29.12.2022]).

第4章

北朝鮮の世界観から見た世界の対立

宮本　悟

はじめに

二〇二二年二月二十四日にロシアによるウクライナ侵攻が始まると、三月二日に国連総会緊急特別会合が開催され、ロシアによるウクライナ侵攻を非難する決議を賛成多数で採択した。五ヵ国のみが反対したが、その一つが朝鮮民主主義人民共和国（北朝鮮）であった。北朝鮮は、ロシア軍が占領しているウクライナ東部において親ロシア派が独立を宣言していたドネツク人民共和国とルガンスク人民共和国を七月十三日に国家承認した。これはロシア、シリアに続いて三番目である。同日にウクライナから断交されたが、北朝鮮はこれを逆に批判している。

十月五日にロシアがウクライナの東部・南部四州を併合する手続きを完了したと一方的に発表すると、国連総会は十月十二日、ウクライナ情勢を協議する緊急特別会合で、ロシアによる併合を違法だとする非難決議案を賛成多数で採択した。しかし、ここでも北朝鮮を含む五カ国が反対した。ロシアが手続きの完了を発表する前日である十月四日に、北朝鮮はロシアによる東部・南部四州での住民投票を正当とする見解をすでに出していたので、既定路線であった。[1]

なぜ北朝鮮は、ここまでロシアを支持するのであろうか。ロシアを支持したところで、北朝鮮に経済的な利益はほとんどない。北朝鮮とロシアの貿易は、北朝鮮の国境封鎖のために二〇二〇年十月以来皆無に等しい状態が続いている。北朝鮮のロシア支持は利益では説明できない。

しかし、利益はなくても、北朝鮮はロシアを支持しようとする。二〇二二年現在の北朝鮮の世界観では、米国と対立するロシアは、支持するだけの価値があるからである。しかし、ロシアとの貿易額がもっと高かった一四年前には事情が違った。二〇〇八年にロシアがジョージアからの独立を認めた南オセチア・アラニア共和国とアブハジア共和国を北朝鮮は国家承認しなかった。ロシアとの貿易では利益があっても、当時の北朝鮮の世界観では、米国に協力しているロシアを支持する価値がなかったからである。

北朝鮮の世界観では、米国やロシア、中国などはどのように理解されてきたのであろうか。また、どのような経緯があって、現在の世界観になったのであろうか。本稿では、北朝鮮創成期から二〇二二年に至るまでの北朝鮮の世界観の変化をたどってみて、現在の北朝鮮の世界観がどのように形成されたのかを明らかにしたい。

1　社会主義陣営のメンバー

一九四五年に朝鮮半島が大日本帝国領から解放された当時、北朝鮮の政治勢力には、英米とソ連のおかげで解放されたという認識があった。米国に対しても批判的であったわけではない。ただ、後に北朝鮮の支配政党となる朝鮮労働党の前身である朝鮮共産党朝鮮北部分局は、機関紙である『正路』の創刊号（一九四五年十一月一日）の創刊辞で、世界の勢力を「社会主義国家」であるソ連と「資本主義国家」である英米に分けて論じていた。[2] 三八度線を境にソ連軍と米軍が分かれて朝鮮半島に駐屯している現実から、建国前から世界は二つの勢力に分かれていることを理解していたのである。

世界は、社会主義国家と資本主義国家という二つの勢力に分かれているという世界観は、米ソ冷戦が深まるにつれて「世界人民」と「帝国主義」の二つの勢力が対立しているというものに変わっていった。それにつれて、北朝鮮を侵略しようとする帝国主義も、日本帝国主義から米帝国主義に代わっていった。

北朝鮮では、世界人民と帝国主義が対等な形で併存していると考えていたわけではない。国家と国家が対等な関係と見なす主権国家体制の縦割りの世界を見ているのではなく、支配階級と被支配階級の階級闘争によるプロレタリア国際主義の横割りの世界を見ていたのである。横割りの世界観では、国家や地域の違いよりも、階級の違いが大きな意味を持つ。支配階級同士は国家や地域を超えて結託しているが、被支配階級同士も国家や地域を超えて連帯している。階級闘争では支配階級は被支配階級によっていずれ打倒されるので、米帝国主義を世界人民が打倒するのは時間の問題とされた。

創成期の頃の北朝鮮は、その世界観に基づいて国交を締結していった。建国（一九四八年九月

図表4-1 冷戦期における北朝鮮の世界観[3]

地域	米国	日本	朝鮮半島	パレスチナ
支配階級	米帝国主義	日本軍国主義	南朝鮮傀儡	シオニスト
被支配階級	米国人民	日本人民	南北朝鮮人民	アラブ人民

九日）から朝鮮戦争勃発（一九五〇年六月二十五日）までの国交締結国は、一三カ国であったが、それらは全てソ連を中心とする社会主義陣営の国家であった。これらは被支配階級である人民による政府（人民民主主義）が成立した国家と見なされていた。とはいえ、コミンフォルムから追放されて社会主義陣営から外されたユーゴスラヴィアとの国交は締結しなかった。ソ連との連帯を重視する北朝鮮は、米帝国主義を中心とする自由主義陣営と対立する社会主義陣営に属するという立場を鮮明にしていたのである。朝鮮戦争では社会主義陣営の支援を受けつつ、米国と直接戦争に至ったことで、自由主義陣営との対決姿勢は決定的なものになった。

一九五三年七月二十七日に朝鮮戦争が停戦したとはいえ、停戦協定に韓国軍は署名しておらず、在韓米軍は韓国に駐留し続けた。停戦協定によって、将来の戦争勃発を防げるとは北朝鮮では認識されていなかった。朝鮮半島の停戦は、停戦協定ではなく、社会主義陣営と自由主義陣営の対立によって保たれる朝鮮半島の軍事バランスによって維持されていた。北朝鮮は社会主義陣営のメンバーであり、韓国は自由主義陣営のメンバーであって、それぞれが大国の軍事力、とりわけ核の傘によって守られていることが戦争の再勃発を防いでいると考えられていたのである。

北朝鮮にとっては、自由主義陣営の大国である米国が韓国に駐屯させている在韓米軍を撤収させることが望ましかった。しかし、一九五八年になると在韓米軍が核武装したことが明らかになり、さらに中国人民志願軍が朝鮮半島から撤収したので、北朝鮮では朝鮮半島の軍事バランスが崩れたという危機感が高まった。そこで戦時においてソ連から軍事支援を得るための条約を模索し始めた。一九六一年七月には、戦時における支援を定めたソ連との友好協力相互援助条約を締結するとともに、中国とも友好協力相互援助条約を締結した。

しかし、中ソ対立における北朝鮮の立場は、非常に危ういものであった。一九六二年十月に発生したキューバ・ミサイル危機をきっかけにソ連との関係は崩れていった。キューバ・ミサイル危機は、ソ連がいざとなれば小さな社会主義国家を見捨てる可能性を示し、ソ連との条約は紙の上のものでしかないことを北朝鮮に実感させることになったからである。キューバ・ミサイル危機が発生すると、北朝鮮は十一月二十九日から十二月五日までソ連に軍事代表団を送ったが、成果は発表されなかった。期待した答えをソ連から得られなかったものと考えられる。十二月十日から十四日まで開催された朝鮮労働党中央委員会第四期第五次全員会議で、北朝鮮は自主国防路線（経済と国防の並進路線）を明確にした。戦時においてソ連の支援を得られないと確信したからである。同時に、北朝鮮は中国との関係を強めて、一九六三年からソ連を批判し始めた。

しかし、一九六四年十月十四日にソ連の最高指導者であるニキータ・フルシチョフが解任されると、北朝鮮はソ連との関係修復を模索した。十二月三日に朝鮮労働党中央委員会の機関紙である『労働新聞』の「社説」で、ソ朝対立は終わったとされた。一九六五年二月十一日に新しいソ連の国家元首であるアレクセイ・コスイギンが訪朝し、十四日にソ朝友好協力相互援助条約が重要であると宣言したソ朝共同声明が発表された。北朝鮮はソ連との関係修復にいったん成功したのであった。

その代わりに、中国との関係が悪化し始めた。ソ朝関係が修復されたが、中ソ関係は修復されなかった。一九六六年三月二九日から四月八日まで開催されたソ連共産党第二三回党大会に朝鮮労働党は代表団を送ったが、中国共産党は送らなかった。八月十二日に『労働新聞』は「自主性を擁護しよう」という論文を発表して、中ソのどちらにも加担しないことを明らかにした。しかし、中ソが対立して社会主義陣営が分裂していると米韓側に認識されると、朝鮮半島の軍事バランスが崩れる恐れがある。そこで、北朝鮮は中ソ共に派兵しているベトナム戦争に参戦して、社会主義陣営のメンバーとして中ソと協力して米国と戦っていることを示そうとした。北ベトナムには、戦闘部隊として空軍が派遣された。[4]

しかし、文化大革命の最中の中国では、紅衛兵が北朝鮮で政変が起きたなどと宣伝したため、一九六七年一月二十六日に北朝鮮の国営放送・朝鮮中央通信は紅衛兵による宣伝を止めるように声明を発表し、中国を批判した。一九六九年三月の中ソの武力衝突について北朝鮮は一切報道せず、中国との関係修復を図った。九月に北朝鮮の国家元首である最高人民会議常任委員会委員長である崔庸健《チエヨンゴン》が北ベトナムの主席であったホー・チ・ミンの葬儀に参加した後に北京に立ちよったことを皮切りに、中朝関係の修復が始まった。一九七〇年十月に北朝鮮の最高指導者である金《キム》日成《イルソン》が中国を非公式訪問し、中国の最高指導者である毛沢東と会談して、中朝関係は修復された。しかし、対立する中ソ間のバランスを取る北朝鮮にとって、もはやソ連や中国との条約は空文化していった。

2 非同盟運動のメンバー

非同盟諸国との友好関係構築の試みは、中ソ対立の最中である一九六〇年代に始まっていた。中ソ対立が深まるとともに、北朝鮮では社会主義路線を採らない国家との友好関係を模索し始めた。当初は非同盟運動の雄であるインドネシアのスカルノ政権との友好関係構築に成功した。金日成が初めて「主体思想」という言葉を演説で使ったのは、一九六五年四月十四日、インドネシアのアル・アルハム社会科学院でのことである。そこでは「思想における主体、政治における自主、経済における自立、国防における自衛」について言及し、現代修正主義（ソ連共産党）と教条主義（中国共産党）から距離をおくことを鮮明にした。[5] しかし、九月三十日にインドネシアでクーデターが発生したことを始まりとして、スカルノ政権が崩壊したことで、北朝鮮は梯子《はしご》を外された。再び北朝鮮は中ソ対立の中の社会主義陣営に戻るが、中ソ間のバランスを取ることを余儀なくされた。

しかし、関係を修復した中国が、北朝鮮にとって最大の敵である米国に接近した。一九七一年七月九日から十一日にヘンリー・キッシンジャー米国家安全保障問題担当大統領補佐官が中国を訪問して、中国首相である周恩来と会談した。七月十五日に周恩来は平壌を訪問して、キッシンジャーの訪中と、リチャード・ニクソン米大統領の訪中に合意したことを金日成たち北朝鮮の首脳陣に伝えた。さすがに北朝鮮の首脳陣もすぐには理解しかねたようである。七月三十日になって、北朝鮮の第一副首相である金一《キムイル》が、朝鮮労働党政治委員会の全委員が理解を示した、と伝えに訪中した。

米中接近によって北朝鮮も対外政策の転換を迫られた。金日成は一九七一年八月六日に、韓国政府と接触する用意があることを表明した。そこで、八月二十日から南北朝鮮の赤十字社間の接触が始まり、九月二十日からは南北赤十字社間の予備会談が始まった。これが最初の南北対話の始まりである。さらに十月二十五日に国連総会で中華人民共和国政府を中国の正統政府とするアルバニア案が可決されると、北朝鮮は国連での活動を始めるために、国連のオブザーバー資格を取ろうとした。北朝鮮は、一九七三年五月十七日に世界保健機関（ＷＨＯ）に加盟することで国連のオブザーバー資格を得た。韓国が国連で朝鮮半島問題を議論することに反対するので、北朝鮮は八月二十八日に南北対話を中断することを宣言して、国連外交に専念することになった。

一九七三年九月五日にニューヨークの国連本部に常駐オブザーバー代表部を設置した北朝鮮は、米国への要求を決議案として国連総会に提出し始めた。国連で北朝鮮が頼りにしたのは、国連総会で大半の票を持つ非同盟諸国であった。特に非同盟運動の雄であったエジプトの支持を獲得することには力を注いだ。北朝鮮はエジプトとシリアに空軍を派遣し、十月に勃発した第四次中東戦争でイスラエルと戦った。[6] 以降、エジプトやシリアなど多くの中東諸国が北朝鮮を支持することになった。

北朝鮮は一九七五年八月二十五日に、正式に非同盟運動に加盟した。北朝鮮は、社会主義陣営に代わって、非同盟運動のメンバーとして米国と対峙することを選んだのである。ただし、国連総会への決議案提出は、一九七六年八月十八日に板門店で米軍兵士が北朝鮮兵士に殺害されたポプラ事件に端を発した米朝対立の激化によって中断することになった。国連総会での活動は、朝鮮半島の軍事バランスを保つことには役に立たないと実感したからである。

国連総会での活動は中断しても、非同盟運動のメンバーとしての活動は、現在に至るまで続いている。非同盟運動に参加することは、韓国から在韓米軍を撤収させるための活動でもあった。金日成は、非同盟諸国との友好関係を構築し始めた一九六四年二月二十七日に、世界の至る所で米国が窮地に陥れば、在韓米軍も弱くなると語ったことがある。世界のあちこちで、反米運動や紛争が起きれば、米国は朝鮮半島に関与できなくなって、在韓米軍も最後には撤収すると考えたのであろう。非同盟運動での活動とともに、北朝鮮の対外活動の場も、アジア・アフリカ・中南米に広がっていった。

しかし、非同盟運動だけで、米国に対抗できると北朝鮮が考えていたわけではない。ポプラ事件の後、北朝鮮は、中国やソ連との関係改善も進めていった。毛沢東死去後、一九七八年五月に華国鋒が中国主席として北朝鮮を訪問した。ソ連共産党最高指導者との首脳会談は一九六一年以降、途絶えていたが、一九八〇年五月八日にユーゴスラヴィアの大統領であったヨシップ・ブロズ・チトーの葬儀で、金日成はソ連共産党書記長であるレオニード・ブレジネフと初めて会談した。さらに金日成は、一九八四年五月に二十三年ぶりにソ連を訪問して、ソ連との関係改善を示した。

在韓米軍を撤収させるために、北朝鮮では、米国との対話も模索し始めた。北朝鮮が最初に米朝対話を申し入れたのは、一九七四年三月二十五日に米国議会に送った手紙であるが、そこでも在韓米軍の撤収を求めていた。一九八〇年七月十八日に金日成は、訪朝したスティーブン・ソラーズ米下院議員と会談し、米国の政治家と直接に談話する機会を得た。金日成は、ソラーズに米朝和解の意志を伝え、米朝の人的交流に積極的な態度を示した。その後、北朝鮮では、米朝対話に韓国を加えた三者会談などを米国に提起していった。

しかし、それらは実現しなかった。実際に米朝の接触が始まったのは、一九八八年十二月六日

図表4-2 民族主義を受容した後の北朝鮮の世界観[7]

地域	米国		朝鮮半島		日本
国民・民族	米国人（米帝国主義）	➡ ⬅	朝鮮民族（南の一部は米帝国の走狗）	➡ ⬅	日本人（日本軍国主義）

に中国の北京で米朝の外交官が接触した米朝参事官接触からである。ただ、金日成の期待は大きかった。一九八九年一月二十九日に金日成は初めて米大統領との会談の可能性について言及した。その後も参事官接触は続き、十一月三日には、十一月一日に北京で第五次米朝大使館参事級の接触があったことが公式に発表された。

被支配階級と支配階級の二つの勢力の世界観は、中ソ対立を経て、非同盟運動のメンバーになった頃から崩れ始めた。一九八〇年代になると北朝鮮では、横割りではなく、主権国家体制の縦割りの世界観が出始めた。その一つとして、共産主義と相容れないとされてきた民族主義の受容がある。一九八七年七月十五日に『労働新聞』に掲載された金正日の論文で提唱された「我が民族第一主義」はその発端の一つである。

民族主義を受容すると、北朝鮮の世界観では、米帝国主義は、朝鮮人民だけではなく、朝鮮民族の不倶戴天の敵になっていった。しかし、朝鮮人民という概念がなくなったわけではなく、北朝鮮では朝鮮人民も朝鮮民族も使われるようになった。横割りの世界観と縦割りの世界観が混在する世界観になったのである。

3 冷戦後の米朝関係

一九八〇年代から北朝鮮を取り巻く国際環境は急速に悪化していった。そのきっかけとなったのは、一九八八年に開催されたソウル・オリンピックである。北朝鮮は、ソウル・オリンピックの南北共同開催を訴えており、南北共同開催でなければボイコットすることを非同盟諸国や社会主義国家に訴えていた。

しかし、北朝鮮のボイコットに応じた国家はごくわずかに留まった。非同盟諸国に失望する間もなく、ソウル・オリンピック後、ハンガリーが韓国と国交を締結(一九八九年二月一日)したのを皮切りに、次々と社会主義国家が韓国と国交を締結した。一九九〇年九月三十日にはソ連が韓国と国交を締結した。しかも、東欧諸国やモンゴルは社会主義を放棄し、一九九一年十二月二十五日にはソ連が解体した。一九九二年八月二十四日には中国が韓国と国交を締結した。反対に、北朝鮮は、日本やフィリピンなど自由主義陣営国家との国交締結を目指したが、いずれも不調に終わった。米国との関係では、一九九四年十月二十一日に米朝枠組み合意が締結されて、北朝鮮が核施設を凍結し、将来的な国交正常化への道筋が示されたが、まだ道のりは遠かった。

同時に、北朝鮮の経済の悪化が顕在化した。一九八七年から始まった第三次七カ年計画が未達成に終わったことが、一九九三年十二月八日に開催された朝鮮労働党中央委員会第六期第二一回全員会議で公式に発表された。一九九五年には食糧難も顕在化し、五月二十六日に日本にコメ借款を要請した。さらに水害に襲われた北朝鮮は八月二十三日に国連人道問題局（ＤＨＡ）に緊急援助を要請し、九月十二日にＤＨＡは北朝鮮援助のために緊急アピールを発表した。

国際社会の援助が始まると、中国や旧社会主義国家、非同盟諸国のみならず、日米韓など敵対していた自由主義陣営から援助の大半を受けるようになった。北朝鮮では敵対勢力から援助を受けることに当初警戒心が強かったが、二〇〇〇年になると、イタリアを皮切りに次々と自由主義陣営の国々と国交を締結していった。金日成の後継者である金正日《キムジョンイル》も、六月には最初の南北首脳会談に臨んだり、十月には特使をホワイトハウスに送り、米国務長官の訪朝を受け入れたりするなど、徐々に敵対勢力への警戒心を解いていった。二〇〇二年九月十七日には最初の日朝首脳会談に臨んで、懸案事項であった拉致疑惑を事実として認めた。

しかし、北朝鮮が米国への警戒を完全に解いたわけでもなかった。米朝関係に暗雲が垂れ込めたのは、ジョージ・Ｗ・ブッシュ米大統領が二〇〇二年一月二十九日の一般教書演説で、北朝鮮をイラン、イラクと並んで「悪の枢軸」と発言してからである。日朝首脳会談の後、十月三日に米大統領特使であるジェイムズ・ケリーが訪朝した後に、米朝関係は急速に悪化した。十月十六日に米国務省は、ケリー訪朝の際に北朝鮮側が高濃縮ウラン計画を認めたと発表したが、北朝鮮は否定した。米朝の応酬が続く中、二〇〇三年一月十日に北朝鮮は核不拡散条約（NPT）脱退を宣言した。

米国との関係が悪化すると、北朝鮮は核兵器の開発を始めた。北朝鮮は、二〇〇五年二月十日には核兵器の保有を宣言し、二〇〇六年十月九日には最初の核実験を実施した。二〇〇三年から二〇〇九年まで、米中朝の三者会談に続いて、日本と韓国、ロシアを加えた六者会合が開催されてきたが、北朝鮮の核兵器開発を止めることはできなかった。

北朝鮮に対する国連安保理非難決議や制裁決議では、中国もロシアも賛成票を投げていた。この頃の北朝鮮の世界観をよく示しているのが、北朝鮮のミサイル発射に対する国連安保理非難決議が採択された二〇〇六年七月十五日の翌日に出された北朝鮮外務省の声明である。声明では、「弱肉強食の法則が乱舞する今日の世界では、力があればこそ正義を守れるようになっている。国連はもちろん誰も我々を守ってくれない」と軍事力強化の理由を語っていた。[8] 中国やロシアは助けてくれないので、北朝鮮とともに米国と敵対しようとする勢力は世界になく、北朝鮮は自分の力で自国を守るしかないという認識であった。世界は二つの勢力に分かれているという認識はなかった。ただし、北朝鮮も、敵対している米国との対話を完全に中断するわけではなく、断続的に対話は続いた。それは二〇一一年十二月十七日に金正日が死去する頃まで続いた。

4 金正恩時代の世界観

二〇一〇年九月二十八日に開催された朝鮮労働党代表者会で金正日の唯一の後継者に推戴された金正恩《キムジョンウン》が、金正日の死後、二〇一一年十二月三十日に人民軍最高司令官（後の共和国武力最高司令官）に奉じられたことで、金正恩を最高指導者とする時代が始まった。二〇一二年三月以降、約六年にわたって米朝対話はなかったが、二〇一八年から約一年半だけ米朝対話が続いた。二〇一八年六月十二日には初めて米朝首脳会談が開催された。

米朝首脳会談の後、二〇一八年九月十日に金正恩が「我が国家第一主義」について教示したとされる。このスローガンは「社会主義祖国の偉大性に対する矜持と自負心であり、国の全般的国力を最高にしようとする強烈な意志」と定義されている。[9] もともと二〇一七年十一月二十日に『労働新聞』に掲載された「政論」に出てきたスローガンであるが、その時には「我が民族第一主義」と同意語であった。[10] そのため「我が国家第一主義」はプロレタリア国際主義の横割りの世界観ではなく、主権国家体制の縦割りの世界観から導かれたものである。米朝首脳会談の後も、北朝鮮の世界観はプロレタリア国際主義に戻ることはなかった。

二〇一九年十月五日に開催された米朝実務者協議が決裂して以降、米朝対話はなくなった。十二月二十八日から三十一日に開催された朝鮮労働党中央委員会第七期第五次全員会議では、米国との外交交渉を中断して、米国に対する軍事力を高めていく方向性が示された。

二〇二一年一月五日から十二日に開催された朝鮮労働党第八回党大会では、米国を中心とする勢力と敵対するために、外交政策も社会主義国家や米国と対立する国家と連帯していく方向性が定められた。金正恩は「対外活動部門で対米戦略を策略的に樹立し、反帝自主勢力との連帯を引き続き拡大していく」と語り、首脳会談を開催した中国やロシア、キューバ、ベトナムを挙げて、連帯を強めていくことを明らかにした。

これは金正恩が各国首脳に送る年賀状にも反映された。二〇二〇年に金正恩が送った年賀状は二四カ国であったのが、二〇二一年と二〇二二年には六カ国に絞られた。それは中国、ロシア、キューバ、ベトナム、ラオス、シリアである。かつて、米朝対話の場を提供し、経済交流で友好国とみなされていたマレーシアは、マレーシア在住で当局に拘束されていた北朝鮮人を米国に引き渡した理由で、二〇二一年三月十九日に北朝鮮から断交された。北朝鮮が連帯を望む国々とは、米国との関係を仲介したりする国々ではなく、北朝鮮とともに米国と対立する国々なのである。

これは、米国に対抗する勢力として「反帝自主勢力」が生まれており、北朝鮮もそのメンバーであるという認識と考えられる。米中対立が深まっていることも、反帝自主勢力が米国と対立しているという認識を深めたであろう。北朝鮮では、世界は二つの勢力が対立しているという世界観が再び現れた。それは反帝自主勢力と米国を中心とする帝国主義勢力という対立構図である。

北朝鮮の世界観の中では、反帝自主勢力に中心となる国家は存在しない。反帝自主勢力は、社会主義国家が重要な役割をしているものの、反米で連帯している対等な関係の主権国家の集まりとして理解されている。それは以前のようなプロレタリア国際主義に基づいた横割りの世界観ではなく、主権国家体制に基づいた縦割りの世界観である。米国と対立するいくつかの主権国家が反帝自主勢力というものを形成して、米国と対立しているという世界観なのである。

おわりに

建国以前から北朝鮮の政権機関は、世界は二つの勢力に分かれて対立しているという世界観を持っていた。北朝鮮は、その一つの勢力である社会主義陣営のメンバーであった。それはプロレタリア国際主義に基づいた支配階級と被支配階級が対立する横割りの世界観でもあった。しかし、中ソ対立を経て、非同盟運動のメンバーになった頃からその世界観は変わり始めた。対等な国家が併存する主権国家体制の縦割りの世界観が入ってきて、北朝鮮でも民族主義を受容し始めた。横割りの世界観と縦割りの世界観が混在する世界観のまま冷戦後の世界を迎えることになった。

冷戦後、自由主義陣営との和解が始まったが、米国との関係が悪化したことで核兵器開発を始めることになった。その頃には、北朝鮮だけが米国と対立しており、ロシアや中国は助けてくれないという認識であった。しかし、金正恩時代になって、米朝対話が決裂し、米中対立が深まったりすることで、北朝鮮では米国と対立する反帝自主勢力が形成されていると考え始めた。それは、横割りの世界観であった社会主義陣営のソ連のような中心がなく、すべての国家が対等な関係にある縦割りの世界観における主権国家の連帯であった。

その世界観によって、北朝鮮は、米国の支援を受けているウクライナと戦うロシアを可能な限り支持しているのである。ロシアを支持することによって、ウクライナから断交されることは、北朝鮮にとって重要ではない。米国と対立している国家を支持することが北朝鮮にとって重要なのである。

注

1 「朝鮮民主主義人民共和国外務省趙哲洙国際機構局長談話」『朝鮮中央通信』二〇二二年十月四日。
2 「創刊辞」『正路』一九四五年十一月一日。
3 宮本悟「北朝鮮の内在論理：ナショナリズム形成と世界観の変化」、ＲＯＬＥＳ ＲＥＰＯＲＴ、№六、（二〇二一年四月十五日）、四頁、https://roles.rcast.u-tokyo.ac.jp/uploads/publication/file/7/ROLES_report_06_miyamotosatoru.pdf（二〇二二年十二月二十日アクセス）。
4 宮本悟「朝鮮民主主義人民共和国のベトナム派兵」『現代韓国朝鮮研究』第二号（二〇〇三年二月）五八―六七

頁。

5 『労働新聞』一九六五年四月十五日。

6 Satoru Miyamoto, "DPRK Troop Dispatches and Military Support in the Middle East: Change from Military Support to Arms Trade in the 1970s," *East Asia: An International Quarterly*, Vol. 24, No.4 (December 2010), 345-359.

7 宮本悟「北朝鮮の内在論理」六頁。

8 「朝鮮外務省声明国連安保理『決議』を全面排撃」『朝鮮中央通信』二〇〇六年七月十六日。

9 「我が国家第一主義」『労働新聞』二〇二一年六月七日。

10 朴玉慶（音訳）「政論：心身高々と疾風怒涛打っていこう」『労働新聞』二〇一七年十一月二十日。

第2部

国内政治と対外政策の因果律

それぞれの国・地域を主語に考える

第5章

南シナ海問題とマレーシア
――「合理的国家」を解体する

鈴木絢女

はじめに

本章は、マレーシアの南シナ海政策を事例に、外交分野における中小国の選択を説明する枠組みを模索する。閣僚の発言や国会での討論、外交訪問の記録から、中小国自身が歴史的に作り上げてきた外交アイデンティティや国内の政策過程をえぐりだし、当該国の選択のロジックを掘り起こすことで、現代の国際政治分析の主流である「親米・親中」という見方を相対化することが目的である。もちろん、台頭する中国とそれを抑えようとするアメリカとの緊張関係が現代の国際関係のダイナミクスを生み出していることや、それにともない第二次世界大戦後に積み上げられてきた国際秩序が揺らいでいることについては、大方の読者も同意するだろう。

なかでも、今日の南シナ海問題は、このような構造・秩序変動の象徴ともいえる。豊富な海洋資源を擁するとともにシーレーンでもある南シナ海では、五カ国一地域が領有権や管轄権を主張している。国連海洋法条約（ＵＮＣＬＯＳ）の制定に先立つ一九七〇年代、中国、台湾、フィリピン、ベトナム、マレーシア、ブルネイは、それぞれ法制化や岩礁の埋め立て、軍の駐留を進めた。二〇〇〇年代前半にかけて、中国と東南アジア諸国連合（ＡＳＥＡＮ）の間で「南シナ海における関係国の行動に関する宣言（ＤＯＣ）」が採択され、いくつかの国の間で共同資源探査が行われるなど、協調的な雰囲気もあった。

しかし、二〇〇〇年代末以降、この海域をめぐる紛争はグローバルな関心事へと変じていく。海洋強国をめざす中国は、ベトナムとマレーシアによる国連大陸棚限界委員会への共同申請（二〇〇九年）に対抗して、南シナ海のほぼ全域を含むいわゆる「九段線」を示した口上書を提出した。中国海軍や海警局、民兵による海洋行動は活発化し、同じ年にはベトナム船籍やアメリカ海軍の音響測定艦への妨害行為にも及び、ベトナムやフィリピンなど周辺国との衝突も増えていった。二〇一五年には中国による七つの岩礁の埋め立てと軍事化が国際的に報じられ、翌年には、常設仲裁裁判所に付託されたフィリピン対中国事件で、九段線には法的根拠がなく、また南沙諸島の地勢は島ではない（排他的経済水域を持ち得ない）とする裁定が出た。中国がこの裁判の正当性を認めず、紛争海域への艦船の派遣を続けたことで、南シナ海は海洋法の強制力が試される場となった。

こうした展開のなかで、アメリカは東アジアにおける軍事的プレゼンスを強化し、二〇一五年以降は、南シナ海における航行の自由作戦を本格化させた。イギリス、フランス、日本、カナダ、オーストラリアなども演習や航行を行うようになった。概して、これら先進国は、中国による地域秩序の再編の試みや法の支配への挑戦をどう克服するかという観点から南シナ海問題にアプローチしている。

このような問題意識のなかで、東南アジア諸国の重要性が再認識されるようになった。たとえば、オバマ大統領は二〇〇九年に初の米ＡＳＥＡＮ首脳会議を開催するとともに、シンガポール、マレーシア、インドネシア、ベトナムとの二国間関係を格上げした。トランプ政権以降も東南アジアへの関心は続き、二〇一七年の『国家安全保障戦略』では、フィリピン、タイ、シンガポール、ベトナム、インドネシア、マレーシアとの安全保障協力の強化が謳われている。日本もまた、二〇一〇年頃から東南アジア諸国との安全保障対話や防衛協力の枠組み作りを本格化させた。安倍政権期には、ベトナム、インドネシア、フィリピンを中心に日本からの要人訪問が顕著に増加し、従来の経済協力に加えて、安全保障対話の制度化や防衛装備品・技術移転協定の締結が進んだ。

他方で、東南アジア諸国は、日本やアメリカと安全保障上の問題関心を全面的に共有しているわけではない。このことは、インド太平洋構想へのＡＳＥＡＮの対応に明らかである。ＡＳＥＡＮは、日本やオーストラリア、アメリカのインド太平洋構想は中国封じ込めを意図したものであり、ＡＳＥＡＮ諸国に米中のいずれかを選ばせようとするものであるとし、二〇一九年に開放性や包括性を原則とする独自の構想を発表した。

多くの東南アジア諸国は、アメリカの軍事的なプレゼンスを受け入れる一方で、中国とも従前の経済関係を超えて安全保障分野での協力を深めている。たとえば、二〇一〇年代後半にＡＳＥＡＮやその加盟国が相次いでアメリカ、中国と合同軍事演習を行ったことは、こうした態度の表れである。

このような行動は、国際政治学のなかで「ヘッジング」として説明されてきた。[1]「ヘッジング」とは、大国が競争・敵対する状況において、ある大国との良好な関係を続けつつその行動を牽制するために、ほかの大国とも深い関係を構築するといった行動を指す。ヘッジングは、「二つの大国の間でどううまく舵取りするか」[2]という問いに直面した国が、自らの国の規模や大国との経済関係などの条件を考慮して選択するといわれており、すでに述べたような東南アジア諸国のバランス外交の特徴によくフィットしているようにみえる。

ただし、この説明には限界がある。たとえば、外交分野での振る舞いが短期間で大きくぶれる場合がある。フィリピンでは、ベニグノ・アキノ三世大統領（二〇一〇～二〇一六年）がアメリカとの同盟を強化して中国に敵対したのに対して、その後任のロドリゴ・ドゥテルテ大統領（二〇一六～二〇二二年）は、フィリピンの領海・排他的経済水域（ＥＥＺ）への侵入やフィリピン漁船への体当たりを繰り返し、前述の仲裁裁判所裁定を一蹴した中国に対して融和的な態度を取った。

本章で論じるマレーシアでは、ナジブ・ラザク（二〇〇九～二〇一八年）政権期に、アメリカとの安全保障協力によって中国を牽制しようとする志向から、中国による海洋行動の黙認への転換が起きた。国の規模や対外経済関係が短期的には変わらないことを考えれば、政権交代によって、あるいは同じ政権期に政府の声明や行動が顕著に変化する理由をヘッジング理論で説明することはできない。

この限界を乗り越えるために、本章では、国家をいったんバラして政策過程を眺める。「ある国がある戦略を選択する」と述べる場合、一枚岩の「国家」が想定されているが、政策決定過程が一元的であることは稀である。また、そもそも、外交政策の決定者たちが「米中対峙のなかでどう振る舞うか」という問いを念頭に置いて行動しているかどうかは、疑う余地がある。国際構造とは全く関係のない国内政治・経済要因であるとか、国家建設の歴史のなかで醸成され、再生産される外交ドグマやナラティヴによって、政策選好や選択肢があらかじめ決まっている場合もあるからである。

以上をふまえ、本章では、マレーシアの南シナ海政策を整理したうえで、要人訪問の記録や新聞報道、国会議事録等から、決定に関わる政治家個人の立場やネットワーク、彼らの頭のなかにある世界観を可視化する。これによって、歴史や伝統に由来する外交ドグマや、国際関係・国際経済の様々なしがらみの中で決定するリーダー、そしてリーダー個人の利益によって振る舞いを変える「国家」の像を浮き彫りにしたい。

第一節　マレーシアと南シナ海問題

❶ マレーシアからみた南シナ海問題

マレーシアは一九七九年に、南シナ海の一部も含めた自国の大陸棚とEEZを示した地図を公刊した。一九八〇年代以降には、スワロー礁（Pulau Layang-Layang）など三つの礁で実効支配を確立し、ルコニア礁およびジェームズ礁（Beting Patinggi Ali; Beting Serupai）においても領有権を主張している。

すでに述べたように、中国を一方の当時者とする南シナ海をめぐる対立は二〇〇九年頃から顕在化したが、マレーシアの周辺海域では二〇一三年以降、中国海警局や中国海軍による演習や航行が頻繁に行われるようになった。二〇一六年から二〇一九年にかけて、中国船によるマレーシアの管轄海域の侵犯は八九回確認され、[3] その後も、ルコニア礁を中心に、中国の調査船や海警局艦船がマレーシアのEEZ内の石油・ガス田付近を頻繁に航行し、マレーシアの国営石油会社ペトロナスの掘削船との睨み合いや油田への侵入を繰り返している。

❷ マレーシアの対応

マレーシアは、関係国との良好な関係を維持しつつも、マレーシアの主権や管轄権では妥協しないという（主権国家であれば当然の）立場を示し、次のようないくつかの方法によって対応してきた。まず、アメリカとの安全保障協力強化である。もともとマレーシアは一九八〇年代以降、合同演習や後方支援の分野でアメリカとの協力を続けてきたが、二〇〇九年四月に首相に就任したナジブは、二国間関係を強化した。具体的には、オバマ政権のリバランシングを明示的に支持し、アメリカとタイ主導の多国間共同訓練コブラ・ゴールド（二〇一〇年〜）、アメリカとフィリピンの合同演習バリカタン（二〇一二年）などに参加するようになった。二〇一四年にはサバ州の基地からアメリカの哨戒機が南シナ海に向けて飛行したことも発表されている。さらに、中国による人工島の建設が報じられた二〇一五年には、航行の自由作戦を終えたアメリカ海軍の駆逐艦がコタ・キナバルに寄港し、同じ年の末には、ヒシャムディン・フセイン防衛大臣がアシュトン・カーター国防長官とともに南シナ海上の米海軍空母を訪問した。

マレーシアはまた、ＡＳＥＡＮをはじめとする多国間会議における南シナ海問題の争点化にも尽力している。マレーシアは、南シナ海問題が多国間で交渉されるべきこと、その解決はＵＮＣＬＯＳをはじめとする国際法に従うべきことを主張してきた。また、議長国となった二〇一五年には、中国からの圧力をしりぞけて、人工島の埋め立てに対する「深刻な懸念」を共同声明に盛り込んだ。

他方で、中国との信頼醸成にも余念がなかった。マレーシアは二〇一三年に中国との関係を包括的戦略パートナーシップへと格上げし、安全保障分野でも卓上合同軍事演習（二〇一四年）や、マラッカ海峡における人道支援・災害救助等を目的とした合同軍事訓練（二〇一五年）を行なった。こうした良好な二国間関係を背景の一つとして、中国は二〇一六年に日本やシンガポールを抜いて最大の直接投資国となった。

このようにみると、マレーシアの行動は、経済的な利益をもたらす中国との良好な関係を続けつつも、アメリカとの安全保障協力や多国間会議を利用して中国の軍事行動を牽制するヘッジングの典型として理解することができそうである。

しかし、二〇一六年から二〇一七年にかけて、従来の立場からの逸脱ともみられる言動がみられるようになる。たとえば、二〇一六年の南シナ海をめぐる仲裁裁判所裁定について、マレーシア外務省は「仲裁裁判所裁定について……留意した」とする控えめな声明を出すにとどまった。九月には、ナジブ首相が、裁判がフィリピンの一方的な手続きによるもので、強制するメカニズムはないとする（法的には誤った解釈にもとづく）意見を述べている。

また、アメリカのプレゼンスに関する認識についても変化があった。二〇一六年十一月の習近平国家主席とナジブの共同声明には、南シナ海に「非当事国」が関与することは「非生産的」であるとした一節が挿入された。なお、この訪中の際には、「大国が小国を公正に扱うべきこと」や、「第二次大戦の戦勝国」によって牛耳られてきた国際秩序が修正されるべきことを主張するナジブの署名入りの論説が、中国国内の英語紙に掲載された。また、南シナ海における紛争を「二国間の対話」で解決すべきことにナジブが合意したとも報じられた。[4] いずれも、中国の立場に寄り添う主張である。こうした立場の変化を反映してか、この年には一九回の中国海警局による管轄海域侵犯が確認されたが、外交上の抗議は一度も発せられず、翌年も一回にとどまった。[5]

二〇一八年五月の総選挙の結果、ナジブ率いる国民戦線が下野すると、頻繁な政権交代が続いた。二〇一八年選挙で勝利したマハティール・モハマド率いる希望連盟（PH）政権、二〇二〇年三月にマハティールから権力を奪取したムヒディン・ヤシンの国民連盟・国民戦線連立政権、二〇二一年八月にそれを次いだイスマイル・サブリ政権は、中国との良好な関係は損なわないように留意しつつも、南シナ海におけるマレーシアの権利をより明確に主張するようになった。

たとえば、マハティール政権期の二〇一九年十二月、マレーシアはサバ州沿岸の大陸棚延伸を国連に部分申請した。その意図は、単に二〇〇浬《カイリ》を超える大陸棚の確定だけではなく、二〇一六年の仲裁裁判所裁定を支持する意図があったといわれている。[6] 中国はただちに、この口上書が南沙諸島における自国の権利を侵害するものと反論したが、これに対して、マレーシアは二〇二〇年七月に国連に口上書を提出し、南シナ海における中国の「九段線」や「歴史的権利」はUNCLOSに反していると言い返した。マハティール政権にとって代わったムヒディン政権のもとでのことである。

マハティール政権以降のマレーシアは、中国船や軍用機によるマレーシアのEEZおよびその上空への侵入が報じられるたびに、中国大使の召喚や外交上の抗議を行なっている。また、マレーシアのEEZにおいて国営石油会社ペトロナスの探査船と中国の調査船および海警局艦船が睨み合いを続けた二〇二〇年四月には、アメリカおよびオーストラリアの海軍が派遣されている。アメリカの軍事的プレゼンスを利用した中国に対する牽制と理解することができる。[7]

このようにみると、ナジブ下野後の三つの政権は、中国との関係を悪化させないように留意しつつも、国際法に則った紛争解決を支持し、またアメリカとの安全保障協力を利用して中国の海洋行動を牽制しようとする志向を持っており、その意味でマレーシアの南シナ海政策は二〇一〇年代前半のそれに回帰したといえる。

第二節　ナジブ政権の南シナ海政策を解体する

そうなると、なぜナジブ政権期の二〇一六年から一七年にかけて、マレーシアの南シナ海問題への対応が変化したのかという問いが浮かんでくる。もちろん、ナジブ政権期のブレは一時的なもので、元通りになったのだから良いではないかという考え方もあろうし、マレーシアのような中規模な国の限られた影響力を考えれば、ことさらに研究する必要もないと考える向きもあるだろう。

しかし、国際法の正当性が各国の信念や行動に依存していること、また、大国間競争のなかでは、中小国が大国の影響圏を決定する役割を持つことを考えれば、これら一つ一つの国の決定のロジックを解き明かしていくことには意味があるはずである。

そこで、ここからは、ナジブ期の南シナ海政策をめぐる国内政治過程を細かく分析していく。国家をいったん解体し、政策決定に関わる個人にバラしたうえで、彼らの選好やしがらみを可視化することで、ブレが起きたメカニズムを明らかにする。

1 一枚岩ではない政権・与党

この時期の政治過程で興味深いのは、閣僚のなかに南シナ海に関する立場の違いがあったことである。二〇一六年は、マレーシア国内で南シナ海問題の深刻さが認識されはじめた時期でもあった。二〇一六年一月には人工島における中国航空機の発着訓練が行われ、十二月には軍事施設の建設を示す衛星写真が公開された。マレーシア近海でも、三月以降、中国漁船と中国海警局の艦船によるルコニア礁への侵入が報じられた。

これらの問題については、首相、外相、防衛相が主に発言している。彼らは、国際法遵守やマレーシアの主権・管轄権の保持、ＤＯＣの遵守といった立場や、これらの出来事の影響を小さく評価しようとする点では共通している。国内世論が対中警戒論にふれないように用心しているのだろう。

ただし、南シナ海問題のフレーミングにおいて、はっきりとした違いがある（図表6-1）。たとえば、アニファ・アマン外相やヒシャムディン防衛相は、中国を主語にして南シナ海における緊張の高まりを語る。また、九段線の主張や人工島での軍事施設建設といった中国による国際法からの逸脱行為については、明示的にこれを批判する。他方で、ナジブ首相は、南シナ海問題を「アメリカと中国による緊張の高まり」というフレーミングで論じており、中国による国際法違反についての発言は見当たらない。さらに、二〇一六年十一月の習近平との共同声明では、アメリカのプレゼンスを遠回しに「非当事国」による関与としたナジブに対して、ヒシャムディンはアメリカを「関係国」と呼び、前節の2でも述べたように軍事的な関係が良好であることを内外に発信している。

つまり、中国による南シナ海における逸脱行為を問題視し、それへの牽制としてアメリカとの防衛協力を進めようとした外相や防衛相に対して、ナジブ首相は中国の行為を問題視せず、したがってアメリカによる軍事的なプレゼンスを単に対立のレベルを高めるものとして捉えているという違いがある。ナジブのこのような認識は、国会での答弁でも示されている。南沙諸島における中国のプレゼンスについて、アメリカやオーストラリアとの安全保障上の合意があるかという

図表6-1 南シナ海問題をめぐる首相・大臣の発言

日付	発言者	概要
2016.01.12	アニファ外相	（中国による航空機発着訓練は）信頼を低下させ、ベトナム、フィリピン、中国の間での人工島埋め立てをめぐる紛争の解決を困難にする
2016.02.17	ナジブ首相	（南シナ海における非軍事化）は、中国にもアメリカにも当てはまる。彼らが何をしているのであれ、緊張を高めるべきではない
2016.03.22	ヒシャムディン防衛相	中国とそのほかの国々の間で起きている事件が、南シナ海などにおける安定と安全を実現するための外交関係に悪影響を及ぼすべきでない
2016.03.24	アニファ外相*	マレーシアは、中国による九段線にもとづく主張を認めない
2016.09.08	ナジブ首相	（仲裁裁判は）フィリピンによる一方的な行為であり、これを強制するメカニズムはない
2016.09.08	ナジブ首相	（南シナ海問題は）繊細な問題で、注意深く取り扱わねばならない
2016.10.17	ナジブ首相*	（米中を含む）すべての国が、南シナ海において緊張を引き起こすべきではない
2016.11.02	ナジブ首相**	非当事国の関与は、良い結果をもたらさない
2016.12.17	ヒシャムディン防衛相	（中国による人工島の軍事化が事実ならば）マレーシアは、中国に対抗することを余儀なくされる
2016.12.18	ヒシャムディン防衛相	関係国との結びつきは、フィリピンであれ、中国であれ、インドネシアであれ、アメリカであれ、良好で信頼に足るものだ

出所：特に記載のない限り、New Straits Timesにもとづく。
* 国会議事録
** 習近平との共同声明

質問に対して、首相は、そのような合意はないと答えたうえで、将来最大の経済大国になる中国との関係がいかに重要かを長々と論じ、また、アメリカによる航行の自由作戦について触れ、米中をはじめとするあらゆる国が、南シナ海における敵対を助長すべきではないと述べている。[8]

❷沈黙する与党議員たち

二〇一五年以降、国会においても南シナ海問題が活発に議論されるようになった。しかし、議員たちは必ずしも自由に発言していたわけではない。国会における南シナ海関連の発言を発言者のカテゴリ別に見た図表6-2からは、二〇一五年からナジブが下野する二〇一八年にかけて、この問題が審議される頻度が顕著に下がっており、特に与党国民戦線の議員がこの問題について沈黙したことがわかる。与党議員たちに言うべきことがなかったわけではないことは、二〇一八年の政権交代以降の国会で、野党側へ回った彼らの発言回数が大幅に増えたことから明らかである。

当時の最大与党で、この問題について最も積極的に発言してきた統一マレー国民組織（UMNO）所属の議員は、ナジブ政権後期に発言を控え、下野してからは逆に発言回数を増やした。UMNOでは、党首でもある首相が選挙の候補者や地方支部長を決める権限を持っており、党内のコントロールが利きやすいという特徴がある。対中融和的なナジブの意向を受けて、UMNO議

図表6-2 南シナ海問題をめぐる国会審議の発言者および割合

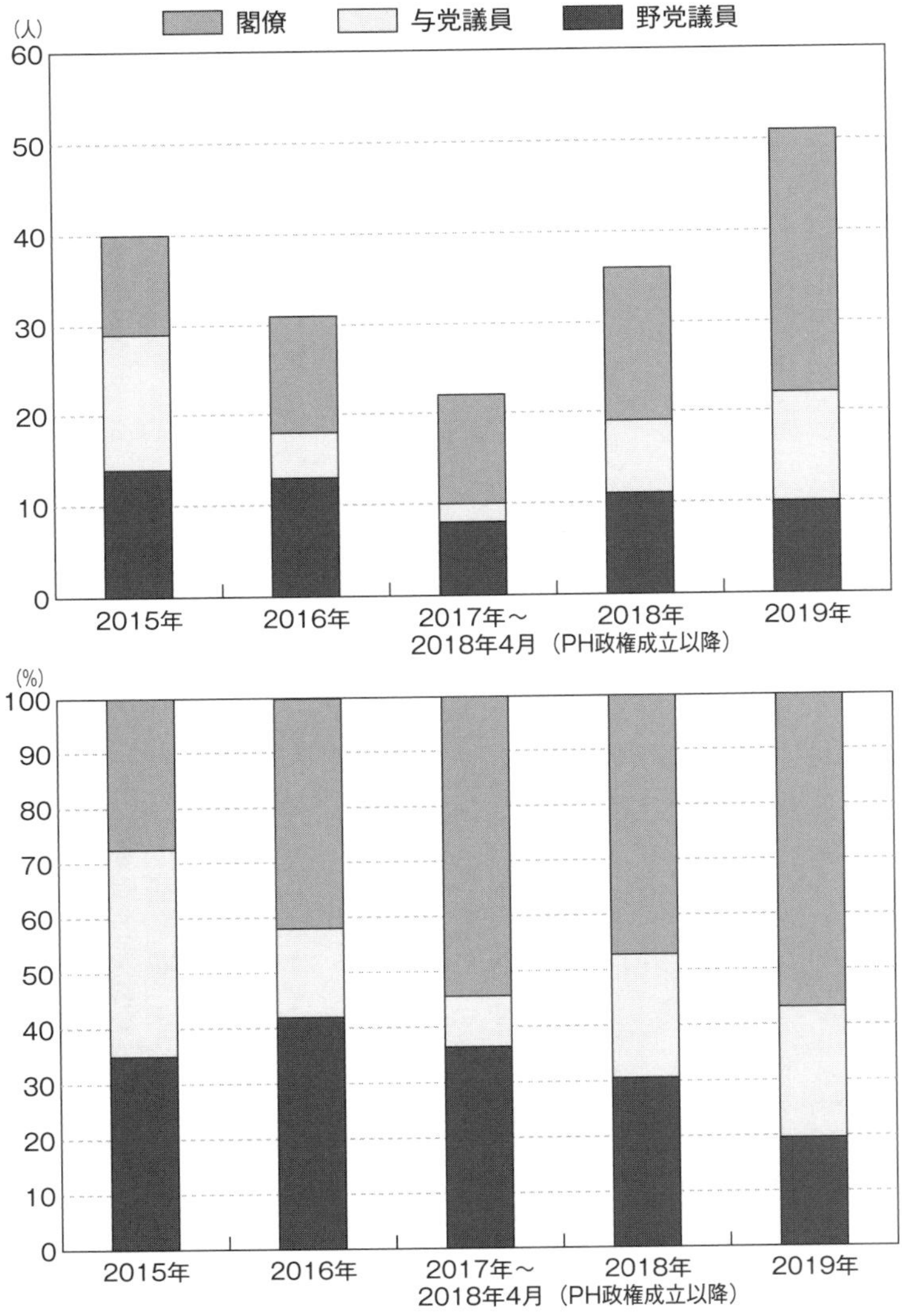

図表6-3 南シナ海をめぐる国会審議のトピック(2018~2019年)

トピック	希望連盟	国民戦線*
中国	**7**	**27**
中国海警局	1	9
中国との交渉・経済関係	2	3
国際法の不遵守	1	3
管轄海域への侵入	1	2
九段線	1	2
人工島の軍事化	1	1
ルコニア礁	**2**	**12**
大国間の敵対/大国の介入・干渉	**4**	**8**
米中対立	2	2
軍事行動・対立		2
資源・生業(石油・ガス、漁業、漁師)	**4**	**8**
ASEAN・APEC	**6**	**5**
COC	3	2
ASEAN の中心性		2
海上保安庁・海軍の装備	**2**	**6**
その他の国の主張・行動	**2**	**6**
フィリピン	1	2
ベトナム	1	1
インドネシア		1
アメリカ	**1**	**5**
米 ASEAN 合同軍事演習		1
管轄海域への侵入		1
航行の自由作戦		1
中立主義/非軍事化	**4**	**2**
非軍事化	3	1
中立主義	2	
ZOPFAN	1	1
外交的抗議	**1**	**3**
国際法	**1**	**3**
UNCLOS	1	2
仲裁裁判所		2
海洋安全保障	**1**	**1**
その他	**2**	**1**

出所:*Penyata Rasmi Parlimen Dewan Rakyat* にもとづき、筆者作成。
* 元国民戦線の無所属議員1名を含む

図表6-4 マレーシア・中国要人往来*

年	2011	2012	2013	2014	2015	2016	2017	2018	2019
要人往来回数	7	8	11	24	11	5	3	11	10
首相を当事者とする会合(%)	4 (57%)	3 (38%)	4 (36%)	6 (25%)	5 (45%)	3 (60%)	2 (67%)	4 (36%)	2 (20%)

出所：中国外交部ホームページ（mfa.gov.cn/eng/）より筆者作成
＊副大臣級までに限る

員たちが発言を控えた可能性がある。

しかし、二〇一八年選挙で下野した元与党議員たちは、極めて饒舌に南シナ海問題を語り始めた。図表6-3は、希望連盟政権期の下院における南シナ海に関する発言のトピックを示したものである。発言した国民戦線議員のほとんどがUMNO議員だが、彼らの関心が、中国によるアグレッシブな海洋行動や国際法の不遵守へと向かっていたことがわかる。

❸ ナジブ首相の中国リンク

つまり、閣僚や議員のなかでも、ナジブの対中融和的な立場は特殊だった。問題は、なぜナジブがこのような立場を取り、また、なぜナジブ政権期に政策にブレが生じたのかである。

まず、ナジブ個人の中国との強い関係が指摘できる。図表6-4は、中国外交部のウェブサイトから作成した中国とマレーシアの二国間外交における要人往来の頻度と、首相が当事者となった会合の数および割合を年ごとに示している。二〇一四年は北京行きのマレーシア航空機の墜落事故と中国・マレーシア外交関係樹立四十周年とが重なり外交往来が急増したために、一時的にナジブを当事者とする会議の割合が減ったが、ナジブ政権後期に向けて、外交のチャネルがナジブに集中していく様子がわかる。とりわけ、マハティール政権期と比べると、ナジブが中国によるマレーシア外交の要であったことがよくわかる。

　このことは、国内の主要紙『New Straits Times』の報道からも窺い知ることができる。図表6-5は、「中国大使」という語を含む国内のニュースにどのような単語が頻出しているかを、ナジブ政権の前期（二〇〇九—二〇一三年）、二〇一四年、ナジブ政権の後期（二〇一五—二〇一八年

図表6-5　中国大使関連記事の頻出語分析

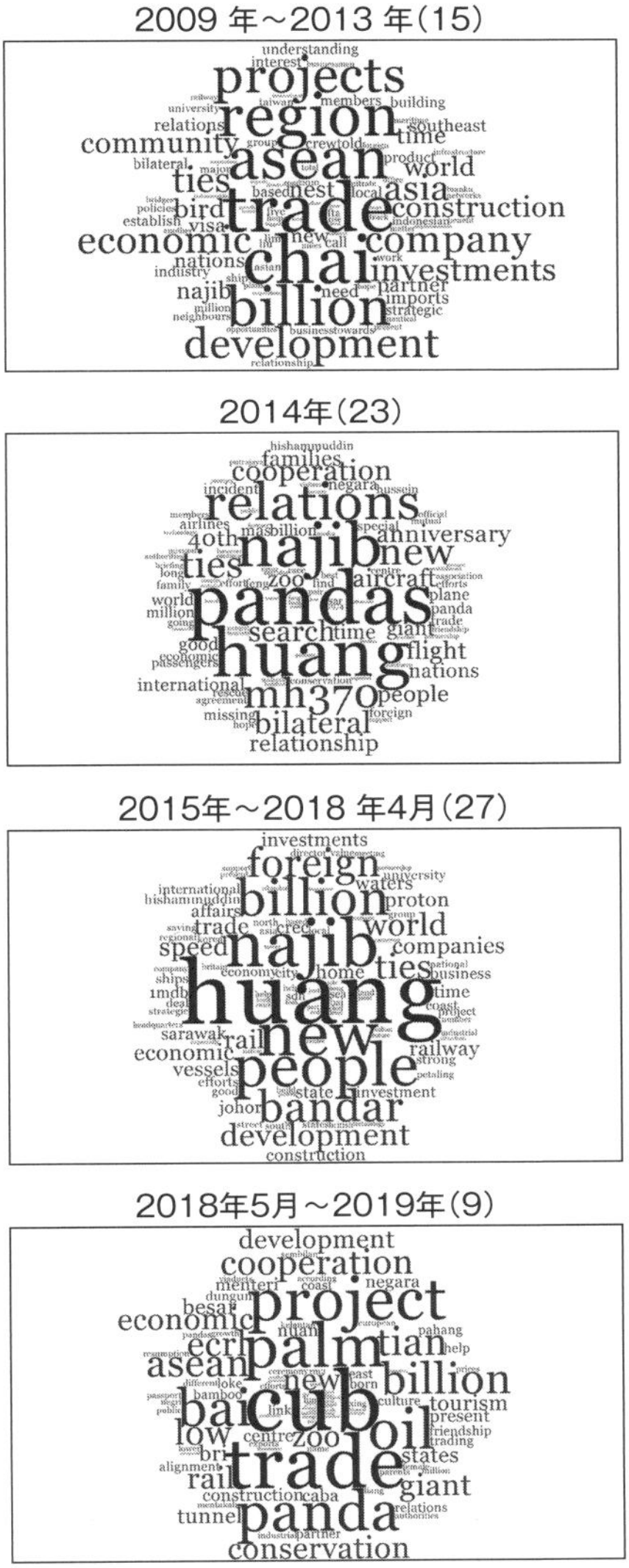

五月）、マハティール政権期に分けてみたものである。全般的に経済協力に関する語が多い点では共通しているが、二〇一四年以降に「ナジブ」という語の頻度が上がったのがわかる。他方で、政権交代後には首相の名前は一回しか登場しない。ここでも、中国外交におけるナジブの存在感が例外的に大きかったことがわかる。

④投資効率の良い中国外交

これは、ナジブの内政上の必要と中国による効率の良い外交とが合致した結果として捉えることができる。二〇一〇年、ナジブは成長産業への投資を主な業務とする財務省一〇〇％所有の国営投資会社一マレーシア株式会社（１ＭＤＢ）を立ち上げ、自らが顧問となった。１ＭＤＢは都市再開発や半導体、再生可能エネルギーをはじめとした事業への投資を行なったが、他方で資金の一部がナジブの家族や取り巻きビジネスマンの個人的な資源や国民戦線の選挙資金として流用され、また、事業の一部はナジブに近いＵＭＮＯ議員にも分配されるようになった。１ＭＤＢの財政規律は必然的に失われていった。二〇一四年以降、１ＭＤＢの負債や資金流用疑惑を野党が問題視するようになり、さらに二〇一五年には関連会社からナジブの個人口座への振り込みがあったこともメディアによって暴露された。やがて、マレーシア国債も不安視されるようになり、与党内からも追及の声があがる。

窮地に追い込まれたナジブは、反対者の逮捕や党内の離反者の党籍剝奪によって応酬した。他方で、中国はナジブの政治的生存のための資源を供給した。二〇一五年十一月にマレーシアを訪問した李克強首相はマレーシア国債の買い増しと、1MDBの発電部門および都市開発部門の買収を約束した。翌年、アメリカ司法省は資金洗浄の疑いで同社関連資産を凍結したが、中国はナジブへの支援を続ける。十一月のナジブ訪中では、中国輸出入銀行の融資による東海岸鉄道とマラッカおよびサバ州のパイプライン事業の実施が合意され、水増しされたこれら事業の予算が1MDBとその子会社の借金返済に充てられることになった。

中国によるナジブへの投資は、極めて効率がよかった。というのも、マレーシア外交は首相個人の選好を反映するからである。このことは、二国間外交のパターンが、首相の交代とともに大きく変化することによっても確かめられる。また、安全保障政策にも、国家安全保障委員会の長を兼ねる首相の意向が強く反映する。さらに、反対派の逮捕や与党による主流メディアの株式所有を通じた情報のコントロールによって、首相は反対意見を少なくとも短期的には抑圧することもできる。

中国は、大きな決定権限を持つナジブと強い関係を築き、彼が政治的な生存のために資金を必要としたときには気前良くこれを提供することによって、マレーシアの外交の自律性を一定程度削ぐことに成功した。これが、二〇一〇年代半ばの一時期、マレーシアが中国による様々な逸脱行為を黙認するという結果を招いた。

二〇一八年の政権交代によってこうした立場が修正されたとはいえ、この事実は十分に留意しておくべきである。まず、南シナ海における深刻な現状変更や法の支配の動揺が起きた二〇一〇年代半ばに、紛争の当事国が反論しなかったことで、中国の主張や行動が助長された可能性がある。また、ナジブ期のマレーシアで起きたことは、国内の意思決定過程が集権化され、法律やメディアのコントロールによって権力者に反対する機会が制限されている国に、物質的な利益供与によって権力を維持するリーダーがおり、そのリーダーに対して集中的に資源を提供できる大国があれば、どこでも起きうる。

第三節　マレーシア外交の選択肢

1 外交の基軸

これまで、国家をいったんバラして外交・安全保障政策をめぐる様々な立場を見てきたが、このような過程は真空で起きているわけではない。政策決定者たちは、理論的に考えうる全ての選択肢を考慮しているのではなく、自国の軍事力、経済的な規模や依存状況、国内世論はもとより、国家のアイデンティティや過去の経験に根ざした「外交ドグマ」とも呼ぶべきアイデアに導かれながら、具体的な選択肢を眺めている。特にこの最後の要素は、注意深く吟味する価値がある。

マレーシアの場合、十六世紀のマラッカ王国の繁栄、西側諸国・日本による占領や植民地化、冷戦期の非同盟・中立政策とそのもとでの国家建設が、重要な歴史的出来事として語られ、外交・国際関係のナラティヴを形作ってきた。南インド商人との取引のなかでイスラーム化し、明の朝貢国になることで安全を確保しながら中継貿易で栄えたマラッカ王国の歴史は、あらゆる大国と良好な関係を持ち、そこから通商や安全保障上の利益を享受しようという指針につながる。他方で、植民地化や占領の記憶は、大国に対する警戒心も生み出す。通商国家として大国と良好な関係を維持する一方で、大国からの干渉を受けずに済むにはどうすれば良いかという問題意識が、国際関係のあらゆる局面で意識されている。

その答えの一つが、非同盟・中立主義である。マレーシアにとって、冷戦の歴史は、中立主義にしたがってアメリカ、ソ連、中国全てと良好な関係を築きながら、開発に必要な国際環境とリソースを獲得し、安定と工業化を達成した成功の歴史である。また、国際政治が大国の独壇場となるのを避けるために、国際法や多国間主義、中小国の結束も重視する。このような外交基軸によれば、米中のいずれか一方との軍事同盟の締結や、いずれかの国との敵対といった選択肢ははじめから除外されるし、経済協力は外交における最重要課題となる。

❷ 大国からの自由

これらの基軸のうち、南シナ海問題においては、中立主義が最も重要なテーマになっている。図表6‐3に示した議員たちによる南シナ海問題の切り口は、この点を理解するうえで手掛かりになる。

すでに述べた通り、マレーシアの議員たちは、中国による人工島の建設や軍事化、マレーシアの管轄海域への侵入、国際法の不遵守を問題視している。これへの対応として海軍や海上保安庁の装備強化やASEANの結束、行動規範の策定も語られるが、より強い関心は大国間政治へと向けられている。

ただし、ここで語られるのは、南シナ海に米中両国が軍事力を展開することで、東南アジアが戦場となること、さらには地域のダイナミクスが大国間政治によって左右されることへの警戒心である。議員らの懸念は、マレーシアが米中間の敵対に巻き込まれるのではないか、米中からの干渉を受けて、自由を奪われるのではないか、ASEANの中心性が低下し、東南アジア平和自由中立地帯（ZOPFAN）が無実化するのではないかといった点にある。もちろん、どのようにアメリカの軍事力を使って中国を牽制するか、どのように米中双方との経済関係を損なわずに南シナ海問題に対応するかといった関心を持つ議員もいるが、少数派である。

他方で、南シナ海が体現する国際秩序の問題は、あまり意識されていないように見える。議員たちは、南シナ海問題をもっぱら自国の権利や資源への侵害として語る傾向にある。国際法の有効性や法の支配への関心を表明する議員は、少数の閣僚経験者にとどまる。この観点が抜け落ちていれば、アメリカによる航行の自由作戦は、単に中国に対抗するための軍事プレゼンスとして解釈され、大国間の敵対への不安を惹起するだけである。

どうやら、マレーシアの政策当事者たちにとって最も根本的な問いは、「どのようにして大国の干渉を避けて自分たちの自由を確保するか」という点にあるようである。この問いへの答えとして、それぞれの大国との間合いを模索しているのであって、「親米」「親中」という括りは、こうした世界観を持つマレーシアを理解するうえではあまりにも表層的である。

おわりに

米中対峙の主戦場となっている南シナ海問題へのマレーシアのアプローチから浮かび上がってきたのは、国内での政治的競争に翻弄され、自らの政治的な生存に必要な資源を提供する大国の意図に絡みとられて自国の外交政策の自律を手放すリーダーの姿であった。また、「大国からの自由」というテーマが、マレーシアにおける南シナ海問題の基底をなしていることもわかった。

国内の政治過程の分析から見えてくるものは、「二つの大国の間でどううまく舵取りするか」という問いに合理的に答えを出す国家とは、大きくかけ離れている。国内政治や歴史的に作られるアイデンティティの関数として作られる外交政策を、「親米」「親中」といった全く関係のない枠組みで捉えることは、非生産的であるばかりか、危険ですらある。

マレーシアは、独立後六十年以上を経た今でも、植民地支配、第二次大戦や冷戦の苦い記憶を胸に刻み、またその中でも着実に国家として歩んできたことへの誇りも持っている。これは、他の多くの中小国にも共通しているはずである。しかし、大国中心、国際構造中心の国際政治分析は、各国に固有の国内政治過程や歴史に根ざしたエートスをすっかりそぎ落としてしまう。第二次大戦後、マレーシアなどの中小国は、大国間の敵対関係が世界中の人々の運命を翻弄することに異を唱え、一貫して国際政治の民主化を求めてきたが、ある意味、国際政治分析も大国中心の轍を踏んでいるのかもしれない。

注

1 ヘッジングについては、次の論文を参照のこと。McDougall, Derek (2012), "Response to 'Rising China' in the East Asian Region: Soft Balancing with Accommodation," *Journal of Contemporary China*, 21 (73); Kuik, Cheng Chwee (2008), "The Essence of Hedging: Malaysia and Singapore's Response to a Rising China," *Contemporary Southeast Asia*, 30 (2); De Castro, Renato (2014), "The Aquino Administration's Balancing Policy against an Emergent China: Its Domstic and External Dimensions," *Pacific Affairs*, 87(1); De Castro, Renato (2018),

"Explaining the Duterte Administration's Appeasement Policy on China: The Power of Fear," An American review, 45 (3-4).

2 Shambaugh, David (2021), *Where Great Power Meets: America & China in Southeast Asia*, Oxford University Press, p.179.

3 *Laporan Ketua Audit Negara Tahun 2018, Siri 3*, p.6-2.

4 Wong, Suie-Lin, "China and Malaysiasign deals on navy vessels," Reuters, November 1, 2016. https://jp.reuters.com/article/us-china-malaysia/china-and-malaysia-sign-deals-on-navy-vessels-idUSKBN12W3WF

5 *Laporan Ketua Audit Negara Tahun 2018*, Siri 3, 6-12, 6-13.

6 Nguyen, Hong Thao, "Malaysia's New Game in the South China Sea: What to Make of Kuala Lumpur's New Claim to an Extended Continental Shelf in the South China Sea," *Diplomat*, December 21, 2019.

7 もっとも、アメリカとの平仄が完全に合っているわけでもない。たとえば、マレーシアは、二〇二一年に発足したアメリカ、オーストラリア、イギリスの軍事同盟（ＡＵＫＵＳ）については、中国に対する挑発や軍拡競争を引き起こす懸念があるという姿勢を貫いている。

8 *Penyata Rasmi Parlimen Dewan Rakyat*, October 17, 2016, pp.3-4.

第6章

ドゥテルテ政権のフィリピン外交
——内政の論理と実利の確保

日下 渉

はじめに

二〇一三年、ベニグノ・アキノ三世政権は、南シナ海に進出する中国を国際仲裁裁判所に訴え、厳しく牽制した。だが二〇一六年、大統領に就いたロドリゴ・ドゥテルテは、バラク・オバマ米大統領を罵り、中国の習近平国家主席を讃えて、フィリピンが親米から親中に変わったと注目を集めた。実際、ドゥテルテは任期中に五回訪中するも、一度も訪米していない。他方、ドゥテルテの外交は、米中間でふらつく「こうもり外交」などとも揶揄された。たしかに、二〇一六年には南シナ海における中国の領有権を否定した国際仲裁裁判所の判決を棚上げしたにもかかわらず、二〇二〇年にはその遵守を中国に求めた。またアメリカに対しては訪問米軍地位協定の破棄を突き付けながらも、結局は対米関係の破綻を避けた。

なぜ、ドゥテルテ大統領は「反米親中」を表明しつつも、同政権の外交は両大国の間で揺れ続けたのだろうか。それを理解するには、米中の大国間ゲームといった外在的視点ではなく、フィリピンの置かれた状況と内政の論理に着目する必要がある。主に高木佑輔の研究に拠りつつ、内政の論理を三つのレベルに分けて整理してみよう。

まず、国家レベルでは、フィリピンのような小国が、不安定な国際情勢のもと米中の片方のみに肩入れするのはリスクが高い。むしろ、主要大国との間で均衡のとれた関係を模索し、外交の自律性を高めていく方が現実的である。こうした外交戦略は、中国への接近度にばらつきはあれども、他の東南アジア諸国にも共通している。[1] 対中接近しつつも、そのリスクヘッジとして、日本を含むアジアとの協調外交も強化していくというのが、フィリピン外交の基本的な方針となっている。

次に、政権レベルでみても、アメリカ一辺倒の外交を見直し、多国間外交でリスクヘッジしつつ、アジアの大国となった中国との関係強化を模索するのは、民主化後の大きな流れである。コラソン・アキノ政権期には、上院が米軍基地の撤廃を可決したし、フィデル・ラモス政権はアジア諸国との関係を強化し、投資を呼び込もうとした。グロリア・アロヨ政権は、中国海洋石油とフィリピン国営石油公社による南シナ海での共同調査を許可した。アキノ三世政権が、中国との対決姿勢を強化したのも、二〇一一年に元駐米大使のアルバート・デルロサリオが外務大臣に就任してからである。[2]

そして、アクター・レベルでは、国家の凝集力が低く、大統領、外務省、国軍が異なる志向を持つ。外務省は、アロヨ期にはASEANの枠組みと対話で中国の海洋進出を抑制しようとしたがうまくいかず、アキノ期に国際法で牽制に乗り出すも、ドゥテルテ期には外交の主導権を失った。国軍は、装備の近代化と多国間協力と共に、国内の治安対策だけでなく、南シナ海における対中対峙路線に移行してきた。そして大統領については、アキノ三世のように縁故主義を排除しようとする者は必要以上に対中関係を重視しないが、アロヨやドゥテルテのように自派閥の利権強化を目指す者は対中関係を強化しようとする。[3]

要するに、大枠の国家レベルでは中国を含む全方向外交が志向されるなか、異なる志向を持つ諸アクター間の交渉や調整を経て、政権レベルでの外交が形作られてきた。ドゥテルテ政権の特徴は、大統領が外務省を迂回して反米発言を繰り返し、中国との経済連携を追求したことである。しかしドゥテルテは、自らの信念のみに固執することなく、対米関係を重視する国軍の諫言《かんげん》を受け入れたりして、対米関係でも対中関係でも実利的な対応をとった。ドゥテルテ政権の外交が「ブレ」たのは、刻々と変化する国内外の情勢に応じて自らの理念と国家や自派閥にとっての短期的な実利を調整していったからである。

本章では、ドゥテルテ政権による外交の特徴と変遷を説明する。まず、政権の初期に「反米親中」を志向した背景には、内政におけるエリート間の派閥闘争があった。次に、対米関係は、大統領の理念的な反発にもかかわらず、南部での対テロ戦争を経て実利優先の方向に傾いていった。そして対中関係では、自派閥を利する経済関係の強化を追求しつつも、中国からの資源提供が停滞するに伴い、距離を置くようなった。

1　内政の文脈

❶エリート間の派閥闘争

ドゥテルテの「反米親中」志向には、個人的な好き嫌いも多分に反映されている。だが、それだけでなく、アメリカ植民地支配の下で形成された伝統的エリートを駆逐し、中国の経済力を借りて、対抗エリートの自派閥で新時代のフィリピンを築かんとする野心に基づいていた。彼にとって、アメリカと伝統的エリートは、自由、民主主義、人権といった規範を語りつつ、政治権力と既得権益を牛耳る傲慢な偽善者という点で相通じている。それゆえ、未完のフィリピン・ナショナリズムを完遂するには、彼らの影響力を駆逐する必要があるというのだ。

伝統的エリートの起源は植民地期に遡る。十八世紀後半、スペインの植民地統治を担ったカトリック修道会は土地を集約し、商品作物のプランテーション経営を行った。一八九八年からのアメリカ支配下では、経済的に台頭してきた華人系メスティソらが大土地所有を引き継いだ。そして、彼らは砂糖の対米輸出で富を、アメリカの導入した民主主義のもとで政治権力を得て、伝統的エリートを形成する。ロペス家やアヤラ家といった財閥、コラソン・アキノ大統領の実家コファンコ家などが、その代表である。一九五〇年代になると伝統的エリートは、輸入代替工業化に乗じて製造業に参入し、事業を多角化した。

他方、戦中・戦後の混乱期には、抗日ゲリラとしての暴力や名声、高等教育、法律家としての専門職を通じて対抗エリートが台頭した。彼らは大土地を所有せず、政治権力への依存度が高い。その代表はフェルディナンド・マルコス大統領で、一九七二年には戒厳令で議会を閉鎖し、競合する伝統的エリートの権力基盤を切り崩そうとした。だが一九八三年、マルコス最大の政敵ベニグノ・アキノJr.元上院議員が暗殺されると、抗議運動が活性化し、一九八六年には「ピープル・パワー革命」で民主化が実現される。この出来事はアキノ家を民主主義の象徴に祭り上げ、民主化に伴う伝統的エリートの復権を正当化した。

次に伝統的エリートに挑戦した対抗エリートは、一九九八年大統領選挙で当選した映画俳優のジョセフ・エストラダである。彼は伝統的エリートを既得権益層と批判し、「大衆のための政治」を訴えて、貧困層の支持を得た。しかし彼は「知性と道徳性の低さ」を都市中間層によって批判され、二〇〇一年、腐敗疑惑をきっかけに「ピープル・パワー2」で追放された。これに伴い副大統領から昇任したアロヨ大統領は、対抗エリートだったディオスダド・マカパガル元大統領の娘だが、下院の伝統的エリートを支持基盤にした。次のベニグノ・アキノ三世大統領は、自身が伝統的エリートに属する。このように、伝統的エリートは対抗エリートの挑戦を退けてきた。

しかし対抗エリートのドゥテルテは、二〇一六年の大統領就任から六年間にわたり国民の八割近くから支持率を集め、強固な支配を実現した。彼の父ヴィセンテは、法律家の資格をもつ政治家として戦後に台頭し、ダバオ州知事やマルコスSr.政権（戒厳令以前）の閣僚を務めた。母ソレダドは、民主化後にコラソン・アキノ大統領によってダバオ副市長に任命されたが息子を推薦し、ドゥテルテが政界に進出するきっかけを作った。ドゥテルテは、共産ゲリラと自警団の抗争で失われた治安を回復し、「規律」を打ち出した厳格な統治で支持を集め、ダバオ市長職を計七期二十二年務めた。

❷ 新興層に支えられたドゥテルテ

ドゥテルテ大統領への全国的な支持の背景には、二〇〇四年から平均六％近いＧＤＰ成長が続くなか、新たな政治意識を抱く新興層が台頭したことがある。[4] 彼らはグローバルな新自由主義のもと、海外出稼ぎやコールセンターなど急成長するサービス業で新たな雇用を手にした。そして、グローバルな基準と需要を満たす規律化された「人的資本」としての価値を高めるよう要請され、不安定な雇用に翻弄されつつも、勤勉、自己規律、自己責任を通じて成功を得ようとしてきた。

だが、その多くは中間層の地位までは辿り着けていない。高い経済成長にもかかわらず、製造業の弱さ、底辺サービス業への雇用の集中、独占企業による労働力の買い叩きなどを背景に、日収一五ドル以上の中間層は、二〇〇六年から二〇一五年で七・九％から九・五％に増えただけである。[5] 収入格差を示すジニ係数も、〇・四二（二〇一八年）と高止まりしている。

彼らは日々の勤労にもかかわらず、思い望むような社会上昇を果たせないのは、不平等な社会構造に既得権益を握る伝統的エリートと、治安を蝕む犯罪者のせいだと不満を募らせている。ドゥテルテは、伝統的エリートに対する戦いと犯罪者への懲罰を約束して、この新興層から支持を得たのである。[6]

彼らからの支持を背景に、ドゥテルテ政権は、数万人とも言われる麻薬容疑者を超法規的に殺害する一方、アキノ家を中心とする伝統的エリートの派閥を執拗に攻撃し、自派閥による政治経済の支配を確立しようとした。二〇一七年には、アキノ三世政権の司法相で麻薬戦争批判の急先鋒だったレイラ・デリマ上院議員を、麻薬密売に関与したとして収監する。二〇一八年には、アキノ三世に任命されたマリア・ローデス・セレノ最高裁長官を解任に追い込んだ。そして二〇一九年上院選挙では、自派閥で完勝を収め、野党候補に一議席も与えず、議会をほぼ手中に収めた。

伝統的な財界エリートへの攻撃としては、まず首都圏東部で水道事業を営むアヤラ家のマニラ・ウォーターに対して、不正疑惑を理由にライセンス剝奪の脅しをかけた。これを受けて、アヤラ家は所有する株式五一％を、ドゥテルテに近い実業家のエンリケ・ラソンに譲渡した。[7] ロペス家の所有する国内最大の通信社ＡＢＳ‐ＣＢＮに対しては、選挙戦でドゥテルテの広告を放送しなかったり、麻薬戦争を批判的に報じたり、外資を経営に参加させていると批判し、二〇二〇年にはライセンス失効を理由に放送停止を命じた。同社が使用していた周波数帯は、分譲地開発業で億万長者になったマニュエル・ヴィリャールが取得した。なお彼の妻はドゥテルテ政権で上院議員を、息子は公共事業道路大臣を務めた。

2 対米関係——反発から実利へ

❶ 対米自主外交の模索

二〇一六年九月、麻薬戦争への国際的な批判が高まるなか、ラオスで開催されるASEAN首脳会議でオバマ米大統領がこの問題に触れるだろうと報じられると、ドゥテルテは猛反発する。マニラを発つ前に、アメリカ植民地支配の暴力に触れつつ旧宗主国の内政介入を批判し、タガログ語のスラングで怒りを示した。これを受けて、比米首脳会談はキャンセルされた。その後も、ドゥテルテは米軍特殊部隊の撤退や比米合同軍事演習の廃止などを示唆した。

ドゥテルテの反米民族主義的な歴史観は、一九六〇年代から七〇年代に左派知識層や学生運動のなかで支持を得たもので、アメリカが「未開人」に自由と民主主義を伝える「恩恵」として侵略戦争と植民地支配を正統化したと批判する。ドゥテルテがアメリカの人権外交に強く反発したのは、この植民地主義との連続性を感じ取ったからにちがいない。

また、反米発言の背景には、アメリカの国際戦略のもと対中包囲網の役割を担うのはリスクが高いわりに、アメリカは当てにならず、実利に乏しいとの判断もあったはずだ。二〇一二年、中国がフィリピンの排他的経済水域内にあるスカボロー礁の実効支配を強め、両国の艦船が対峙して緊張が高まった。フィリピン側からの支援要請にもかかわらず、アメリカは中国との直接衝突を懸念して、艦船を派遣しなかった。結局、オバマ政権が南シナ海に巡視船を派遣したのは二〇一五年末になってからで、中国はすでにスカボロー礁を埋め立てて、建造物を建設していた。

ただし、対米関係を重視する国軍将校らは、ドゥテルテの反米傾向に歯止めをかけた。国軍では、七〇年にわたるアメリカとの軍事同盟のもと、留学や合同演習を通じて親米派が主流だ。デルフィン・ロレンサナ国防大臣も国軍の退役将校で、ドゥテルテが破棄を示唆した比米合同軍事演習「バリカタン」の継続を取り付けるだけでなく、南シナ海が比米相互防衛条約の対象に含まれていることを明確化するよう同条約の見直しも求めた。そうした働きかけの成果もあり、二〇一九年、マイク・ポンペオ米国務長官は、南シナ海でフィリピンの船舶等が攻撃された場合、同条約に基づきフィリピンを防衛すると明言した。

ドゥテルテが国軍将校らの諫言を受け入れた背景には、彼がフィリピンでもっとも官僚制の機能している国軍を信用し、統治に重用したことがある。彼は全国の国軍基地を頻繁に訪れ、兵士の給与や防衛費を増額し、装備を近代化し、閣僚ポストに退役将校を多数あてがうなどして、国軍との関係を重視した。

外務大臣にも、ドゥテルテは常に「反米親中」の人物を任命したわけではない。最初のペルフェクト・ヤサイ外相は、アメリカで法律家として活動し、米国籍を取得していた。それを隠して公職に就いたことを批判され、辞任を強いられた。任期中は大統領の暴言をフォローすることに腐心した。議長として参加した二〇一七年二月のASEAN外相会合では、名指しを避けつつ中国の南シナ海への進出に懸念を示し、国際法に則した平和的な紛争解決を求める声明を取りまとめた。これを受けて、中国は高虎城商務相の訪比を直前でキャンセルした。次のアラン・ピーター・カエタノ外相は、より中国からの経済利権に興味を示し、二〇一七年、中国科学院海洋研究所による領海内のベンハム隆起における資源調査に許可を与えた。だが二〇一八年に国連特使から外相に就任したテオドロ・ロクシンは、ツイッターでしばしば中国を強く牽制した。

対米関係の転機になったのは、イスラーム国に忠誠を誓うマウテ・グループがミンダナオ島マラウィ市を、二〇一七年五月から五カ月にわたって占拠した事件である。この武装蜂起の情報を最初に摑み、フィリピン側に提供したのはアメリカだった。またフィリピン国軍は反政府組織を急襲するも慣れない市街戦に手こずり、最終的には空爆に訴えざるを得なかった。それゆえ、市街戦のノウハウを持つ米海兵隊の特殊作戦部隊が活躍した。ドゥテルテも米軍との軍事協力の重要性を痛感したに違いない。比米合同軍事演習は、二〇一七年には規模が大幅に縮小されたが、二〇一八年からは例年通りの規模に戻され、戦闘を想定した演習も復活した。二〇一九年には、最新鋭ステルス戦闘機Ｆ35も南シナ海の上空を飛行した。

❷ 訪問米軍地位協定をめぐる駆け引き

二〇二〇年二月、改善しつつあった比米関係に激震が走る。フィリピン政府が、大統領の指示で訪問米軍地位協定の破棄をアメリカ政府に通達したと発表したのである。国防大臣や外務省は、事前にそれを知らされておらず混乱に陥った。フィリピンにおける米軍の兵士や物資の取り扱いを定めた地位協定が破棄されれば、米比合同軍事演習も中止に追い込まれる。ただし、地位協定の失効までに百八十日間の猶予期間が設けられた。

ドゥテルテは、地位協定を破棄する理由として、元警察長官として麻薬戦争の指揮を執った側近のロナルド・デラロサ上院議員に米国ビザが発給されなかったことへの報復をあげた。その前年には、ドゥテルテ自身、ビザが発給されない可能性を嫌ってラスベガスで開催予定のＡＳＥＡＮ―アメリカ特別首脳会議（コロナ禍で延期）への出席を辞退していた。その背景には、米議会がドゥテルテ政権による麻薬戦争とデリマ上院議員の拘留を批判し、「アジア再保証推進法」（二〇一八年）や決議の採択によって、人権侵害者に対する入国制限を強化したことがある。

ただし、ドゥテルテによる地位協定破棄の指示は、不平等な対米関係の解消を求めるナショナリズムにも裏付けられていたはずだ。もともと比米軍事基地協定（一九四七年）がフィリピンにおける米兵の取り扱いを規定したが、一九九二年の米軍基地撤退に伴い失効した。この不都合を解消すべく、外務省は米兵に外交官と同様の地位を与えて対処したが、一九九六年、司法省はその法的根拠を否定し、合同軍事演習も中止された。しかし、中国が一九九五年にミスチーフ礁を実効支配するなど南シナ海情勢が緊迫するなか、一九九八年、ラモス政権は地位協定を締結する。だが、上院での批判が根強く、次期エストラダ政権下で批准に至るまで一年以上を要した。

地位協定は、フィリピンで罪を犯した米兵に特権を与えていると特に批判されてきた。アメリカ側は、司法手続きの完了まで米兵被告の身柄を拘束でき、起訴から一年以内に結審しない場合、被告の出廷を免除して帰国させることもできる。二〇〇五年には、フィリピン人女性を強姦した米兵が、地方裁判所に終身刑判決を下されるもアメリカ大使館へと逃れて控訴し、示談が成立すると控訴裁判所の無罪判決を得て帰国した。二〇一四年には、トランスジェンダー女性を殺害した米兵が、禁固六〜十二年の有罪判決を受けた。だが、米軍は彼の刑務所への収監を拒否した。いずれのケースでも、反米デモが展開されたり、地位協定の見直しを求める声が高まった。

ドゥテルテは独断で地位協定の破棄を通告する一方、破棄の猶予を何度も延長し、地位協定継続の見返りに新型コロナウイルスのワクチンや兵器の提供を要求した。これを受けてアメリカは、経済支援、ワクチンに加え、六四〇〇万ドル相当の最新兵器を提供した。なかには、対テロ戦争用の精密誘導兵器や、南シナ海における監視活動用の無人航空機システムなどが含まれる。

二〇二一年三月には、ジョー・バイデン新政権との協議で、アメリカ側は提供可能な武器や装備品のリストをフィリピン側に提示した。そして同年七月末、ドゥテルテは訪比したオースティン米国防長官との会談後、地位協定の破棄を撤回した。彼はその理由を、アメリカに新型コロナウイルス対策のワクチンを提供してもらったことへの返礼だと説明した。またロレンサナ国防大臣は、重罪を犯した米兵の拘束をめぐる地位協定の規定が変更される予定だと表明した。

なおドゥテルテも、一連の交渉の過程でアメリカに一定の妥協をしている。殺人を犯し服役中だった前述の米兵に、二〇二〇年九月、世論の反発を受けつつも恩赦を与えた。

3 対中関係——経済連携から牽制へ

❶経済連携の追求

中国の経済的プレゼンスが高まるなか、ドゥテルテは中国との経済関係を自派閥の基盤強化に利用しようとした。ドゥテルテは、ダバオ市長時代からバナナの輸出や、中国資本による鉱山開発などを通じて、中国人実業家とのネットワークを築いてきた。大統領に就任すると、二〇一六年十月の訪中で、南シナ海をめぐる中国の領有権を否定した国際仲裁裁判所の判決（同年七月）

を棚上げし、二四〇億ドルの経済協力の約束を得た。この訪中には二〇〇名もの実業家が同行した。二〇一八年十一月の首脳会談では、インフラ整備支援、資源共同探査、金融支援などを含む「比中共同宣言」が発表された。二〇一九年八月には「一帯一路」の国際会議に出席し、エネルギー、インフラ、インターネット通信、農産品の購入、観光、経済特区の開発などの分野で、中国企業から一二一億ドルにのぼる投資の約束を得た。

対中関係の劇的な改善は、中国外交部のホームページに記された副大臣以上による会合の回数からも明らかである。その数は、領土問題で関係の冷え込んだアキノ期には二〇回だけだったが、ドゥテルテ期には六五回を数えた。そのうち首脳会談は一回から五回に、経済協力を主な議題にする会合は一四回に増えた。

こうした対中融和に伴い、中国からのODA事業が急増し、国家主導のインフラ整備政策「ビルド・ビルド・ビルド」を支えた。ODAによるインフラ開発では、首都圏に水を供給するカリワダムの建設、チコ川の灌漑事業、複数の鉄道建設、カガヤン州における工業団地の建設などが取り決められた。また、中国からの海外直接投資による企業の設立数も増加した。[8]

こうした中国資本は、ドゥテルテのクローニー（取り巻き政商）らによる事業の拡大を支えた。その代表は華人系実業家デニス・ウイで、もともとダバオで家族事業を営んでいたが、ガソリン販売業で台頭する。二〇一〇年には、中国資本（China-ASEAN Investment Cooperation Fund）の協力を得て、伝統的エリートのアボイテス家から船舶輸送を営む2GO社を取得した。そしてドゥテルテが大統領になると、マニラやダバオの港湾整備、セブ―マクタン国際空港の近くのカジノ運営、ＬＰＧガス、元クラーク米軍基地の再開発事業など、大規模インフラを次々と受注した。従来アヤラ家のグローブ社とマニュエル・パンギリナンのスマート社に独占されてきたインターネット通信業にも参入し、中国国営の中国電信と共同で第三のインターネット通信社ディトを立ち上げた。また、マランパヤ天然ガス田の採掘権を独占しようとしたり、南沙諸島における中国との共同資源調査にも参加を表明した。

なお政府間のＯＤＡとは別に、法人の設立、合併・買収、株式の取得などを通じて、中国の民間資本による海外直接投資（ＦＤＩ）も流れ込んできている。フィリピン中央銀行によると、ＦＤＩは、アロヨ期に八・三億ドル、政府間で軋轢のあったアキノ期にも一二億ドル、そしてドゥテルテ期には一七億ドルと増え続けた。

そのなかには、中国国内の規制を回避し、フィリピンで利潤を上げようとするものもある。[9] その代表は、本国の中国人や世界中の華人を対象とするオンライン・カジノで、コロナ禍前の二〇一九年には一三万から一五万人の中国人労働者が同国内で働いた。[10] なかには不法滞在者や、犯罪に関与する者も少なくなく、フィリピン人の反中感情を高めた。また中国政府もフィリピン政府にオンライン・カジノの全面禁止を要請したが、ドゥテルテ政権はその運営を容認し続けた。おそらく、その理由は経済的利益である。二〇一九年には、オンライン・カジノからの公式の税収だけでも六四億二〇〇〇万ペソ（約一四三億円）にのぼった。[11]

❷ 南シナ海と経済協力をめぐる駆け引き

ドゥテルテ政権は、二〇〇二年にＡＳＥＡＮと中国の間で結ばれた「南シナ海行動宣言」に法的拘束力を持たせる行動規範の締結を求めると同時に、南シナ海における現時点での実効支配を容認した。すなわち、一〇〇名以上の住民を置き、飛行場や港湾を整備してきたパグアサ島や、資源に豊富とされるリード礁に近いアユンギン礁など、フィリピンが実行支配する八島と三礁については妥協しない。他方、すでに中国に実効支配を奪われ、軍事化を進められてきたミスチーフ礁、スカボロー礁などについては領有権問題を棚上げする代わりに、経済協力、共同資源探査、海洋進出の自制を求めた。もとより各国の主張が複雑に絡まり合う南シナ海の領有権問題を判決一つで解決するのは難しく、これは現実的な判断でもあった。[12]

共同資源探査では、フィリピンの排他的経済水域内にあるリード礁一帯に眠るとされる天然ガスが対象となった。二〇一八年二月、両国は共同探査に向けて民間の作業部会を設置することで合意し、同年十一月に習近平が訪比した際に覚書が締結された。そして二〇一九年八月、北京での首脳会談後に作業部会の設立が発表される。中国からは中国海洋石油集団、フィリピンからはマニュエル・パンギリナンのＰＸＰエナジー社、デニス・ウイのデニソン・ホールディングス社が探査への参加を予定した。しかし、資源配分について「フィリピン六、中国四」で合意に至るも、法的枠組み・課税・領域・紛争解決メカニズムで合意に至らなかった。

中国のODAによる経済協力やインフラ建設でも、遅々として進まぬ案件が多かった。インフラ政策の目玉とされたミンダナオ鉄道建設（事業費八三〇億ペソ）、南方ビコール線再整備（一四二〇億ペソ）、クラーク―スービック鉄道建設（五一〇億ペソ）の融資も滞り続けた。[13]

にもかかわらず、中国軍部は海洋進出を強引に推し進め続けた。二〇一九年六月には、リード礁でフィリピン漁船が中国船に当て逃げされて沈没し、船員二二名がベトナム船に救助された。その後の世論調査では中国への信頼度は二一％に低下した。[14] 翌年四月には、各国がコロナ禍の対応に追われるなか、中国は南シナ海の島々に行政区域を設置して海南省に組み込んだ。

対中融和が経済支援と領有権問題に十分な効果をもたらさなかったことを受けて、ドゥテルテ政権は対中政策を軌道修正していく。その傾向が明確になったのは二〇二〇年である。まず七月にロクシン外務大臣が、国際仲裁裁判所の裁定は「歴史的権利で、交渉の余地なきものである」との声明を出し、政権として初めて国際海洋法条約の順守を中国に要求した。

ドゥテルテ自身も、九月の国連総会で名指しを避けつつ領有権問題をめぐる中国の対応を批判し、十一月のASEAN首脳会議では、国際仲裁裁判所の裁定は「今や国際法の一部となっており、その重要性はいかなる強国も無視できない」と発言した。また、アメリカだけでなく、日本、韓国、オーストラリアなどとの多国間安全保障協力、非公式な協約、沿岸警備隊による海上法執行能力の向上などによって、中国への牽制を強めた。[15]

こうした不満表明と路線変更の効果があったのか、二〇二一年一月の比中外相会議では、インフラ事業への融資案件が若干の進展を見せた。また中国はシノバック製ワクチンを無償提供することも約束し、翌二月末には、米英からのワクチンに先駆けて、六〇万回分の接種事業が開始された。

おわりに

ドゥテルテの個人的な信念は、政権初期に外交を「反米親中」に方向付けた。麻薬戦争への固執は欧米の人権外交に対する反発を先鋭化させたし、自派閥による新たな支配を打ち立てんとする野望は中国資本との連携を強化した。だが、南部の対テロ戦争や中国からの融資停滞に直面し、ドゥテルテ政権の外交は実利的な方向へと転換した。そして、アメリカからは地位協定破棄をカードに最新兵器の提供を得た。他方、中国に対しては、棚上げしたはずの国際仲裁裁判所の裁定に言及することで、融資の停滞と強引な海洋進出を批判した。

こうしたドゥテルテ外交は、大統領の個人的な信念と国家ないし派閥レベルでの短期的な実利の確保との調整によって特徴づけられており、国家レベルでの長期的な外交ビジョンは希薄である。アメリカ一辺倒から多国間関係の強化といった大きな流れの中にはあるものの、偶発的な出来事によって外交方針の変更が相次いだ。短期的な実利重視の外交は、長期的な安全保障にリスクを呼び込む可能性もある。

政権に批判的なメディアや知識人は、利権目的の対中接近が安全保障上のリスクを招くと懸念を表明してきた。まず、中国はチコ川灌漑事業の融資をめぐって、リード礁における海底資源の採掘権を担保に取った。中国のODAは金利三%と日本などより割高で、万が一債務不履行に至った場合、大きな損失になる。次に、台湾に近いフガ島や、かつて米海軍基地のあったスービック沖にあるグランデ島とチキータ島など、安全保障上、重要な離島で中国資本による開発計画が取り沙汰されてきた。そして、中国電信と提携したディトなど、中国資本による通信インフラの整備は、スパイ行為やサイバー攻撃を受ける危険性を伴う。

ただし、国家レベルでの長期的な外交ビジョンが希薄であるがゆえに、二〇二二年六月末に成立したフェルディナンド・マルコスJr.政権のもとでは、対米関係の改善が顕著になっている。その背景には、台湾有事を睨み、フィリピンとの軍事協力の強化を求めるバイデン政権の意向もあるが、フィリピン国内の事情も大きい。

まず、ドゥテルテ政権では主導権を失っていた外務省が、南シナ海の領有権をめぐる仲裁裁判所の裁定を「反論の余地なく、最終的な決定」とする声明を出すなど、存在感を示すようになった。マルコス自身は、全方向との友好的な外交という建前を繰り返しつつ、ドゥテルテのようにトップダウンで外交方針を左右せず、外務官僚を尊重している。外務大臣に任命されたエンリケ・マナロは、欧州各国の大使、外交次官、国連大使を歴任してきた実務家だ。また大統領の親戚であるホセ・ロムアルデス駐米大使はドゥテルテ政権では地位協定の継続をめぐる交渉を取りまとめた人物で、マルコス政権では外交のブレーン的な役割を果たしているようだ。

次に、国防大臣の人事で、サラ・ドゥテルテ副大統領が兼任したいとの意向を示したが、マルコスはこれを受け入れず、前国軍参謀総長のホセ・ファウスティーノを任命した。ファウスティーノは、前政権によるロシア製ヘリ一六機の購入契約を見直したり、比米防衛協力強化協定のもと米軍が国内で利用できる施設の新設計画も進めるなど、対米関係を配慮している。

そして、中国マネーへの期待の低減がある。中国はアユンギン礁におけるフィリピン軍の詰め所への補給を妨害したり、ウィットサン礁に民兵を乗せた船舶二二〇隻を集結させるなど海洋進出を継続する一方、外交部は経済協力を持ちかけてきた。だが、リード礁での共同資源探査、鉄道建設事業三件への大型融資などが停滞するなか、ドゥテルテは退任直前にこれらの事業をめぐる中国との交渉を打ち切った。マルコス政権は鉄道建設事業への融資交渉を再開したものの、前政権で膨らんだ対外債務と財政赤字という制約もあり、中国のＯＤＡではなく、官民連携（ＰＰＰ）の活用も検討している。また、大統領の交代と中国からの資源の停滞に伴い、デニス・ウイの事業拡大も行き詰っている。

このように、マルコス政権の成立に伴って生じたフィリピン外交の変化を理解するにも、内政の文脈への着目が不可欠である。

注

1 菊池努「米中関係を超えて――大国間の権力政治と東南アジア」、『国際問題』六六五号：六―一九頁、二〇一七年。鈴木絢女「東南アジア――リーダーの生存と国際秩序」、『ディフェンス』五六号：九八―一〇七頁、二〇一八年。

2 高木佑輔「ドゥテルテ政権の外交政策」『国際問題』六六五号：二〇―三九頁、二〇一七年。

3 高木佑輔「フィリピンの対中外交――交差する3つのアクターと3つの政策」『強国中国と対峙するインド太平洋諸国』竹中治堅編、千倉書房、二〇二二年。

4 日下渉「新時代のフィリピン人――なぜ「規律」を求めるようになったのか」原民樹他編、『現代フィリピンの地殻変動――新自由主義の深化、政治制度の近代化、親密性の歪み』、花伝社、二〇二三年。

5 World Bank. The Middle Class in the Philippines: An Exploration of the Conditions for Upward Mobility. World Bank, 2020.

6 日下渉「国家を盗った義賊――ドゥテルテの道徳政治」、外山文子他編『21世紀東南アジアの強権政治――「ストロングマン」時代の到来』、明石書店、二〇一八年。

7 首都圏西部で水道事業を営むマニュエル・パンギリナンのマイニラッド社も営業停止の圧力を受けたが、法人税の前倒し払いでこれをしのいだ。彼は民主化後に台頭した財界人で、伝統的な財界エリートではない。

8 Alvin Camba and Janica Magat "How Do Investors Respond to Territorial Disputes? Evidence from the South China Sea and Implications on Philippines Economic Strategy," *The Singapore Economic Review* 66(1): 243-267, 2021.

9 Alvin Camba "The Sino-centric Capital Export Regime: State-backed and Flexible Capital in the Philippines," *Development and Change* 51(4): 970-99, 2020; Alvin Camba "Between Economic and Social Exclusions: Chinese

Online Gambling Capital in the Philippines," *Made in China* 5(2): 209-217, 2020.

10 Ben O De Vera "Tax Take Down as POGO Workers Flee COVID-19," *Philippine Daily Inquirer*, September 21, 2000. なおコロナ禍で多くの労働者が帰国し、二〇二二年には未登録のオンライン・カジノで働く四万人以上の労働者を強制帰還させる事業も開始された。

11 CNN Philippines Staff. "₱6.42-B Taxes Seized from Erring POGOs in 2019," CNN *Philippines*, January 26, 2020.

12 石山永一郎『ドゥテルテ――強権大統領はいかに国を変えたか』角川新書、二〇二二年。

13 融資に至ったパシッグ川橋梁建設、マラウィ市復興、チコ川灌漑、カリワダム水源開発はより少額の案件だった。

14 Social Weather Stations "Thrid Quarter 2019 Social Weather Survey: 52% Say the Philippines Can Have Good Relations with Both China and the US; 78% Say PH's Relationship with the US is More Important than with China," December 7, 2019.

15 De Castro, Renato Cruz. "From Appeasement to Soft Balancing: The Duterte Administration's Shifting Policy on the South China Sea Imbroglio," *Asian Affairs: An American Review* 49(1): 35-61, 2020. 高木佑輔「中国の海洋進出とインド太平洋地域秩序の行方――ベトナムとフィリピンを事例に」『中央公論』十月号、一二八―一四一頁、二〇二〇年。

第7章

ミャンマー危機のディレンマ

中西嘉宏

1 忘れられた混迷

ミャンマーで軍事クーデターが起きてから二年になる。情勢は良い方向には向かっていない。クーデター直後から広がった混乱が、かたちを変えながら今も続いているからである。対して日本も含めて世界では、ミャンマー情勢への関心が大きく低下している。クーデターから一年後に起きたウクライナ戦争で国際ニュースが一色に染まってしまったこともあるが、実際にはそれよりもずっと前からミャンマーへの関心は失われていた。

忘却の理由は危機にかかっているステークの大きさだろう。ウクライナ戦争では、国連安全保障理事会常任理事国であるロシアが、国連憲章に違反して隣国の主権を「特別軍事作戦」のもとで侵害し、さらに民間人への暴力など戦争犯罪まで犯している。第二次世界大戦後に築かれてきた国際秩序を根本的に揺るがしかねない事態である。

他方でミャンマーの危機はどうか。危機とはいっても、国内での権力闘争の延長で起きたクーデターと、軍による弾圧、さらに軍と抵抗勢力との暴力的紛争への発展である。[1] 泥沼化する政争で脅かされているのは、主にミャンマー国内の秩序であり、軍による戦争犯罪や人権侵害はたしかに問題だが、既存の国際秩序を脅かすというほどものではない。そうなれば、デモや弾圧のような話題性が尽きれば、国際世論の関心は続かない。ましてや、国際世論に強い影響力を持つ欧米からみると地球の裏側ともいえる東南アジアでの出来事であるから、なおのことそうなる。残念なことだが、それが現実だ。

この国が大きな転換点を迎えていることは間違いなく、二〇一〇年代に進んだ民主化と経済成長が水泡に帰すばかりか、国民国家の枠組みや正統性も揺らいでいる。しかし、国際的関心の低下によって、かつてのような大国間競争、体制間競争でミャンマーの混迷を理解する雑な見方が増えていきそうだ。

たとえば、一九八八年に始まる軍事政権を中国の傀儡のようにみなす言説は多く、二〇一一年の民政移管についても、中国に対する軍事政権の依存から脱するために実施されたのだという議論があったし、さらにいうと、二〇二一年のクーデターについても、国軍の裏には中国がいるということを主張するものがあとを絶たなかった。中国の傀儡政権扱いは、米国によるパーリア国家（国際社会から疎外された国家）扱いと相まって強化されて、亡霊のようにいまも漂っている。こうしたミャンマー理解は的外れというほどのものではないが、一面的に過ぎよう。

本章が検討したいのは、大国間競争や体制間競争という世界理解とミャンマー危機との関係である。そして、体制間競争中心の見方がミャンマー危機をさらに深刻化させる可能性もまた指摘する。まずは、ミャンマー危機について現在までの大きな流れを概説し、泥沼化の構造を示す。次に、ミャンマーで二〇一〇年代に進んだ自由主義圏諸国による、「寛容な」リベラル化プロジェクトのリスクが顕在化したものとして、クーデターを解釈できることを説明する。そのうえで、現状の泥沼化した政治対立を前に、リベラル化プロジェクトは破綻し、複数のディレンマのなかで国際協調が難しく、実利と理念で国際社会の対応が分かれつつあることを示そう。

2 クーデター後の泥沼化

どのように政争が泥沼化していったのかを振り返っておく。

二〇二一年二月一日の早朝四時頃にアウンサンスーチー（以下、スーチー）はじめ、政権関係者がミャンマー国軍の部隊に拘束された。この日に予定されていた連邦議会下院の招集を防ぐことが目的であった。直後に憲法四一七条の非常事態宣言が発令され、同四一八条にもとづいて、国家の三権が国軍最高司令官であるミンアウンフライン上級大将に移譲された。即日、ミンアウンフラインは国家行政評議会（ＳＡＣ）を組織し、自らと国軍幹部を中心に国家を運営する仕組みを早々に固めた。

政権奪取はなぜ起きたのか。

まず、動機である。クーデターの首謀者であるミンアウンフラインの狙いは、スーチーら民主化勢力の政権からの排除を目指したものだと考えられる。これは一見当たり前だが、ミャンマーの場合、一九六二年、一九八八年に起きた軍事クーデターでは、政権交代にとどまらず、体制変革にまで国軍は踏み込んでいる。目的は政敵の排除だけなのか、体制変革なのか、両者を見分ける鍵となるのは憲法の扱いだろう。一九六二年も、一九八八年も、政権掌握後に国軍は、憲法を実質的に廃止した。だが二〇二一年は、憲法にしたがって非常事態宣言を発令しており、政治体制そのものの変革には踏み切っていない。

次に、手段である。政権を転覆して国家権力を掌握したい個人や集団は、どの国にも多かれ少なかれいる。しかし、ほとんどの場合、そうした希望を実現する手段を持たない。そのなかで、ミャンマーで軍事クーデターが成功した。

理由の一つは、最高司令官の意思である。一般的にいって、中堅将校や下級将校のクーデターの試みはほとんどが失敗するが、最高司令官が決断してその命令で軍機構を動かせば政権奪取成功の確率は上がる。

もう一つに、国家の暴力機構が国軍に集中していたことがある。軍内外で物理的な暴力を管理する組織の間に力の均衡が働くことでクーデターが抑止されるという指摘があるが、[2]ミャンマーでは、国軍は、陸軍が空軍、海軍に対して圧倒的に優位な立場にあり、警察を管轄する内務省も大臣は現役の陸軍将校であった。[3]

最後に、文民統制が事実上存在しなかったことも重要な要因だろう。二〇〇八年憲法では国軍の数々の特権が保障されていて、最高指揮権を持つのは大統領ではなく国軍最高司令官であり、その人事は国軍幹部と関係者が議員の過半数を占める国防治安評議会で決定されることになっている。日常的に国軍機構に対して文民政権が統制を試みることはおろか、安全保障に関する情報も文民政権と十分にシェアされることはなかった。分断された政府だった。

こうして起きたクーデターは、非常事態宣言の発令までは、ほぼ国軍の計画通りに進んだものとみられる。しかし、その後に予想外の展開が待っていた。国軍の想定をはるかに超える規模でクーデターに反対する動きが広がったのである。

都市部ではクーデターから一週間後にはデモや集会が始まり、二月の半ばにはヤンゴンでもレーダンやミェニゴンのような大きな交差点がデモ隊に占拠された。参加者は実に多様で、Z世代と呼ばれる若い世代を中心としながらも、特に突出した指導者を持たない運動の拡大であった。フェイスブックを中心とするSNSでの連携や情報交換、さらに海外在住のミャンマー人コミュニティによる支援、さらには、香港、台湾、タイの社会運動同士の連携など、同国で起きた過去の反政府運動とは異なるかたちで抵抗の輪が広がっていった。

こうした街頭での抵抗と並行して起きたのが、CDMと呼ばれる不服従運動である。クーデターを批判して職務を放棄する公務員が相次いだ。各省で参加者の多寡はあるが、保健省、教育省、鉄道省のような、職員数と市民との接点が多い省庁でCDM参加者が目立った。正確な参加者数は不明だが、筆者の知人の教育関係者によると、大学を含む学校教員では一時、約半数の教員が職務放棄したという。公務員だけでなく、銀行の行員や建設労働者も職務放棄をして、政府と経済の機能が著しく低下した。

こうした抵抗に対して国軍は、当初は群衆制御の範囲内での対応だったが、二月末から実弾発砲を含んだ強硬路線に転換していく。手製の防具や空気銃を手にした若者たちに国軍が対戦車用のグレネードランチャーを使用する写真や動画は我々に衝撃を与えた。しかし、民政移管後に民主化と自由化、経済成長によって変わりつつあった社会（なかでも若者たち）は、強権的な国軍に簡単に屈しなかった。クーデター、抵抗、弾圧で混乱を極めた二〇二一年二月、三月以降の動きは、おおむね三つのフェイズに分けることができるだろう。

一つ目のフェイズは、抵抗の組織化と連携による緩やかな統一戦線の誕生である。四月、国民民主連盟（ＮＬＤ）の中堅幹部が中心となって国民統一政府（ＮＵＧ）が結成された。自らが正統な政府であるとして、二〇〇八年憲法の廃止を宣言し、国軍をテロリストに指定する。ＮＵＧ幹部は主にオンライン上で活動し、一方で諸外国の政府に外交的な働きかけを行い、もう一方で武装しつつあった若者を人民防衛軍（ＰＤＦ）という受け皿をつくって組織化を試みた。そこに、国軍と長く戦ってきたカレン民族同盟（ＫＮＵ）とカチン独立機構（ＫＩＯ）を中心とする一部の少数民族武装勢力を引き込み、反軍統一戦線のようなものができあがる。九月には「自衛のための戦い」をＮＵＧは宣言し、スーチーの非暴力路線からの転換を表明した。

第二のフェイズは暴力的な衝突の拡大である。火力では優位に立っているはずの国軍だが、村落部を拠点として「解放区」をつくって政府としての実態を示したい抵抗勢力に、十分に対応できなかった。抵抗勢力は、KNUやKIOの拠点があるカイン州やカチン州だけでなく、多数派民族であるビルマ人が多く住む、ザガイン管区南東部やマグエ管区北東部の農村部に訓練した若者たちを優先的に送り込んで、国軍部隊とゲリラ戦を繰り広げた。いまだに歩兵戦中心のミャンマー国軍に対して、山中でのゲリラ戦に長けた少数民族武装勢力による指揮と訓練が有効に働き、火力の差以上に国軍部隊に損失を与えることに成功した。クーデターから一年で非暴力闘争の民主化運動が、暴力を許容する革命運動へと変容したといえるだろう。

第三のフェイズは、消耗戦の固定化である。革命運動に変容したといっても、抵抗勢力が勝ち切ることができるような装備も資金力もない。現に農村部でのゲリラ活動は継続できても、都市部を実効支配下に置くことはいまだできていない。消耗戦に持ち込んで国軍の内部分裂に期待する向きもあったが、当初は相次いだ国軍からの兵士の離脱も二〇二二年に入って減少している。また、軍事組織の統合を脅かす部隊レベルでの離脱は一度も起きていない。

その一方で国軍もまた抵抗勢力を鎮圧できそうにない。連邦政府を掌握している時点で圧倒的に優位ではあるものの、前線では苦戦が続く。そのため北西部を中心に、兵士不足と歩兵戦での不調を補うべく民兵組織（ピューソーディ）を組織したが、練度の低い集団でかつ効果的な戦術を立てられないまま、ただ萎縮効果を狙って残虐行為や村落破壊を行っている。戦闘機による空爆も行われ、多くの民間人が犠牲になったことが逆効果となり、抵抗勢力への住民の支持が広がったともいわれる。

3 「寛容な」リベラル化プロジェクトとそのリスク

同一政権のなかに共存した民主化勢力と国軍だったが、クーデターから一年足らずのうちにお互いをテロリストと呼び合うほど対立を深めることになった。振り返れば、両者の対立は一九八八年から続くもので、それを考えれば二〇一六年から同政権内に共存していたこと自体が、いまとなっては不思議なことだ。

我々が忘れるべきでないのは、その権力共有が政治的安定の仕組みとして国際的に受け入れられていたことである。スーチー政権は成立後にロヒンギャ危機（二〇一七年八月から十二月にかけて、国軍とラカイン州北部のムスリムとの衝突をきっかけに七〇万人以上の難民がバングラデシュに流出した事件）の発生で評価を落としたが、それでも、民主化と自由化の進展、経済の成長は不可逆だとみられていた。その見込みがクーデターによって崩れたわけである。

国際社会に統一した意思が存在したわけではないものの、長く軍事政権下で停滞し、二〇〇〇年代に隣国である中国の影響を強く受けるようになったこの国に対して試みられた、リベラル化のプロジェクトの失敗した瞬間だった。

このプロジェクトの起点は、二〇〇九年の米国での民主党政権の発足である。二〇一一年には、「テロとの戦い」で南アジア、中東に比重が置かれてきた米国安全保障戦略が、台頭する中国の現状変更の動きを受けて、アジア重視にシフトする（いわゆる「アジア回帰」）。このタイミングがミャンマーの民政移管と重なった。紙幅の関係で民政移管が始まるプロセスを詳述することはできないが、決して米国の政策転換を見越した合理的な動きではない。[4] そんな戦略的な行動がとれる軍事政権であれば、とうの昔に民政移管をしていただろう。

この偶然は、米国の制裁緩和を必要としていた新大統領テインセインにとってチャンスとなった。一九八八年以来の軍事政権への圧力が国軍を変えられず、中国からインド洋に抜ける地政学的な要所であるミャンマーと中国との関係を変えたい米国にとってもチャンスであった。そのため、軍事政権の動きを慎重に見極めながら、また同時に長く支持し、米国でも民主化運動のアイコンとされてきたスーチーとも意思疎通をし、新政権の改革を支持する方向に舵を切る。[5]

具体的には、二〇一一年末のヒラリー・クリントンによるミャンマー訪問が端緒となり、その後、テインセイン大統領とスーチーの米国訪問を経て、二〇一二年十一月にはオバマ大統領が現職の米国大統領としてはじめてミャンマーを訪れた。この過程で米国による経済制裁は大幅に緩和されたわけだが、そうした条件を引き出すべく、テインセイン政権が迅速に政治囚を解放し、北朝鮮との外交関係を絶ち、さらにスーチーとの和解と補欠選挙への参加を認めていったことも忘れてはならない。さらに、カチン州での中国企業によるダム建設プロジェクトであるミッソンダムの建設の凍結までテインセインは決断する。米国のミャンマー政策の転換が、ミャンマーの内政と連動することで、その後のこの国の民主化の進展と経済成長の基礎をつくったのである。

この米国の動きが外交的なグリーンライトとなり、日本や韓国のような東アジアの国に対ミャンマー政策の転換を引き起こした。二〇〇〇年代に確実に経済成長を遂げ、経済統合も進んでいた東南アジアで、ミャンマーは長く欠けたピースであり、五〇〇〇万人を超える人口と低廉で相対的に質が高いとされる労働力、豊かな天然資源は、製造業の生産ネットワークの一部として、また、市場としても魅力を備えていた。日本では「アジア最後のフロンティア」という言葉が使われて注目されたことを記憶している読者も多いだろう。

こうして、米国がミャンマーをパーリア国家として扱うことをやめて外交関係を改善させたことが基本条件となって、日本や韓国などアジア諸国から援助と投資がこの国に流れ込むことになった。特に経済と援助における日本の役割は大きく、二〇一三年には軍事政権時代に累積した三〇〇〇億円を免除と借り換えによって解消し、援助拡大に筋道をつけた。国際援助・金融機関もこの方式にならう。その後、決して順調だったとはいえないにしても、約六%の平均成長率（二〇一三〜一九年の世界銀行統計）と自由で公正な選挙を通じた文民政権の成立を我々は目にした。約五十年間の停滞した軍事政権下とは別の国に変わったかのようであった。

しかし同時に、リベラル化プロジェクトはいくつかの点である種の寛容さ、つまり、リスクに目をつぶりながら進められたものだった。二点指摘しておこう。

まず一つに、国軍の存在である。二〇一一年の民政移管は二〇〇三年に軍事政権（国家発展平和評議会）が発表した「七段階のロードマップ」に基づく。このロードマップは民主化勢力との対話によって生み出されたものではまったくなく、スーチーの三度目の自宅軟禁に対する国際的非難をかわすために軍事政権が発表したものである。その後、民主化勢力をロードマップの各段階から排除して、軍事政権主導のもとで、憲法起草と国民投票、議会選挙、新政権の発足へと進んでいく。むろん、こうした経緯で生まれた新体制には国軍に対する文民統制など存在しない。国軍が体制の守護者として特権的な地位を占める体制であり、その事実を容認しながら改革の後押しをした。したがって、国軍の存在が将来的な民主化の障害になるリスクがあったのである。

次に、過去の免罪である。ミャンマーの軍事政権は約五十年間続いた。その間、きわめて強権的な統治が行われ、特に少数民族地域での紛争にともなってさまざまな人権侵害が人権ＮＧＯや国際機関によって報告されてきた。当時の米国国務省スタッフの回顧録によると、国務省内には米国との関係改善をミャンマーに働きかける前に過去の人権侵害をレビューするという案もあったが、新政権との関与を重視する動きのなかで立ち消えになったという。[6]

リベラル化のプロジェクトを経済的に支えた日本や韓国といった国々では、そもそも軍事政権時代の過去についてその責任を問うという考えがあったようにはみえない。「バスに乗り遅れるな」という言葉が当時さかんに使われたが、バスの行き先に関心はあっても、そのバスがどこからきたのか、どういうコンディションなのかに関心が払われることはほぼなかったといえる。その結果、国軍は長期軍政という過去について組織的な反省をする機会はなく、その性格は温存された。

これらのリスクを負ったうえでもミャンマーの改革を支援した背景には、二つの期待があった。一つに、ミャンマー国民は民主化を望んでおり、自由化で市民社会が活性化して民主的な選挙で政権が選ばれれば、自ずと国軍の存在感は低下していくだろうという期待である。もう一つに、グローバル化を伴った市場経済化が進んで中間層が厚みを増し、さらに海外からの援助や直接投資によって国際経済との相互依存が高まれば、軍事政権に逆戻りするようなリスクを国軍は冒さないだろうという期待である。こうした民主化と市場経済化の両立による発展観は「移行パラダイム」とも呼ばれる。[7] 冷戦終結後に世界的に広がった楽観的な見通しのことで、ミャンマー危機はあらためてこうした見通しの限界を示したことになろう。[8]

ただし、リスクに外交関係者が無自覚だったわけではない。事実、米国、英国、日本、オーストラリアといった国々が、それまで避けてきた軍同士の交流を民政移管後（特にスーチー政権発足後）に始めている。国軍が変わらなければ、この国の民主化に限界があることは明らかだった。

4　三つのディレンマ

リスクが顕在化して急速に進行した危機後、現状には国軍を含めて、すべての当事者が行き詰まりを感じているといってよい。

国軍は、二〇二三年一月で最長二年間の非常事態宣言を終え、その後八月までに総選挙を実施し、新たに成立する議会と政権に国家権限を移譲するつもりである（本稿執筆後の二〇二三年二月一日に非常事態宣言がさらに半年間、延長された）。しかし、選挙が実施されるとなれば抵抗勢力は徹底して妨害するだろうし、有権者が投票所に行くのかも不透明である。また、スーチー政権関係者の多くが拘束されたままであれば、自由で公正な選挙と認めるものは限られるだろう。

一方の抵抗勢力にも限界がある。多くの国民から支持を得られていたとしても、依然として装備も資金も、目指す革命の成就のためには不足している。中央平野北西部の村落地域の実効支配を主張しているものの、村落自治に頼りながら、国軍の部隊や政府関係者の接近を防いでいる状態である。ＮＵＧが閣僚を擁しているといっても、活動の場はオンラインや海外であり、その手足となる人員の数にも限りがある。肝心の前線にいるＰＤＦもまた、指揮命令系統の整備や組織化、訓練が当初よりは進んでいるが、新たに設定された三つの軍管区のトップは少数民族武装勢力それぞれの幹部が就いており、政府だと謳っていても、実態としては国軍に武力と外交的働きかけを通じて挑戦する武装勢力に近い。この国内での政争激化を前に、状況の改善が国際社会に期待されることは自然なことだが、クーデターから約二年たっても、依然として圧力、関与ともに機能していない。二〇一〇年代に進んだリベラル化プロジェクトの破綻は明らかだが、その次の手が見つかっていない状態なのである。なぜか。三つのディレンマの結果だと思われる。

まず、制裁と人道のディレンマである。クーデター直後から欧米諸国はミャンマー国軍に対して強い圧力をかけた。たとえば、米国政府はジョー・バイデン大統領自ら国軍によるクーデターを強く非難し、米国にあるミャンマー政府の資産一〇億ドルを凍結して国軍指導者を制裁対象に指定した。現在まで状況に改善がみられないなかで、制裁対象は国軍幹部、国軍の一部部隊、幹部の家族、軍系企業、国軍と近い実業家、一部国営企業、兵器調達企業などに拡大していった。並行してイギリスや欧州連合（ＥＵ）もほぼ同様の動きをみせている。

だが、人道危機を引き起こすような強い制裁は避けられる傾向にあるのが現在の国際社会である。そのため、かつてのような包括的な制裁（輸出入や投資の禁止や金融制裁など）を科すまでには至っておらず、「スマートな制裁」といわれる制裁の対象者を徐々に広げることで警告のレベルを上げていく手法がとられるわけだが、スマートではあっても、制裁の強度はかつてより落ちている。目的は民主制への復帰というほぼレジーム・チェンジに近いものであるため、国軍との間で取引が成り立たない。

ただし、ミャンマーに投資する企業にとってはリスクを示すシグナルとなるため、グローバル企業の撤退が起き、新規投資は減っていて、その痛手は国軍だけでなく一般国民も被ることになる。加えて、そもそもミャンマーの経済的相互依存は東アジア諸国であるため、欧米がそうした国々を巻き込まない限り制裁の効果（国軍を変えるという目的に対する効果）は期待できない。

第二に、ミャンマーへの国際的圧力がむしろミャンマーを中国とロシアに接近させるディレンマである。そもそも、輸出入ともに三割程度を中国との貿易が占め、軍事関係では二〇〇〇年代にロシアからの武器調達が劇的に増えていた。特に中国との接近に楔を打ち込むためにミャンマーの改革を支援してきたのが米国をはじめとした自由主義圏の国々である[9]。だが、クーデターとその後の苛烈な弾圧に対して圧力路線に大きく舵を切ったことで、情勢は民政移管前、すなわち、国際的孤立のなかで経済的に中国に頼らざるをえなくなっているのである。

伝統的に中国に対して警戒を抱く国軍としては、その影響を少しでもバランスさせるべくロシアとの軍事面での関係を二〇〇〇年代から強化しようとしてきた。クーデター後は軍事面での関係強化はもちろん、民生の原子力分野での協力関係や投資の受け入れなどにも、両国間の協議の対象は広がっている。二〇二二年九月にロシア・ウラジオストクで開催された東方経済フォーラムに、ミンアウンフラインが出席し、ウラジーミル・プーチン大統領と握手を交わしたのち、会談ではプーチンの指導力をミンアウンフラインは手放しで称えた。ロシアがウクライナに侵攻して半年近くたった時期の出来事である。ミャンマーへの圧力の目的が国軍の行動を変え、また、民主的な体制への復帰であるなら、すくなくとも現状は逆の方向に事態を動かしている。

第三に、正義と分断のディレンマである。これは圧力路線と似ているが若干異なる。国軍の法的な責任を追及する動きのことだ。その背景には一九九〇年代から進んできた国際司法機関の発達と、超国家アドボカシー・ネットワーク(TAN)と呼ばれる人権NGOのような組織が、国軍のアカウンタビリティを国際機関や各国政府を巻き込みながら求める活動の活発化がある。ロヒンギャ危機発生後に本格化し、国際刑事裁判所(ICC)による捜査や、国際司法裁判所(ICJ)でのガンビア共和国によるミャンマーのジェノサイド条約違反をめぐる提訴、さらに国連人権理事会が設置した「ミャンマーのための独立調査メカニズム」(IIMM)による国軍の国際法違反の証拠収集活動など、応報的正義を実現しようとする動きが広がった。情報技術の発達は衛星写真や市民のSNSの情報などを通して、これまで表沙汰にならなかった国軍の残虐行為を詳《つまび》らかに示す。

しかし、こうした正義を求める動きは、当事者が拒む限り、外部からの圧力にとどまってしまう。ミャンマー政府が受け入れているICJでの訴訟についても、判決が出るまでに相当な時間がかかるうえに、どこまでミャンマー軍の責任を認める判決が出るのかは不透明である。他方で、正義を求める圧力は確実に抵抗勢力を後押ししている。筆者が話を聞いたNUG幹部は、国軍との交渉という選択は排除しないが、「まずは正義から」(Justice First)でなければならないという。正義を受け入れるということは処罰を受けるということだから、国軍幹部が従う可能性は極めて低い。実現するための手段がないまま、正義を求める声が強まることで、むしろ対立する諸勢力がさらに分断されている。

5　おわりに

この国は今後しばらく、深刻な政治的分断を抱えながら、経済的な停滞と、偏った外交を続けることになるだろう。それでもなお、欧米諸国や日本がミャンマー国軍に対して民主制への復帰を求め、中国のミャンマーへの影響を抑えることが必要だとすれば、二〇一一年の民政移管後とは異なるリベラル化プロジェクト2・0が必要になる。

だが、いまのところ有効な手段はない。ないどころか、目的を達成するにはとうてい足りない弱い圧力をかけ続けることで、自由主義圏からの外交的孤立とそれに伴う経済的な打撃をもたらし、そうした事態がむしろ国軍に中ロ接近を促す結果となってしまっている。だからといって国軍による政権掌握を認められるかといえば、日本も含めて認めるべきではないだろう。

そうであるなら、もっと強い圧力をかけることも合理的な選択であるが、中ロによって底が抜けているなかでの経済制裁には限界があるわけで、NUGが求めるように、武器支援を通じた武力による革命に発想は行き着く。だが、米国議会を二〇二二年十二月に通過したミャンマーの民主化活動を支援するためのビルマ法（the Burma Act）では、「死を引き起こすことがない支援」（non-lethal assistance）に手段が限定されていることからもわかるように、[10] ミャンマーでの武力紛争への直接介入が合理的だとみなす国は世界にないだろう。

レジーム・チェンジのような大きな変革を他国の介入によって実現することの困難さは、もはや歴史的に明らかで、ミャンマーのクーデターから半年後、二十年近く米軍を中心とした部隊が駐留したアフガニスタンにおいて、いともたやすくターリバーンが復権したことが雄弁に物語る。

現在のミャンマーを強権的な軍事政権と民主化勢力との争い、すなわち体制間競争としてみることが決して間違いだとは思わない。そうした見方でみれば、実効支配の点で優位に立つ国軍との関係正常化に向けて動き出しているようにみえる中国、インド、タイなどは「あちら側」の国々にみえるだろう。だが、そうした国々を動かしているのは理念よりも実利であって、国境を接する国々はミャンマーが国家として不安定化（場合によっては崩壊）することを警戒しているのである。ミャンマー危機への対応は体制間競争であり、同時に実利と理念の間で各国の対応が割れている。

そのなかで日本の姿勢がいまだはっきりしない。政府として政変直後から、暴力の停止、拘束者の解放、民主制への復帰を求め、軍幹部との接触も避けている点では欧米諸国に歩調を合わせ、他方で制裁のような厳しい措置はとらず、関与を試みるASEANを後押ししている。「独自の役割」を果たすといいながら、約二年の間、大局的には静観しているといってよいだろう。もうクーデター前の状況にこの国が戻ることはない。米国の圧力もよほどのことがなければ弱まることはあるまい。だとすれば、何らかの新しい方針が必要となる。日本もミャンマー政策の転換が必要で、二〇二三年がその転換点になるかもしれない。

注

1 民主化勢力あるいは民主派という用語が報道で使われることがあるが、スーチー中心の民主化運動とは構成も理念も大きく変わっており、また、国軍を共通の敵とする多様な勢力の連携もみられることから、ここでは抵抗勢力という言葉を使用する。

2 最近のものではたとえば、Erica De Bruin. *How to Prevent Coup D'états – Counterbalancing and Regime Survival.* Ithaca: Cornell University Press, 2020.

3 大統領は国軍最高司令官が推薦した現役軍人から国防大臣、内務大臣、国境大臣を任命しなければならない（二〇〇八年憲法第二三二条(b)(ii)）。

4 中西嘉宏『ミャンマー現代史』岩波新書（二〇二二）、第三章参照。

5 この間の米国政府内の動きについてはウィキリークスが公開したヒラリー・クリントンのメール群のなかで詳しく知ることができる。

6 Murphy, Erin. *Burmese Haze: US Policy and Myanmar's Opening – and Closing.* Ann Arbor: The Association for Asian Studies, pp.120-121

7 Carothers, Thomas. "The End of the Transition Paradigm" *Journal of Democracy,* Vol.13, No.1, 2002, pp.5-21

8 なお、日本において顕著なのは開発独裁ノスタルジーで、権威的な政治体制の方がむしろ経済開発が進むという発展観である。政治体制と経済成長との間には相当に複雑な関係があるので、各国の政治構造やテクノクラートの能力、置かれた地政学的な位置、米国との関係などをみながら、非民主的な成長が可能な国かどうかを判断しなければならない。

9 二〇一七年に七〇万人とされる大量の難民を流出させたラカイン州北部でのロヒンギャ危機後、国軍による掃討作戦を擁護したことでスーチーの国際的な評価は急落した。国軍に対するジェノサイド疑惑もあったが、それでも各国、国際援助機関のミャンマー支援は防衛協力を除いて維持された。なお、政変後、米国はロヒンギャ危機をジェノサイドだと認定している。

10 ビルマ法通過の直前には国連安全保障理事会で紛争当事者に暴力の停止を求め、さらに国軍には拘束者を解放するように求める決議（決議二六六九）が採択された。中国、ロシア、インドが投票を棄権したが、拒否権は行使しなかった。ミャンマー国軍に対する決議が安保理で採択されたのは史上初めてのことである。

第8章

タイの合意なき「バランス外交」
――国内政治の力学からみる対外政策

青木（岡部）まき

はじめに

ロートステインは、小国を「自国の能力行使のみでは、安全を確保しえないことを自覚している国家である。そして自国の安全確保のために、根本的に他の国家、制度、過程、発展に頼らざるをえないことを認識し、自らの手段にのみ頼ることが不可能だという自己確信があり、同時に他の諸国もそれを十分に認識している国家」と定義した。その定義を踏まえるならば、タイは常に小国であった。[1]

小国として生き延びるべく、タイはある時はイギリス、日本、アメリカ、中国といったその時々の大国と友好関係を柔軟に切り替え、またある時は全ての国と友好関係を結んできた。ことに一九六〇年代末から七〇年代初頭、タイは「対米偏重」といわれたそれまでの外交から転じて中国と国交を正常化させ、以後米中の間で全方位的な友好関係構築による「バランス外交」を維持してきたと言われる。

しかし二〇一四年の軍事クーデタ以来、タイは米中間での「バランス外交」から離れて「対中偏重」に転じつつあるとの懸念が寄せられてきた。[2] 二〇一九年に国会選挙が行われ、タイは形式上民政復帰を果たしたが、実際には野党に不利に設計された制度の下で軍事政権の受け皿政党が躍進し、政権に留まった。軍政色を濃く残した「民選政権」を不服とする人々は現政権への反抗を続けている。「民政復帰」後の対外政策についても、軍政期同様に中国への傾斜が指摘されており、「バランス外交」からの逸脱がタイの国益を損ない、安全保障を不安定化するという懸念も聞かれる。[3]

しかし、果たして二〇一四年以後のタイは本当に「バランス外交」から逸脱し「対中偏重」に向かっているのだろうか。結論から言えば、こうした批判は必ずしもタイの対外関係の実態を踏まえていない。中タイはたしかに友好をアピールしているが、実際には両国が二〇一四年以降に急接近したわけではない。またタイと欧米諸国との関係が、クーデタ以来継続的かつ一様に悪化しているわけでもない。こうした事実を踏まえると、プラユット政権の対外政策に対する批判の背景には、実際の米タイ／中タイ関係とは別の理由もあるように思われる。

本章では、現政権下で定められた「二〇一六年国家安全保障評議会（NSC）法」（以下、二〇一六年NSC法）とふたつの「国家安全保障政策および計画」（以下、国家安保計画）から、同政権の対外政策の動機を探りその方向性を展望する。

1 タイとアメリカ、中国の共存関係

❶ クーデタへの対応

二〇一四年五月の軍事クーデタ直後、中国政府はいち早くＮＣＰＯ（国家平和秩序維持評議会）へ治安回復を賞賛するメッセージを送り、軍事政権側も六月のプラユット・チャンオーチャー暫定首相と中国ビジネス訪問団との会見、クーデタ団副議長と駐バンコク中国大使との会見という形でこれに応えた。その後もタイは一時中断されていたタイ中経済合同委員会を七月末に再開、同年末にはタイの高速鉄道開発計画協力の覚書に調印した。以後も中タイ間では二〇一五年に両国空軍が、二〇一六年には両国海軍が合同軍事演習を実施した。同年十二月には副首相兼国防相が訪中してタイ国内への軍事物資工場建設を要請し、二〇一七年にはタイ海軍の潜水艦調達計画で合意するなど、国軍を中心に協力のための合意が相次いだ。こうした動きのなか二〇一六年九月に軍事政権の代表が南シナ海問題をめぐり「中国による海域秩序構築に協力を」と発言したことは、タイの対中接近を示すものとして注目を集めた。[4]

こうした中国との関係と対照的に、アメリカはクーデタ直後に国内法に従いタイへの軍事協力や軍事演習、要人交流などの協力を停止した。翌年も民政復帰や不敬罪をめぐってアメリカ政府高官とタイ政府で批判の応酬が続いた。しかし軍事政権が長期化するにつれ、欧米や日本などの国々は、相次いでプラユット政権に柔軟な態度を取り始めた。二〇一五年、日本はプラユット首相の訪問を受け入れ、オーストラリアからは外相が訪タイした。アメリカもまた、二〇一七年のドナルド・トランプ政権発足後にプラユットの訪米を受け入れ、同年にはEUもタイとの政治関係再開を決定した。そして二〇一九年に国会選挙が実施されると、欧米諸国はこれを民政復帰と認め、各種援助の再開と関係修復が進んだ。現在のタイは、米中を含む多くの国と比較的良好な関係を回復している。

❷ 対米関係と対中関係は二者択一の関係にはない

注意したいのは、中国とタイとはプラユット政権下で急接近したわけではないという事実である。一九五〇年代から六〇年代にかけて、タイは国内の共産主義勢力とそれを支援する中国、インドシナ諸国を脅威とみなし、これらの勢力と対決するためアメリカと同盟を形成した。しかし一九七〇年代初頭に米中が和解を果たすと一転して中国との友好を宣言する。その後一九七〇年代末から八〇年代を通じ、中タイ両国はカンボジア紛争でベトナムに対抗し、ポルポト派を支持して「非公式な戦略パートナーシップ」を構築した。

また一九八〇年代から一九九〇年代にかけては、「中タイは兄弟同士」というスローガンのもと、民間の文化・学術交流のほか、タイ王族の訪中や国軍間人事交流といった様々なチャンネルで交流が拡大した。二〇〇〇年代には両国の間で包括的戦略的パートナーシップの協定を結んだほか、中国・ASEAN自由貿易協定の前倒し実施が他の国に先駆けて行われた。

重要なことは、タイにとって対中関係と対米関係とが二者択一の関係になったことはなかったという点である。たしかに米タイの間では、一九七〇年代半ばに米軍がタイから撤退したのち、関係の再定義がなされることがないまま関係悪化を印象付けるような出来事が続いた。一九九七年のアジア通貨危機では、IMFやアメリカが示した対タイ融資の条件としての財政再建策要求が内政干渉だとして、タイ国内で反米運動が起きている。二〇〇〇年代には、二〇〇六年と二〇一四年の二度のクーデタに対しアメリカが援助・軍事交流の停止と非難声明を発表したことで、国内のクーデタ支持派が反米運動を展開した。またバラク・オバマ政権期には、アメリカ政府が「人身取引報告書」でタイ国内の性的搾取や強制労働といった状況の改善を求め、タイ政府の反発を惹起した。

しかし、こうした「反米感情」の一方で冷戦期からの米タイ安全保障協力制度は一貫して維持されてきた。一九五四年にタイ、アメリカなど八カ国の相互防衛を約束した東南アジア集団防衛条約、同条約の内容を米タイ間で確認した一九六二年のタナット＝ラスク合意は現在も有効とされている。また、一九八四年に開始された米タイを軸とする多国間軍事演習「コブラゴールド」

図表8-1 タイの国別対外輸出額推移

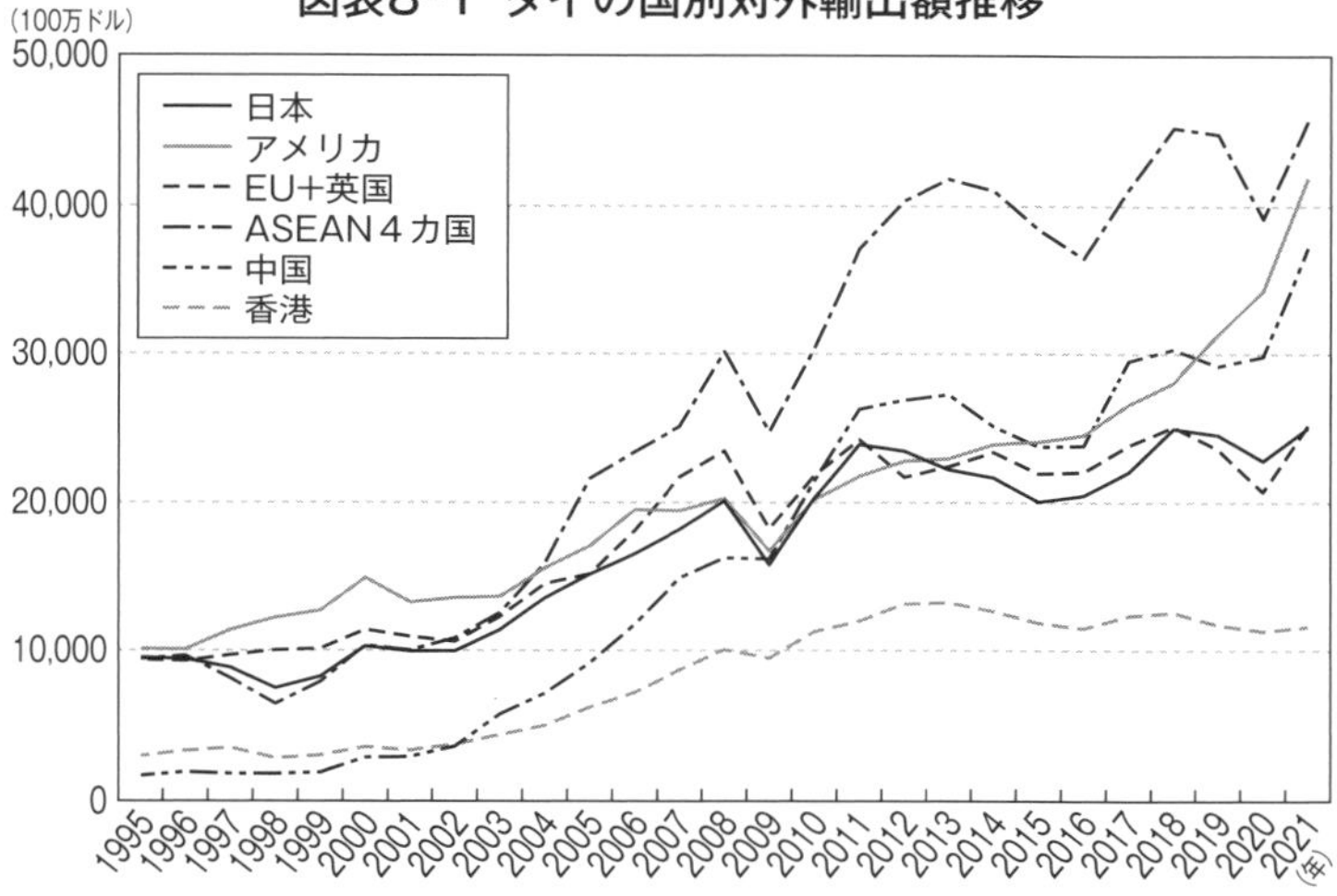

注：ASEAN4カ国はインドネシア、マレーシア、シンガポール、ベトナムを指す。
出所：タイ中央銀行資料より、青木作成。

も毎年実施されており、軍事教育交流、武器調達でも両国間の協力は継続している。二〇〇一年のイラク戦争に際し、当時のタクシン政権はアメリカの方針に支持を表明して国軍部隊を湾岸へ派兵し、二〇〇三年にはジョージ・W・ブッシュ大統領がタイを九番目の非NATO同盟国に認定した。プラユット政権下でも、二〇一九年に「タイ米防衛同盟のための共同ビジョン宣言」をアメリカと調印し、安保協力を再確認している。

タイとアメリカ、中国の共存関係は、貿易投資の実態を見ると一層顕著である。図表8―1は一九九五年以降のタイの対外貿易の推移を国別に描いたものだが、輸出について最大の相手はASEAN四カ国であり、アメリカと中国がそれに次ぐ。他方で輸入を見ると長年日本が1位を占めていたが、二〇一二年以降はASEA

図表8-2　タイの国別対外輸入額推移

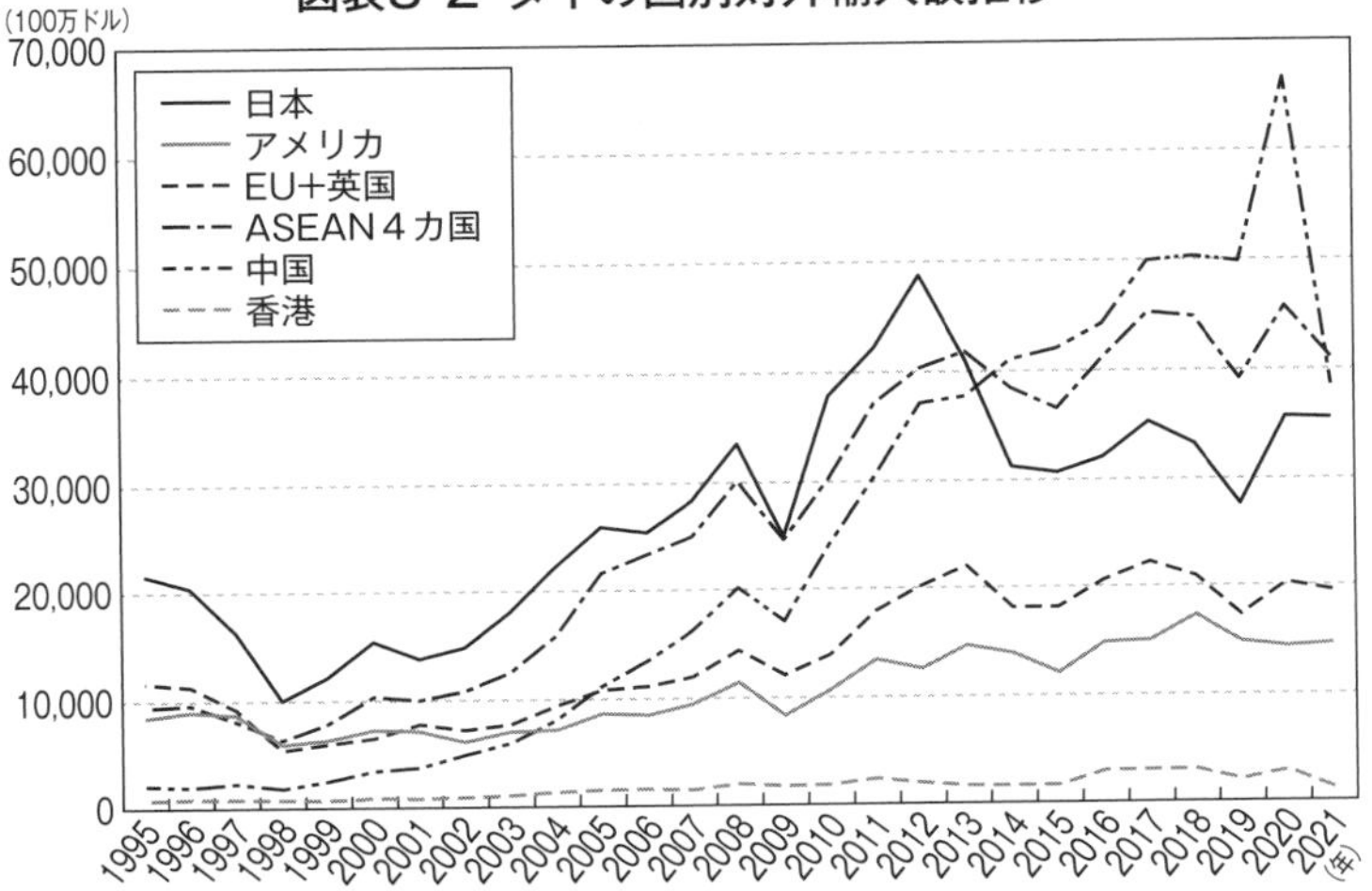

注：ASEAN4カ国はインドネシア、マレーシア、シンガポール、ベトナムを指す。
出所：タイ中央銀行資料より、青木作成

N四カ国と中国の伸びが目立つ。これはタイ、ASEAN四カ国、中国の間でコンピュータなどの製造業で分業ネットワークが構築され、垂直貿易が拡大したことの表れである。[5]

タイへの外国直接投資を金額（タイ投資委員会事務局の認可ベース）で見た場合、二〇一五年以降最大の投資国は日本であり、中国はそれに次ぐ（図表8-3）。またアメリカをはじめ欧州諸国や台湾、シンガポールも盛んに投資しており、中国の一強状態ではないこともわかるだろう。つまり、タイはASEANを基盤として中国、アメリカ双方と経済的相互依存関係にあり、中国と関係強化を進めたとしてもそれが直ちにアメリカとの関係悪化につながるものではないのである。

図表8-3　タイへの国別対外直接投資額の推移（認可ベース）

	2015年			2016年		
	国名	金額(100万バーツ)	件数	国名	金額(100万バーツ)	件数
1位	日本	148,964	451	日本	79,599	284
2位	シンガポール	40,838	135	中国	53,767	106
3位	インドネシア	32,642	10	オランダ	28,837	34
4位	アメリカ	32,232	48	アメリカ	25,291	27
5位	マレーシア	31,360	28	シンガポール	22,622	106
6位	中国	28,100	81	オーストリア	19,856	27
7位	香港	27,653	71	香港	8,602	32
8位	オランダ	16,439	34	マレーシア	8,247	36
9位	台湾	15,584	52	台湾	8,032	46
10位	ルクセンブルグ	8,181	2	韓国	6,242	32

	2017年			2018年		
	国名	金額(100万バーツ)	件数	国名	金額(100万バーツ)	件数
1位	日本	89,700	238	日本	93,675	315
2位	シンガポール	20,610	79	シンガポール	37,650	108
3位	オランダ	19,119	35	中国	32,811	97
4位	中国	11,371	75	マレーシア	25,811	30
5位	オーストリア	11,344	6	オランダ	20,175	50
6位	インドネシア	8,323	5	アメリカ	18,257	38
7位	マレーシア	6,850	19	台湾	7,505	57
8位	イギリス	6,657	23	スイス	4,909	13
9位	韓国	6,176	31	イギリス	4,194	27
10位	アメリカ	5,497	21	香港	3,782	46

	2019年			2020年		
	国名	金額(100万バーツ)	件数	国名	金額(100万バーツ)	件数
1位	日本	88,067	217	日本	64,357	210
2位	中国	73,810	160	中国	55,788	181
3位	台湾	28,382	47	シンガポール	18,867	136
4位	香港	16,771	46	台湾	15,642	71
5位	アメリカ	14,578	26	香港	14,035	70
6位	シンガポール	14,313	95	アメリカ	13,742	38
7位	スイス	13,286	18	ドイツ	3,162	17
8位	インドネシア	8,602	4	オーストリア	2,476	65
9位	オランダ	8,205	60	オランダ	2,476	1
10位	フランス	7,435	15	スイス	2,322	18

	2021年			2022年		
	国名	金額(100万バーツ)	件数	国名	金額(100万バーツ)	件数
1位	日本	73,503	189	日本	44,455	162
2位	中国	47,599	117	中国	44,424	31
3位	アメリカ	34,184	37	台湾	33,282	72
4位	シンガポール	28,126	90	シンガポール	21,230	103
5位	台湾	18,027	46	香港	20,308	43
6位	香港	15,336	54	オーストリア	14,803	3
7位	イタリア	13,158	5	オランダ	4,269	42
8位	韓国	12,991	30	オーストラリア	4,223	16
9位	ノルウェイ	10,000	1	韓国	3,959	16
10位	オランダ	7,610	48	アメリカ	3,784	23

出所：タイ投資事務局資料より、青木作成。

2 タイから見た「国益」と対外関係

ここで一度アメリカや中国との関係から離れ、タイの視点からその対外関係上の課題を確認しておきたい。

❶国家安全保障政策文書

プラユット政権は二〇一六年にNSC法を定めた。NSC自体は一九五九年から存在するが、「国家安全保障」を具体的に定義したのは二〇一六年NSC法が最初である。同法は国家安全保障の定義に加え、NSCの役割を定め、国家安保計画の策定を義務づけ、首相を頂点とした安全保障政策決定制度の構築を目指していた。同法によれば、「国家安全保障」とは「国王を元首とする民主主義体制や国益に影響を与え、国の独立、主権、領土保全、宗教制度、君主制、治安、平和的生活に対する脅威から解放された状態」である（第四条）。同法は安全保障確保のため首相を議長とするNSCに全部で三回にわたる国家安保計画の策定と、各省庁が同計画をもとに政策を立案すること、そしてNSCがその実施を監視することを義務付けた（第七条）。

二〇一六年NSC法に基づき二〇一七年に策定された「国家安保計画　2019―2022」

は、「グローバル情勢認識」として「アメリカの覇権に中ロなど新興勢力が挑戦」するなかでタイの「大国間でのバランス維持」を謳う。そして「地域情勢認識」として「中国がＢＲＩ（一帯一路）を通じ東南アジアに政治外交的影響を拡大」するとにらみ「これはより深刻な紛争を地域にもたらす」と判断するが、タイについては「地の利を生かし、ＢＲＩやＡＳＥＡＮ経済に連繋する形で自国の経済開発計画を進めることができる」と分析する。[6] これは、前節でみた米・中・タイの共存関係を基本的に維持することを示している。

❷「国王を元首とする民主主義体制」の防衛

興味深いのは、同計画が「国内的課題」として第一に「国王を元首とする民主主義体制の維持と発展」なる項目を掲げ、具体的な国家目標として同体制の安定強化を挙げる点である（図表8-4①）。「国王を元首とする民主主義体制」とは何か。玉田芳史によれば、それは選挙とクーデタとを等しく政権交代の手段として認める政治体制である。[7] このコンセプトは一九五九年に成立したサリット軍事政権期に形成され、一九七八年からは歴代の憲法に明記されてきた。この概念の下、国王は議会政治の混乱が深刻化するとクーデタによる政権交代を認め、民政復帰を委ねるかたちで軍事政権に正当性を与える。しかし国民の軍政に対する批判が高まると、国王は民主化勢力を支持して軍の退場を促してきた。

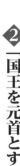

図表8-4　ふたつの「国家安全保障計画」の主要点

①「国家安全保障政策と計画 2019-2022」

【国家目標】
1 国王を元首とする民主主義体制の維持 2 国家、宗教、君主制に忠誠を誓わせ、国民の良心を守る 3 国家の統一、正義、調和を促進し、あらゆる形態の対立と暴力を緩和する 4 タイ南部国境地帯の治安を確保する 5 国家安全保障への脅威に対処するため政府機関の能力を強化する 6 天然資源の安定的、持続的かつ均衡のとれた管理を行う 7 戦争や安全保障上の危機に対し効率的に対応するため、国家の準備能力を強化する 8 国防上の様々な脅威に対抗するべく、国軍力を強化しすべての部門と協力する 9 国益と名誉を守るために、近隣諸国、ASEAN、国際社会との平和的共存のための創造的な雰囲気を促進する

出所：国家安全保障評議会「国家安全保障に関する政策と計画 2019-2022」より、青木抜粋、翻訳。

②「国家安全保障政策と計画 2023-2027」

【課題別計画】	
直接的課題	
1. 国家機構の安全保障の強化 2. 国家主権と国益の保護および国防力開発 3. 国境地帯における安全保障問題 4. 海洋安全保障問題 5. 南部国境問題 6. 正規・非正規滞在者の管理 7. 人身取引問題	8. 麻薬問題 9. 防災と減災 10. サイバーセキュリティ問題 11. テロ問題 12. 国際的な「バランス外交」の構築 13. 公衆衛生の緊急事態と新興感染症への対応
潜在的課題	
1. 国家の危機管理能力の開発 2. 国家情報システムの開発 3. 安全保障情報の統合 4. 地域安全保障の強化	

出所：国家安全保障評議会「国家安全保障に関する政策および計画案 2023-2027」より、青木作成。

この体制は、「民主主義の擁護者」としてふるまうラーマ九世プミポン国王の存在と、国王に対する国民の支持との上に成立してきた。プミポン国王は、一九七〇年代や一九九〇年代に国軍と国民が対立した政治的危機に際し、関係勢力に事態の収拾を呼びかけ、民政復帰を促すことで国民から絶大な支持を得た。カシアンや浅見靖仁は、プミポン国王が国軍、政党政治家、財界といったエリート間のバランサーとなることでその地位を維持してきたと指摘し、この体制を「プミポン・コンセンサス」と呼んだ。[8]

しかし、このコンセンサスはタクシン・チンナワット元首相の登場以来崩れつつある。タクシンは、多数派である低所得層や地方住民をターゲットに分配政策を訴え、二度の国政選挙で地滑り的勝利を果たした。タクシンの支持者は、自分の求める政策を選ぶ手段として選挙を重視するようになった。対照的に数で劣る中間層や都市住民は、タクシンが選挙制度を濫用して多数派を形成し、自分たち少数派を排除していると考えた。彼らは選挙を否定して国王の政治介入を求めた。タクシンの政治は、官僚・国軍や王室、王室を支持する上層の目に「国王を元首とする民主主義」の均衡を崩す脅威として映った。彼らは反タクシン派に加担し、二度の軍事クーデタと三度の憲法裁判所判決でタクシン派政権を排除した。

二〇一四年の軍事クーデタは、「コンセンサス」を超えて強大化した選挙民主主義勢力を抑え込み、「国王を元首とする民主主義体制」の安定を目指して実行された。しかしそのさなかの二〇一六年、体制の要であったプミポン国王が死去する。新国王が新たな要になるかどうか必ずしも明らかではなかった状態で、プラユット政権は旧体制の維持を改めて宣言しなければならなかった。それが二〇一六年NSC法と「国家安保計画2019―2022」であった。同計画が対外関係上の課題として示した「近隣諸国、ASEAN、国際社会との平和的共存」も、こうした国内体制防衛の延長線上に位置付けられよう。

二〇二二年、NSCは第二次計画である「国家安保計画2023―2027草案」を公表した。草案を読む限り、第二次計画はグローバルレベルにおける大国間の対立と政治経済的デカップリングへの対応、メコン地域における地域的連結性強化といった第一次計画の方針をおおむね踏襲している。[9] その一方で、第一次計画の「国家目標」を踏まえて策定された個々の「課題別計画」では第一次計画とのニュアンスの違いが見られる。その一つは、第一次計画の九つの「国家目標」の三分の一を占めていた「国王を元首とする民主主義体制」の防衛に関する事項が、第二次計画の「課題別計画」では一七分の一にまとめられ、防災、環境問題、犯罪、海洋安保、サイバーセキュリティや公衆衛生問題などの新たな課題が増えたことである（図表8-4②、二〇四頁）。

もう一つは、「国王を元首とする民主主義体制」への言及が減り、代わりに「国家の主要な制度」という言葉に置き換えられている点である。「国家の主要な制度」とは、タイ国家を構成する国民、宗教、国王に関する諸制度を意味する。王制を防衛の対象とすることに変わりはないが、その書き方の変化には注意が必要だろう。第二次計画はタイの安全保障を定義する基本理念として「総合的安全保障」「人間の安全保障」「ＳＤＧｓ」「強靭性」といった概念に加え、ラーマ九世が提唱した「充足経済」を強調している点も興味深い。国王の理念を用いつつ、安保を旧体制護持や軍事・国防とするのではなく、持続的開発を通じた国民生活の向上と結び付ける点は、微妙だが看過できない変化である。

3 国内政治対立と合意なき「バランス外交」

❶ 動揺するプラユット政権

プラユット政権は、二〇一七年の第一次「国家安保計画」で「国王を元首とする民主主義体制」の護持を掲げていた。しかし二〇二二年の第二次計画でその姿勢が揺らいだように見える背景には、その間にプラユット政権の求心力が低下し、有権者の批判を無視できなくなったという事情がある。

クーデタ政権時代に公布された現行の二〇一七年憲法は、憲法改正手続きを厳格化したうえ、軍事政権に有利な選挙制度や首相指名制度を導入した。そして軍事政権は政党・パランプラチャーラット党(ＰＰＲＰ)に衣替えし、選挙を通じて選挙民主主義を抑制しようとした。しかし、ＰＰＲＰによるこうした露骨な政策は却って現体制への反感を喚起し、王室を含め政治体制の改革を求

図表8-5「首相として支持する人物は誰か？」という世論調査への回答(%)

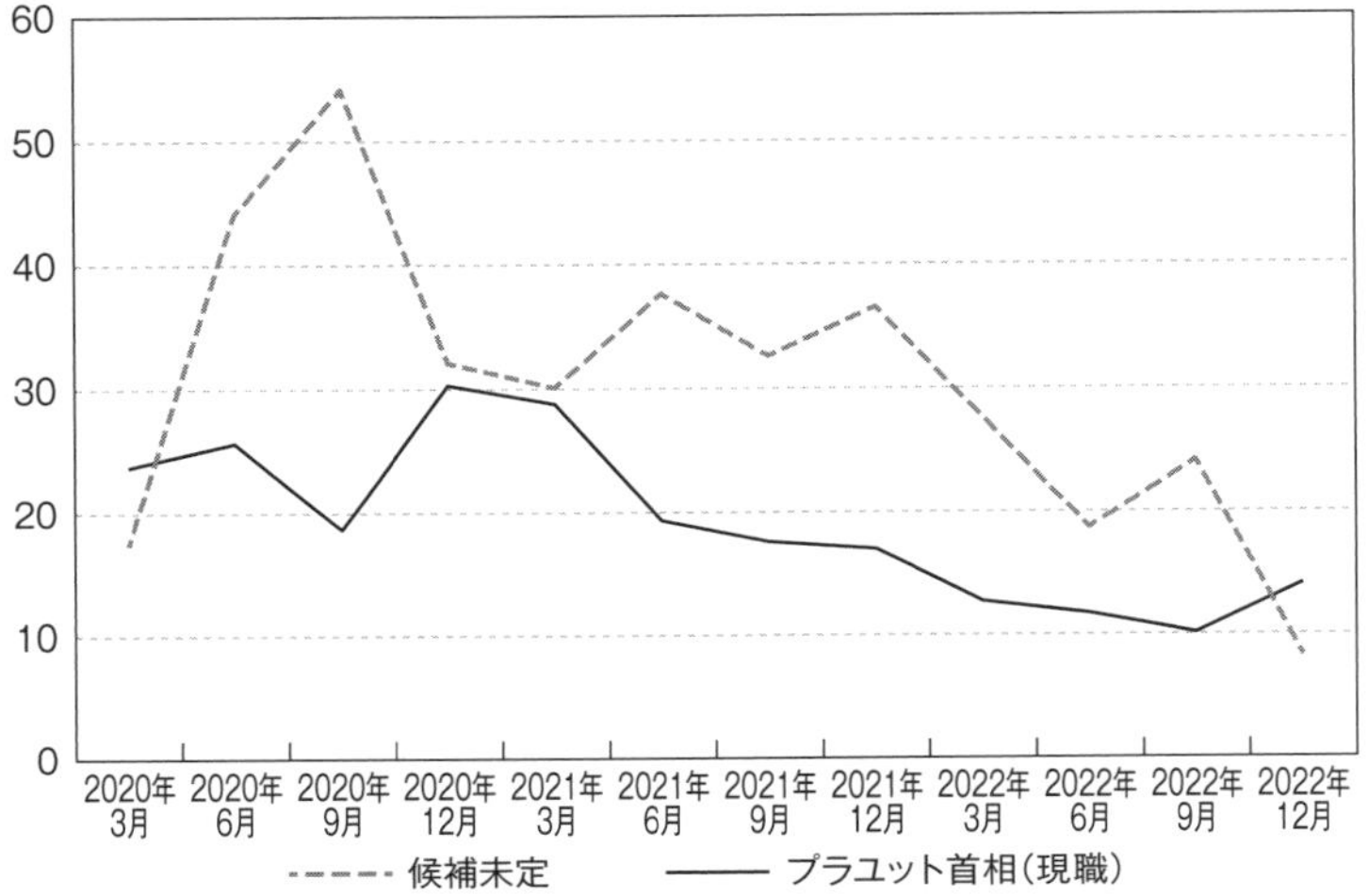

出所：国立行政学院NIDA Pollによる調査結果より、青木作成。

める勢力を新たに生み出した。二〇二〇年には若年層による反政府運動が活発化し、「国王を元首とする民主主義体制」を正面から否定して自由で公正な選挙による政権交代を求めた。

プラユット政権への不満は、二〇二一年にタイを襲った新型コロナウイルス第三波の対応をめぐる政府の不手際をきっかけにさらに高まった。国立開発行政院の調査機関による世論調査の結果では、二〇二一年三月以降プラユットの支持率は低下し続けていることがわかる（図表8-5）。

❷ 対外政策に対する批判

こうした状況下で、国民の批判はプラユット政権の対外政策にも及んでいる。ことに同政権が二〇一四年のクーデタ以来関係深化をアピールしてきた中国との関係は、反政府勢力のみならず一般国民からも批判の的となりつつある。たとえば二〇二〇年、反政府運動の参加者は、ソーシャルネットワークサービス上で「ミルクティ同盟（#MilkTeaAlliance）」というハッシュタグを使い、自分たちの運動を香港や台湾における民主化運動と関連付けて発信した。在バンコク中国大使館はこの行動に直ちに反応し、四月にフェイスブック上で「近年のネット上の雑音は、タイ政府やタイ世論の主流派を代表するものではない」とする公式談話を発表した。中国大使館にはタイの「世論の主流派」を中国政府が一方的に定義したことを内政干渉だとする批判コメントが多数寄せられ、十月十四日には来タイ中の王毅外相とプラユット首相が会談する首相府の前で、反政府デモ隊の一部が台湾、香港、チベットの旗を掲げて抗議する光景も見られた。

政権批判が対外関係に波及した最大の例は、二〇二一年の新型コロナウイルスワクチンの調達をめぐる批判であろう。同年初にウイルスの流行が始まると、プラユット政権はワクチンをアストラゼネカ社とタイの大企業CP社が出資する中国科興控股生物技術社に追加注文し、王室が経営する医療研究機関も中国国家医薬集団と契約しワクチン販売を開始した。プラユット政権に批判的な勢力は、政府のワクチン調達先が中国に偏重している点を糾弾した。

批判に対し、在タイ中国大使館は九月にFacebookへ「中国製ワクチンに対する理不尽な批判への反論」と題する文書を投稿し、非常に強い文言で反論した。同月四日の『マティチョン』紙は、中国政府の直接的な国内問題「介入」に強い不快感を示す読者の意見記事を掲載した。このような駐タイ中国大使館とタイ国民との間での直接的な応酬を受け、タイのドーン外相は「中国製ワクチン批判は中タイ関係を悪化させかねない」との懸念を表明し、タイ国内の対中批判を牽制しなければならなかった。

さらにタイ政府は、二〇二〇年と二〇二一年の二度にわたり二〇一七年に決定した中国からの潜水艦調達計画実施を延長した。この計画は当初からその不透明なプロセスが問題視されていたが、予算審議の過程で野党や世論から、新型コロナウイルス感染症対策が急がれるなかでの高額軍事支出への批判が高まっていた。プラユット政権はこうした国民からの批判をあえて押し切って購入を進めようとはしなかった。繰り返しになるが、中国との高速鉄道開発や貿易投資拡大、戦略的パートナーシップ関係の締結といった対外政策はプラユット政権下で始まったものではなく、一九九〇年代から二〇〇〇年代にかけて継続してきた長期的なトレンドである。アメリカとの関係に関しても、軍事演習や安保上の基本的制度は現在も機能しており、後退した形跡は見られない。端的に言えば、現在のプラユット政権の対外政策は以前の「バランス外交」路線から大きく逸脱するものではないにもかかわらず、国内政治対立の文脈から批判の対象となりつつある。

おわりに

タイの反政府運動による対中批判は、プラユット政権と中国政府との連帯を糾弾すると同時に、外国による内政干渉への嫌悪感を前面に打ち出した。こうした国内での言説を通してみると、プラユット政権は、一九六〇年代にアメリカへの軍事的・経済的依存を深めた結果、民主化要求勢力から「国の独立性を損なった」と批判を受け、一九七三年に退陣を余儀なくされた当時のタノーム軍事政権末期を想起させる。

プラユット政権は対外政策が体制を揺るがす批判につながることを避け、プラユットは対中政策を微調整した。今後も、プラユット政権が国内からの反発を無視し「国王を元首とする民主主義制度」への批判を高める危険を冒してまで、中国へなし崩し的に接近するとは考えにくい。二〇二二年の第二次「国家安保計画」草案が、王室ではなく「国家の主要な制度」を強調し、国王の開発理念を総合的安全保障や「人間の安全保障」「ＳＤＧｓ」と読み替えて国民の社会生活全体を安保政策の対象としようとしていた点からは、反政府運動の高まりやコロナ禍、自らの政権運営の失敗によりレイムダック化しつつあるプラユット政権の「危機感」を垣間見ることができる。

注

1 Robert L. Rothstein, Alliances and Small Powers, Columbia University Press, 1968, p.29.

2 北村淳「アメリカに冷たくされたタイに食い込んだ中国兵器　オバマの理想主義がもたらした中国の〝成果〟」*JB press*、二〇一六年十二月二十二日、https://jbpress.ismedia.jp/articles/-/48719、（二〇二一年十一月十五日）。Surachart Bamrungsuk, "Khwamsamphan phiset thai-jin phumitat mai kantanprathet thai（タイ中の特別な関係タイ外交の新たな展望）”, *Matichon Sutsapda*, (June 30-July 6), 2017, pp.50-51.

3 Jack Detsch “Washington Worries China Is Winning Over Thailand: One of the United States’ oldest security partners in Asia is increasingly marching to Beijing’s music,” *Foreign Policy*, June 17, 2022.

4 Benjamin Zawacki, “America’s Biggest Southeast Asian Ally Is Drifting Toward China”, *Foreign Policy*, September 29, 2017, https://foreignpolicy.com/2017/09/29/its-on-trump-to-stop-bangkoks-drift-to-beijing/.（二〇二二年十二月二十日閲覧）

5 宮島良明「南進する中国と北進するＡＳＥＡＮの貿易 Global Trade Atlas (1995-2012) の分析から」末廣昭他編著『現代中国研究拠点研究シリーズ№13 南進する中国と東南アジア：地域の「中国化」』東京大学社会科学研究所、二〇一四年、一七一—一九六頁。

6 Office of the National Security Council, The National Security Policy and Plan（2019 – 2022）, Office of the Prime Minister, 2019, pp.11-12.

7 玉田芳史「政治・行政——変革の時代を鳥瞰する」玉田芳史・船津鶴代編著『タイ政治・行政の変革１９９１—２００６年』アジア経済研究所、二〇〇八年、六頁。

8 浅見靖仁「タイにおける王室の政治的役割の変化と民主主義の混迷」阿曽村邦昭編著『タイの近代化　その成果と問題点』文眞堂、二〇二一年、一九四—一九六頁。 Kasian Tejapira, “Phumithat mai thang kanmeuang”, *Matichon sudsapda*, June 23-29, 2017, https://www.matichonweekly.com/column/article_42308（二〇二二年十二月二十五日閲覧）.

9 Samnak Sapha khwamkankhong haeng chat, Rang nayobai lae phaen radap chat wa dwai khwam mankhong haeng chat 2566-2580（国家安全保障に関する国家政策および計画２０２３—２０２７）, pp.26-29.

第9章

外へと滲み出る内部の論理
――中国の「カラー革命」認識と国家の安全

川島　真

はじめに

西側諸国の一般的理解では、中国こそがその勢力を世界に拡大しようとしており、インターネットの世界でもファイアウォールを設けて国内と世界との間に大きな壁を設け、さらには民主主義国との間の制度的落差を利用してsharp power（シャープパワー、主に権威主義国家が民主主義国に対して、ディスインフォメーションや移住者、留学生を通じた世論操作や情報活動を一方的に行い、自国に有利な状況を作り出す力や戦略）を発揮しようとしているとされる。だが、中国国内では西洋諸国こそが世界各地で「カラー革命」を起こしており、その波が押し寄せてきて中国に迫っていると見なされている。これは和平演変ともいわれる。

近代以来の「被侵略」の歴史があり、それを教育などで強調している中国では、常に国内の混乱、体制転覆が西洋諸国、先進国によって図られており、それが「民衆」の生活圏にまで及んでいるとの言説が広められている。西洋諸国は、経済活動やNGOなどの活動を「隠れ蓑」にして中国社会への浸透を図っている、というのだ。このような「外部の敵」をめぐる言説は、国内の敵の存在（腐敗などによって規律を乱す人々）とともに、習近平という強いリーダーが必要だという論理を支えることにもなっている。

このような言説は従来から存在していたが、習近平政権になって一層強化されている。だからこそ、習近平政権下では「国家の安全」が重視され、その「国家の安全」が経済活動や日常生活、群衆統治とも深くかかわるものとして認識され、さまざまな法律や制度が策定されてきている。香港の国家安全維持法の制定などもその一環である。そして、西側先進国が中国の体制転覆を試みているという「脅威」観やそれにまつわる国内向け宣伝は、対外政策にも影響を与えることになる。

中国の立ち位置や対外政策を理解していく上で、中国が外に向けて見せている姿勢、拡張主義などだけから考えるのではなく、中国自身が国内で進めている宣伝政策、そこでの世界像や自画像もまた考慮すべき要素となるのではなかろうか。本稿はそうした問題意識に基づいて、特に習近平政権の時期にどのように「カラー革命」や「国家の安全」の論理が強調され、それがいかに法律や制度に反映され、香港などの境外《きょうがい》への政策、あるいは対外政策にも関連づけられていったのかということを考察したい。

中国におけるカラー革命への関心については、金子秀敏「香港デモと中国政府『断固譲歩しない』姿勢が表面化 中国版カラー革命を警戒する政府」（『エコノミスト』九二巻四七号、二〇一四年十一月）などにおいて、主に香港における国家安全維持法の適用正当化に関連づけて批判的に取り上げられているものの、中国の国内政策との関連性に基づいて述べられてはいないようだ。また、小嶋華津子「習近平政権の目指す社会統治と世界秩序」（日本国際問題研究所『中国の対外政策と諸外国の対中政策』日本国際問題研究所、二〇二〇年）、同・小嶋華津子「習近平政権下の政治―集権化とその意味」財務省財務総合政策研究所（『フィナンシャル・レビュー』令和元年第三号、二〇一九年八月）や、山口信治「中国・習近平政権のイデオロギーをめぐる闘争―和平演変・カラー革命への対抗と国際的話語権―」（『Roles Report』一七号、二〇二一年一月）は中国の習近平政権の成立や権力の集中とカラー革命との関係性を論じるが、長期的な経緯や対外政策への関係性までは必ずしも言及してないようだ。そこで本稿は中国国内でのカラー革命の位置付けや論じられ方、またそれが内外政策にいかに関わったのかということを考察するものである。

1　「中国が狙われている」――西洋諸国による「カラー革命」にまつわる言説

中国の歴史観が「被害者」としての視点に依拠していることは広く認知されている。これは中国が世界第二位の経済大国になり、また習近平政権の下で「中華民族の偉大なる復興の夢」を提唱しても基本的に変わることはない。中国は常に西側諸国から狙われているという意識がある。また、習近平政権は、二〇一四年の反スパイ法、二〇一五年の国家安全法、反テロリズム法などを通じて「国家の安全」の論理を掲げ、それを文化や環境などを含めて総合化させて、あらゆる領域を「国家の安全」と関連づけて、その「国家の安全」を上位においている。また、その

「国家の安全」の論理を用いながら基層社会への統治を強化し、新疆《しんきょう》ウイグル地区での「社会教育」や香港での国家安全維持法の適用なども正当化している。

その習近平政権が特に強調しているのは西側諸国、とりわけアメリカによるカラー革命である。この「陰謀」が中国に浸透しつつあるからこそ、それに対抗しなければならないとして、習自身に権力を集め、他方で四月十五日を「全民国家安全教育日」と定めるなどして国民全体に「国家の安全」に対する意識を普及させようとしている。[1]では、中国はいつ頃から、どのような論理でこのカラー革命に注目し、それがどのようにして国家の安全に直接関わる問題と位置付けられるようになっていったのだろうか。

中国にとってカラー革命は当初、自らの問題というよりも旧共産圏に差し迫っている問題だと認識されていた。特にキルギスでいわゆる「チューリップ革命」が生じた二〇〇五年には、ジョージア、ウクライナなどで相次いだ「カラー革命」のことを、一九八〇年代末から一九九〇年代初頭に至る時期に生じた東欧のドミノ現象を想起させるものだと認識していた。それは旧ソ連の勢力圏で発生しており、アメリカなどの西側諸国に支持された勢力が、選挙を通じて現政権を倒すという構図だと見なされていた。『人民日報』に二〇〇五年四月三日に掲載された「アメリカのメディアが推し進める〝カラー革命〟（美国伝媒助推〝顔色革命〟）」という記事は、「アメリカのメディアがそうした政治的な変化を推し進める作用を有している」と指摘する。

中国側は、Voice of Americaなどがインターネットやテレビを通じて「自由民主」を喧伝していると見なしていた。アメリカが圧倒的なメディア力を持ち、世界のディスコースを形成するだけでなく、アメリカ型の「自由民主主義」を輸出し、他国のイデオロギーや文化の基盤を動揺させようとしており、またその圧倒的なメディア力を利用して、他国の印象をねじ曲げ、「国際世論」にとって、それらの国家において障害になるものを取り去って、国家を改造しようとしている、などとしていた。東欧革命からカラー革命に至るまで、アメリカメディアの「幻惑」「煽動」の効力が決定的であったか否かはわからないにしても、決して低く見積もってはいけない、というのがこの記事の結論である。アメリカメディアがまさに権威主義体制諸国に「浸透」して体制転覆を推し進めているという主張だが、この時期では中国自身が直面している問題だとはされていない。

中国自身がこの「カラー革命」を自らの問題として強く意識するようになったのは、習近平政権になってからだと思われる。習近平政権の発足直後の二〇一三年六月、習近平は全国組織工作会議において、すでにカラー革命による国家の安全と発展に対する脅威を取り上げていたことが、二〇一四年に外文出版社から刊行された『習近平談治国理政』の四一五頁に示されている。それによれば、習近平は「もしある日、我々の眼前で『カラー革命』のような複雑な状況が出現したら、我々幹部は皆毅然と、決然と立ち上がって、党の領導、社会主義を守ことができるだろうか、と私はずっと考えている」などと述べたという。党中央が国家安全委員会を設けたのは、その約半年後の二〇一三年の十一月であった。

二〇一五年六月十四日に『人民日報』に掲載された「カラー革命の陥穽にはまってはならない（不能掉入〝顔色革命〟陥穽）」という記事は、一般論ではあるが、このカラー革命への注意を喚起するものとなっている。それによれば、西側のいうカラー革命には、民主化の第三の波と関連づけて一緒に扱われること、また非暴力を主たる方法にすること、政権の転覆を主たる目標にすること、という三つの特徴があるという。そして、実際の行動面では違法行為を街頭で行って、往々にして公共空間を強引に占拠して政府に圧力をかけ、そして「非暴力」を呼びかけながら、実際には公共空間を占拠して、政府機関や警察を直接的に攻撃するようなことはしないという。

このカラー革命においては、民主化が「親西側」へとねじ曲げられてしまい、民主の原則自身が放棄されているという。この記事は、「もし発展途上国が、不用意にカラー革命の陥穽にはまってしまうならば、社会全体はそれに対して大きな代価を払うことになるだろう」として警鐘を鳴らしている。ここで言う「民主」が、中国の言う独自の「民主」であることは言うまでもない。

この言論が、二〇一四年の九月から十二月にかけて生じた香港の政治運動を念頭に置いたものであることは言うまでもない。この記事が掲載された二〇一五年六月十四日の『人民日報』は、「カラー革命」についての特集を組んでいた。そこには北京外国語大学の張志洲教授の「カラー革命の深層的原因と教訓（〝顔色革命〟的深層原因与教訓）」という記事も掲載されている。その記事は、カラー革命の背景には経済のグローバル化があり、そのグローバル化が情報伝達の方法を変えて、それによって「標準」が力を持ってそれが集団的行動に影響するとする。また経済のグローバル化が、国家間競争とともに国内の既存の矛盾を顕在化させ、それがまたインターネットや新しいメディアによってさらに誇張されていくというのである。西側諸国は、民主主義を採用していない発展途上国を、自らの定義する民主化の軌道に乗せようとしており、その方向性を容易には放棄しないという。

また、基本的にそれぞれの国家の発展の道や政治制度などは多様であるのに、それを強引に西側の論理に合わせようとしたら、むしろ国家の混乱を導くのであって、だからこそ観念の面で「脱西側化」「西側の制度的迷信の除去」を行って、それぞれにとってふさわしい発展の道や制度モデルを見出すべきである、と張志洲は述べている。

二〇一五年七月一日、第一二期全国人代常務委員会第一五次会議で新国家安全法が通過した。これによって宇宙やサイバーなどの領域が「国家の安全」の領域に含まれることになったのである。この法律がカラー革命を念頭に置いていたことは、その直後の七月六日から七日にかけて北京で開催された党中央の群団工作会議を見ればわかる。そこで習近平は、「国内外の敵対勢力が仕掛けてくる妨害破壊活動や〝カラー革命〟を抑え込むような強固な壁を打ち立て、中国共産党の執政と治国の群衆的な基礎を確固たるものにする」などと発言したとされる。[2] カラー革命が中国自身の問題として位置付けられていることに気づくだろう。

そして、李英強（南京政治学院上海校区）・高民政（国防大学政治学院）が二〇一七年四月の『党政研究』で指摘したように、二〇一六年四月二十八日の全人代常務委員会第二〇次会議で通過した「中華人民共和国境外非政府組織境内活動管理法」は、外国のNGOが中国で合法的に「カラー革命」を行う抜け道になる可能性を念頭に、そうした「穴」を塞ごうとした法律であって、カラー革命を防ぐことに意義があったと中国では評価されている。実際、国際NGOの中には中国の民主化を視野に活動していたところもあったが、[3]中国側は法制度を通じてそれに対抗してきたのである。

二〇一六年、『紅旗文稿』に中国社会科学院世界社会主義研究センターの周小兵の文章「高度にカラー革命を警戒し、警告を発さねばならない（「必須高度警惕和防範〝顔色革命〟」）」が掲載された。ここで周はウクライナなどがそのカラー革命の実践の場になったとしつつ、中国でも「改革開放以来、西側諸国は我が国においてカラー革命のさまざまな活動を始終継続してきた」などとして、警戒を呼びかけている。そして、その対策としてマルクス主義の基盤を強化してイデオロギー闘争を行っていくことなどを提唱する。実際、「カラー革命から中国を守る」ために、国際NGOなどの活動を制限するとともに、国内でのイデオロギー建設を強化しようとする方向性が次第に顕著にみられるようになっていった。

他方、インターネットの管理統制もこうした「防衛」の観点から強化されていった。二〇一六年四月十九日、「インターネットの安全と情報化工作会議（網絡安全与信息化工作会議）」において習近平は「国家の安全」を前提にした「全天候全方位型」のインターネット管理を行うと強く唱えた。[4] そして、宗教もまた群衆工作の一部とされ、宗教の中国化が提唱されたが、それも宗教が「外国勢力」の社会浸透の「道具」であるという伝統的な見方と結びついていた。「カラー革命」防止と宗教工作も関連づけられていたのである。[5]

このようにして、中国で「カラー革命」が生じる可能性という「危機」が意識され、西洋諸国が着々とその準備を進めているのだから、それを防ぐ手立てが必要だとして「国家の安全」を強調し中国（とその体制）を守らねばならないというキャンペーンが張られ、それが様々な制度、政策にも反映されていったのである。このような認識や宣伝は、中国こそが世界の既存の秩序に挑戦し、また拡張政策を採用しているという先進国の中国認識とは大きく異なるものであった。以下、そのような国内で創出された認識や意識が政策にいかに影響、あるいは利用されていったのかということを考察したい。

2 「国家の安全」の論理と境外／国外への警戒

カラー革命への危機感、また「国家の安全」の論理の強調は単なるスローガンに止まることなく、実際の政策へと反映された。それは新疆ウイグルなどの民族自治区への、また香港などの境外（境内は省市、民族自治区を、境外は香港、マカオを含む外国を指す）への、そして国外への警戒であった。

新疆の場合には、政府が「分裂主義こそが新疆のテロリズム、そして極端主義の温床である」とされるように、国家分裂という論理が先に立つ。ただ、「一九九〇年代以来、特にアメリカでの九・一一事件以後、国際情勢の変化やテロリズムが全世界へと蔓延した影響で、境内外の『東トルキスタン』勢力がその連携を強め、……」とするように、内外の民族運動が連携すること、外部にもそうした勢力が存在していることが念頭に置かれている。中国としては、この新疆の問題を国家の安全の論理とは（論理的には）直接的には結びつけておらず、自らの新疆政策は「国際社会の反テロ闘争の重要な一部分であり、国際連合がテロリズムと戦い、基本的人権の主旨と原則を維持、保護していくことと完全に符合する」としているのである。[6] ただ、論理こそ異なりながら、中国を分裂させようとする「策謀」が外部から浸透してくる可能性を指摘していることには変わりはない。

境外については、前述のように二〇一六年四月二十八日に全人代常務委員会第二〇次会議で「中華人民共和国境外非政府組織境内活動管理法」が通過した。この法律は、香港や海外のNGOの中国国内での活動に警戒心を示していた。二〇一四年五月十四日、『中国社会科学報』は、この分野の専門家である中国人民公安大学の王存奎教授にインタビューを行っており、それが「境外NGOの国家の安全に対する脅威や挑戦に対して主体的に対処しなければならない（「主動応対境外NGO対国家安全的威脅和挑戦」）として公表された（『紅色文化網』などに掲載）。ここで王教授は、大多数の「境外」NGOについて、中国に資金、先端技術、マネージメントの経験などをもたらした点では肯定的に評価しながらも、「少数の境外NGOの中国における活動には、看過できない状況と問題がある」などとし、次のように述べている。

「『中国社会科学報』：目下、我々はどのように中国で活動する境外NGOを見るべきなのでしょうか。

王存奎：客観的、実証的にその作用を見極めるべきだ。その貧困対策や災害救助の面での積極的な作用、あるいは『天使』のように褒め上げられる側面だけをみてはダメだ。少数の政治的な背景のある境外NGOが浸透工作を行っていることや、我が国の国家の安全や社会政治の安定に対して消極的で否定的な影響をもたらし、『悪魔』だと言われてもいることには反対しなければならない。」

王教授は、具体的には「我が国の内部の矛盾と争いに手を突っ込み、特に開発援助や弱者支援という名目で、失業問題、農民の土地喪失、都市の強制移住、退役軍人問題などの、民衆にとって切実で具体的な問題に関して、「人権擁護」をスローガンにして、世論を創造し、情報を混乱させて、民衆を煽動して党や政府との間における情緒面での対立を作り出したり、あるいは街頭政治、民族分裂を支持、参与、策謀したりする活動を行っている。これらの活動は我が国の国家の安全や社会政治に対して、一定程度、脅威、危害を与えている」などとする。王教授は、直ちに法律を策定して、境外ＮＧＯの活動を規制していくべきだとしている。「中華人民共和国境外非政府組織境内活動管理法」が制定されたのは、王のインタビューの二年後の二〇一六年である。

そして、二〇二〇年六月三十日に香港の国家安全維持法が北京の全国人民代表大会で可決、通過し、それが即日施行されたが、この法律の制定もまたカラー革命に対して国家の安全を強化するべきだという論理の下に進められた。同年八月、香港の典型的「親中派」として知られる姚志勝は『統一論壇』（二〇二〇年四期）に「香港の国家安全維持法は、国家の安全を護り、香港の平和を保つ方策である（「香港国家安全法是護国家安全保香港和平安定之法」）という文章を発表し、こう述べている。

「香港で発生した『反修例（逃亡犯条例修正反対運動）』暴乱は、国家の安全に直接的な危害を及ぼす香港版の『カラー革命』であった。さらに重大であったのは、香港自身に国家の安全を維持擁護するための法律やメカニズムがなかったということである」

だからこそ、この香港の国家安全維持法が必要であり、その制定によって香港の安全、ひいては国家の安全が保たれるということなのであろう。

「この一年間の香港における（黒衣の暴徒による）黒色暴乱は、そこに『台湾独立派』勢力も加わり、香港が国家の安全を維持擁護する上で極めて重大な脅威となった。全国人民代表大会で香港国家安全法が制定され、国家分裂、また外部勢力の関与など四つの罪に対して、『香港独立』『台湾独立』やそれに結びついた勢力を叩き、極端なテロリズムの活動を禁絶させ、香港が『カラー革命』に陥り、分裂主義が蔓延《はびこ》るような状況に陥るのを防ぐことに力を発揮する」

ここでは、香港国家安全維持法の施行によって香港の安全、ひいては国家の安全を保つことができるとしているが、カラー革命と香港の独立、台湾の独立などといった論理がからめられている、ということに留意を要する。香港、台湾の独立もまた西洋諸国による「カラー革命」という論理に関連づけて理解されているのである。

3 「国家の安全」の論理の外交への展開――「体制転覆を図るな」

「カラー革命」が中国に差し迫っており、「国家の安全」を脅かしているという認識は、境外N

GOや香港などへの政策だけでなく、対外政策にも影響を与えることになる。2020年12月、アメリカのアジア協会とのオンライン会議で王毅外相は次のように述べた。[7]

「イデオロギーの問題において、それぞれが制度と発展の道を尊重し合わねばならない。四十年以上前、米中の指導者たちは『太平洋を超えた握手』を実現させたのだが、それを実現させる上で最も根本的であったことは、双方が相互尊重、大同小異を相当に強く意識したことであった。米中双方がこのような関係を築けたのは、決して相手側に自らを変えることを求めず、また相手側を倒すのでもなく、ただそれぞれの歴史的伝統と文化的な要素に根ざした行動をとったからだ。もし、アメリカの為政者が対中政策を、中国を転覆させるところにまで位置付けようと試みるならば、それはもはや『完遂されることのないミッション』であり、また失敗するまで自らの過ちがわからないであろう。正解といえる方法は相互に政治制度と発展の道を尊重し合い、平和的な関係を継続し、共にウィンウィンを実現していくことである」（下線部筆者）

ここで王毅外相はアメリカが中国の体制転覆を目指すという危険性を指摘し、警告を発している。たしかに、山口信治が『国家安全保障』（四九巻二号、二〇二一年）に掲載された「米国の対中認識の変化―中国の政治体制・イデオロギーに対する議論を中心に―」で指摘するように、アメリカ国内には中国の体制転覆を求める声があり、トランプ政権においてはポンペオ国務長官の発言などにそうした傾向が見られていた。しかし、バイデン政権は必ずしもそうした「言葉」を公的に用いているわけではない。

二〇二一年七月、シャーマン国務副長官が訪中し、天津で王毅外相と会談した。ここでは、米中間のコミュニケーションや関係性の管理の重要性などが話し合われ、アメリカ側として両国関係の「競争」を歓迎するが、「衝突」は望まないなどと述べたとされている。[8] 中国側の記録では、この会議において中国側がアメリカ側に「四つの停止」を提起したとされている。それは以下の通りである。[9]

第一に、アメリカによる中国への内政干渉、また中国の利益に損害を加えることに反対する。第二に、アメリカは正確な協力観を持つべきであり、一面で協力を求めながら、他面で中国の利益に損害を与えるというのは、通らない道理だ。第三に、コロナ起源問題、台湾・新疆・香港・南シナ海問題などに関するアメリカの対中政策に強い不満があり、誤った中国認識や危険な対中政策を改め、いたずらにレッドラインを超えて揉め事を起こし、価値観の装いを纏って集団で対抗することをやめるべきだ。第四に、国家主権、安全、発展利益を守ろうとする中国人民の決心、また強い意志と能力について、それを決して低く見積もってはならない。

ここで王毅は「国家転覆」などといった用語は使ってはいないものの、特に第四の部分でアメリカの対中政策が中国の国家の主権、安全にかかわるものだということを指摘し、政策の転換を求めている。このような姿勢はその後も継続し、二〇二一年十一月の米中首脳会談にもそれが現れている。ここで習近平はバイデンに対して「五つのNO」を提起したとされているが、会談内容は外交部の報道官により紹介され、中国国内向けに『人民日報』にも掲載された。[10]

「習近平は次のように述べた。『アメリカが行っているのは資本主義であり、中国が行っているのは社会主義である。双方が歩んでいるのは異なる道だ。この種の相違は現在生じたものではないし、今後も継続して存在するものだ。中国共産党の指導者と中国の社会主義制度は一四億の人民の擁護と支持を受けているのであり、中国の発展と安定の根本的な基礎となっている。米中が関係を築く上で重要となる一つのことは、こうした相違点を受け入れ、尊重し、両者が一致することを強く求めたりせず、相手側の制度を改変しようとか、甚だしきは転覆しようなどと考えたりしないことである』」

このようにして中国は国内向けにも、アメリカに対して「体制転覆」をしないように求めていることを伝えようとしていた。国内向けに「カラー革命」の危機を宣伝しつつ、同時に「カラー革命」の担い手だとする相手にそれをしないように求め、そのような「策謀」が実際にあるかのように言論空間を創出しているようにも見える。

目下、中国政府はアメリカとの関係において、「六つのノー（〝不〟）と五つの無意志（〝無意〟）」

をアメリカに求めているとしているが、前者の第一が「ワシントンが我が国の体制を変えないこと」だとされている。これは、中国国内でアメリカとの関係で何かの問題が生じた時に、中国としてはアメリカに対して体制転覆しないように求めてきたのに、その警告にもかかわらず、アメリカが強引に体制転覆を試みたから、中国側としても止むを得ず何か対抗措置を講じざるを得なくなったというロジックを使うための準備だと見ることもできる。

また、このように国家の政治制度に注目する外交政策は日本に対しても見られている。二〇二二年九月には日中国交正常化五〇周年を迎えたが、その五〇周年をめぐる議論の場でも中国側は特に一九七二年九月の日中国交正常化の時の日中共同声明で、「日中両国間には社会制度の相違があるにもかかわらず、両国は、平和友好関係を樹立すべきであり、また、樹立することが可能である」と述べられていることを取り上げる傾向があった。孔鉉佑大使は、日中国交正常化五〇周年を記念する講演などで、「東西両陣営による冷戦のなかで、政治体制・社会制度・イデオロギーの大きな隔たりを乗り越えて対立と隔絶を完全に終わらせ、中日の平和友好協力の新しい一ページを開いた」などと述べていたが[11]、これも体制の違いを問題とする現在の風潮を批判するようなものであった。[12]

おわりに

中国の対外政策を理解するに際しては、習近平演説の対外政策に関する部分が分析されることが多い。そこでは国連重視とか、国連憲章の具現化としての新型国際関係とか、人類運命共同体といったことが指摘される。対米関係についても、（健全な）競争関係を維持しつつ衝突を避けて時には協力するなどといった言葉が連ねられている。こういった外交の場で用いられる言辞は、かつての韜光養晦《とうこうようかい》などと共に重要な分析対象であるし、こうした言辞と対外行動との双方を分析することで中国の対外政策を考察することが通常のアプローチだろう。

しかし、本稿で取り上げた「カラー革命」への脅威認識や、国内で「国家の安全」が強調され、実際の群衆統治にも用いられていたことを理解してこそ、中国がアメリカや日本などに対して行った「体制転覆」や「体制の相違」をめぐる問題提起の意味や文脈を理解できると考える。無論、ここで単純に「外政は内政の延長」などというつもりはない。内政と外政との間には相互作用があり、一方通行では理解できないだろう。

中国が国内で進めている「国家の安全」をめぐる政策において、「安全」はまさに「総合的」なものとされている。習近平は、外交についても、外交と安全とを「統籌」するとし、両者を一緒にして考えることを明確に示している。このようなことを踏まえ、中国の国内における政策や理念が対外政策へも溢れ出ている面もあることを想定してこそ、中国の対外的な言動の一端が理解できるという事例を本章は示そうとしたものである。

注

1 全民国家安全教育日は、二〇一五年七月一日に全国人民代表大会常務委員会を通過した「中華人民共和国国家安全法」第一四条で規定されている。また、中国ではポスターや動画を用いて国民への普及を図っていた。「勒索病毒与俄有関　襲撃多国索要贖金」（二〇一七年五月十五日、中名網、https://www.feelcn.com/article/44951.html）、「北約間諜曝光、曾多次窃取国家機密、欲逃波蘭被捕、最終下場如何」（二〇二二年九月八日、網易号、https://www.163.com/dy/article/HGOJHMA30549M98D.html）〔いずれも二〇二三年十二月三十一日アクセス、以下同〕。

2 「党委中心組理論学習材料二〇一五年第一〇期」（合肥師範学院宣伝部、二〇一五年八月二十六日、https://news.hfnu.edu.cn/info/1004/3483.htm）。

3 Dongshui Yin and Xiaoguang Guo, "The Role of International Ngos in the Development of Democracy in Rural China: An Empirical Study", *The China Nonprofit Review*, vol 8-2, 2016.

4 「習近平主持召開網絡安全和信息化工作座談会」（中国共産党新聞網、二〇一六年四月二十日、http://cpc.people.com.cn/n1/2016/0420/c64094-28289000.html?0kyr4）。

5 左鵬「全面提高新形勢下宗教工作水平」（宣講家網、二〇一六年八月十二日、http://www.71.cn/2016/0812/904624.shtml?from=groupmessage）。

6 「新疆的反恐、去極端化闘争与人権保障」（中華人民共和国国家民族事務委員会、二〇一九年三月十九日、

https://www.neac.gov.cn/seac/xwzx/201903/1132851.shtml)。

7 「王毅：試図改造顛覆中国是〝不可能完成的任務〟、只会撞上南牆」（二〇二〇年十二月十九日、外交部ウェブサイト、https://www.mfa.gov.cn/web/wjbzhd/202012/t20201219_361874.shtml）。

8 "Deputy Secretary Sherman's Visit to the People's Republic of China", US Department of State, July 26, 2021. https://www.state.gov/deputy-secretary-shermans-visit-to-the-peoples-republic-of-china/

9 「二〇二一年七月二十六日外交部発言人趙立堅主持例行記者会」（二〇二一年七月二十六日、外交部報道官定例記者会見、https://www.fmprc.gov.cn/fyrbt_673021/jzhsl_673025/202107/t20210726_9171315.shtml）。

10 「習近平同美国総統拜登在巴厘島挙行会晤」（中国共産党新聞網、二〇二二年十一月十五日、http://cpc.people.com.cn/BIG5/n1/2022/1115/c64094-32566115.html）。ただし、アメリカ政府の発表ではその内容は含まれていない。"Readout of President Joe Biden's Meeting with President Xi Jinping of the People's Republic of China", the White House, NOVEMBER 14, 2022. https://www.whitehouse.gov/briefing-room/statements-releases/2022/11/14/readout-of-president-joe-bidens-meeting-with-president-xi-jinping-of-the-peoples-republic-of-china/

11 「孔鉉佑駐日大使、日中協会で講演『国交正常化50周年記念・平和と発展の時代のテーマを考える』」（二〇二二年六月八日、中華人民共和国駐日本国大使館ウェブサイト、http://jp.china-embassy.gov.cn/jpn/tpxw/202206/t20220615_10703708.htm）。

12 ただ、日中両国について「体制も違い流儀も異《ママ》る日中両国の間においては、尚更このような自覚的努力が厳しく求められるのであります」と述べたのは、一九七九年九月七日に北京の政協礼堂で講演「新世紀をめざす日中関係―深さと広がりを求めて―」を行った大平正芳であった。この講演はテレビ、ラジオで中国全土に伝えられた（「大平総理大臣の中国訪問の際の政協礼堂における公開演説」一九七九年九月七日、外務省ウェブサイト、https://www.mofa.go.jp/mofaj/gaiko/bluebook/1980/s55-shiryou-10208.htm）。そのため、二〇二二年九月二十九日の日中国交正常化50周年記念レセプションで林芳正外務大臣も「『体制も違い流儀も異なる日中両国』であるからこそ、なおさら相互理解のための『自覚的努力が厳しく求められる』」と述べた（「日中国交正常化50周年記念レセプションにおける林外務大臣挨拶」（二〇二二年九月二十九日、外務省ウェブサイト、https://www.mofa.go.jp/mofaj/a_o/c_m1/cn/page1_001338.html）。昨今の日本が過去と異なり、体制の違いを問題にしていると中国側が問題視しようとしていたことに鑑みれば、林大臣のスピーチは中国側のそうした不満をいなした格好になっている。

第10章

「お仲間」の政治学——中国のロシア政治研究とロシア・ウクライナ戦争の「教訓」

鈴木 隆

はじめに

二〇二二年二月に開始されたロシア・ウクライナ戦争（以下、ロ・ウ戦争）とそれへの中華人民共和国（以下、中国）の対応は、中国とロシアという二大権威主義国家の政治的結託とこれによる国際社会の新たな分断、すなわち、新冷戦とも呼ぶべき陣営対立の出現を予感させるものとなった。

だが改めていうまでもなく、中国共産党にとってロシアとその前身の旧ソヴィエト連邦は、一九二一年の党創設以来、約一世紀に及ぶ複雑な関係を有している。一九九一年のソ連解体後も、紆余曲折を経ながらも、中ロ両国は政治、経済、社会の多方面にわたり関係を深めてきた。

そうした歴史的背景を念頭に置きながら、本稿では、社会主義体制の経路依存（path-dependency）に基づく自立と相互浸透に着目して、ポスト社会主義のプーチン・ロシアと現存する社会主義の習近平・中国との間にみられる、政治の思惟と営為をめぐる知的連関、あるいは、相互作用の帰結としての実践的連環を論じる。これにより中国の対外政策や中ロの外交関係を扱った研究とは一風異なる、比較権威主義の視点に基づく二十一世紀の両国間の政治的結びつきを明らかにする。

具体的には、中国の政策コミュニティに属する研究者の学問的成果を素材として、[1] ロシア型権威主義とプーチンの国内統治（第一節）、及び、ロ・ウ戦争をめぐるロシアの外交、安全保障政策（第二節）の二つの論点について、中国側の分析の特徴や「学習」状況、そこから導かれる中国にとっての「教訓」を確認する。また、若き日の習近平も読んだであろう発言者不詳の謎の演説を紹介し、ソ連解体時にさかのぼって中国にとってのロシアの地政学的意味と中ロ結託の内実を考察する（おわりに）。

1 ロシア型権威主義とプーチン体制——ロ・ウ戦争前の研究動向

本節では、ともに権威主義の政治体制に区分される中国とロシアについて、主にロシアの内政に関する中国側の研究を手がかりとして、習近平とプーチンの両政権に共有されるところの、支配の理念と実践における認識の束を抽出する。文献調査の範囲は、二〇一八〜二〇二一年前半期までに中国共産党と中央政府傘下のシンクタンク、大学等に所属する研究者が発表した、第四期プーチン政権（二〇一八〜二〇二四年）を分析対象とする学術論文や雑誌記事である。[2]

❶ロシア型権威主義の強さと弱さ——カラー革命の阻止とエリート周流の停滞

まず本論の趣旨にかなう限りで、近年のロシア政治の流れを確認する。二〇一八年三月の大統領選挙に勝利したプーチンは、同年五月に四期目となる政権を発足させた。大統領任期は二〇二四年までの六年間である。二〇二〇年には憲法が改正され、プーチンは二〇三六年まで大統領職にとどまることが可能となった。その後、ロシアでも新型コロナ感染症が拡大するなか、二〇二二年二月、プーチンはウクライナへの侵攻を決定した。ロ・ウ戦争は現在（二〇二二年十二月時点）も継続中で、長期化の様相を呈している。

政権発足から開戦までのロシア政治について、中国側の理解と評価は、大略次のようにまとめられる。プーチン体制は、選挙と複数政党制、議会制といった民主主義の部分的要素をもつ権威主義体制であり、二十年以上に及ぶ長期執政のもと、いくつかの政治的危機（例、二〇〇四年ベスラン事件、二〇一一～二〇一二年反政府大規模抗議デモ、二〇一四年クリミア侵攻）を経て、一定の政治的安定性と体制内部の凝集力を備えるに至った。この結果、プーチン自身の強権指導者としての地位強化と体制転換、いわゆるカラー革命の阻止に成功している。

中国でカラー革命とほぼ同義で使われる「和平演変」への対応として中国側が注目するのは、ロシアの愛国主義と歴史教育、及び、二〇一〇年代から整備されてきた「外国の代理人法」の法体系である。特に後者は、内外政連動の視点から、反政府的な個人、団体、メディアなど内部の敵対者、「第五列」への統制の成功例として理解されている（馬強）。

だが半面では、個人支配の長期化に伴い、選挙は統治者集団内部での限定的交代の機能しか果たさず、社会階層の固定化と体制内外のエリート循環の停滞が顕著である。国民の政治的無関心と政治不信も深刻で、「政治体制は日増しに硬直化」している（張昊琦）。

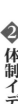

❷ 体制イデオロギーとポピュリスト的指導スタイル

中国人識者によれば、ロシア型権威主義には中国とは異なる二つの特色がある。一つは、旧ソ連や現在の中国共産党のように、精緻にして包括的な理論も広範な組織体系もない代わりに、保守主義の価値観が体制イデオロギーとして有効に機能している。いま一つは、プーチンの個性に基づく個人支配とリーダーシップである。

「ロシア保守主義」とは、「ソ連解体以後のロシアにおける支配体制のイデオロギーの総称」であり、特に二〇〇〇年代以降、体制イデオローグとして知られるウラジスラフ・スルコフを中心に「主権民主主義」や「プーチン主義」などのさまざまな政治的術語で表現されてきた（龐大鵬(b)）。その核心は「国家主義、救世思想、東方正教会を基礎とする伝統主義」であり、主権国家としてのロシアの自立性を重視し、①民主主義は「ロシアの現状と発展段階、……歴史、伝統、文化的特徴に合致すべき」こと、②「民主化はプロセス」であり、「ロシアの民主はまだ発展の初期段階にある」ことを強調する（龐大鵬ⓐ）。

ロシア保守主義と「中国の特徴ある社会主義」は、理論的淵源は異なるものの、自国の政治発展とナショナル・アイデンティティの模索において、欧米とは異なる国情や独自性を主張する点で同様の理論的性格をもつとされる。

国政運営についても、中国との部分的共通性が指摘される。すなわち、プーチンはソ連解体後の歴史過程を反転させ、ロシアの「大国、強国の地位の回復」を目指し「民族復興」の道を邁進している（李永全）。

プーチンの統治手法や指導スタイルの主な特徴は、①上述した欧米の伝統や歴史とは異なるロシア的民主主義の追求、②社会経済発展に対する政府の役割の強調、③反腐敗や「外国の代理人」などへの法的制裁を柱とする「依法治国」の堅持、④指導者の個人的魅力の表出である。④に関し、イヴァン雷帝やピョートル大帝、エカチェリーナ二世、スターリンに連なる「政治的ストロングマン崇拝」の国民心理の伝統を踏まえ、プーチン自身が国民的指導者としての振る舞いに積極的とされる。中国の著名な国際政治学者の一人は、いくぶんからかいの筆致で、プーチンは「飛行機を操縦して空を舞い、潜水艇を操って海にも潜る。柔道は玄人レベルで、アイスホッケーもたいへん上手、乗馬もスキーもお手の物だ」と解説している（左鳳栄）。

❸権力継承の困難と指導者イメージの集合的記憶

経済成長を通じた民生の拡充とともに、ロシアの支配体制が直面する大きな課題は、円滑な権力継承である。今期の大統領任期が終了する二〇二四年に誰がプーチンの後を継ぐのか、あるいは、二〇三六年までプーチンが続投するのか。この「二〇二四年問題」の見通しは依然不透明である（龐大鵬ⓒ）。プーチンなきプーチン路線の継続も可能との見方がある一方、「スーパー大統領制（超級総統制）」の体現者であるプーチンは、各利益集団に対し「超然として立つ最高仲裁者」であり、それゆえ「プーチンが一つないしいくつかの、またはすべてのエリート層と、権力の継承問題を公式または非公式に議論するのはきわめて困難」な状況も指摘されている（薛福岐）。そうした隘路《あいろ》を強引に突破しようとすれば、統治エリートの分裂と政府部門への波及、行政の空転を招く可能性も否定できないという。

以上のような中国側の見方について、ロシアを中国に、プーチンを習近平に入れ替えれば、中国知識人による中国政治の説明や懸念と多くの部分で重なり合う。ただし、指導者の個人的資質や魅力の宣伝については、中国では、身体能力よりも人格的卓越性が中心的話題となろう。政治社会面からみたその主な理由は、①大統領選挙があるロシアと異なり、中国ではポピュリスト的な親しみやすさよりも、指導者の威厳と畏怖の演出の方が重視されやすい、②中国の場合、政治家、特に高齢指導者の壮健さの証明は、健康不安の払拭という肯定的意義よりも、個人崇拝の否定的な記憶とより強く結びついていることが挙げられる。指導者の運動パフォーマンスに対し、中国国民の多くは、旧ソ連のアンドロポフやチェルネンコのような文字どおりの「短命」政権ではない安心感よりも、一九六六年七月、文化大革命の発動直後に毛沢東が長江を泳いだエピソードを想起するであろう。

以上を総合すれば、中国人専門家によるロシア政治研究の特徴として、「分析の着眼点と認識枠組みにおける自国認識の投影」が指摘できる。「依法治国」の例にみられるとおり、中国側の研究者はときに中国政治の術語でロシアを理解しようとする。これについては中国でも「わが国の学者は常に、中国政治の方法でロシア政治を理解するのを好む」とか、「わが国の学者は常に中国政治の思惟と論理でロシア政治を分析する」との反省の弁が聞かれる（費海汀）。しかしこの結果、中国で描かれるロシアの政治、国家像は、よく指摘される欧米との対抗や国際政治の多極化推進にとどまらない、より広くて深い政治、思想的連関が見出されることになる。すなわち、ロシア政治に対する中国側の理解の仕方には、国家目標の共有や政策課題、政策アイデアの共鳴がみてとれる（図表10−1）。

図表10-1　支配の理念と実践における中国とロシアの政治認識の束（中国のロシア政治研究に基づく）

①国家目標の共有
a）大国化と強国化の志向 b）歴史と文明の独自性、政治文化の重視 c）国際政治の多極化推進、欧米に代わる代替モデル提示の意欲 d）反欧米と被害者意識（中国は近代に、ロシアはソ連解体時にそれぞれ欧米から迫害され、現代を「過去の栄光ある大国的地位への復興途上」とする歴史認識） e）外交の自立性と主体性の重視、同盟への基本的不信 f）欧米とは異なるナショナル・アイデンティティの模索
②政策課題と政策アイデアの共鳴
a）中ロともに、「ソ連の失敗」を統治の教訓として見定め b）政策分野ごとの具体的論点 ・強権支配の維持（ただし、政治体制の違いについて中ロは互いに承認） ・指導者集権と属人的体制イデオロギー（2017年「習近平思想」、2019年「プーチン主義」） ・権力継承の困難、任期延長で対応（2018年に中国が、2020年にロシアがそれぞれ憲法改正） ・カラー革命の阻止（「和平演変」と「第五列」、「外国代理人法」への警戒） ・思想、イデオロギー統制の重視（愛国主義教育、歴史教育） ・反腐敗の強化、政商台頭の阻止 ・経済改革を通じた成長実現が目標、ただし国有企業への依存と存在感の大きさ ・外交における軍事力の重要性への認識（実力による後ろ盾の強調）

出典：筆者作成

2 ロシアのウクライナ侵攻をめぐる中国の学習状況——ロ・ウ戦争後の研究動向

本節では、中国人研究者によるロ・ウ戦争の分析の特徴とそれに基づく中国当局への政策提言の内容を確認する。これにより、台湾海峡の危機シナリオで想定される米国とその同盟ネットワーク（以下では中国側の呼称にしたがい、西側または西側諸国と記す）による各種の圧力行使に対応するため、中国が今後注力するであろう活動の要点を明らかにする。

前節と同じく調査対象は、中国共産党と中央政府傘下のシンクタンク、大学等に所属する研究者の手になる学術論文や雑誌記事だが、発表期間は二〇二二年二月末のロ・ウ戦争勃発から同年八月末までの約半年間である。

その際、政治、経済、外交の一般的な時事評論と戦況分析については、事態の流動性と筆者の能力的限界のため、論点から除外した。結果として議論の集中がみられた主なテーマは、①経済制裁、②認知戦、世論戦、③宇宙戦略、スターリンク、④エネルギー安全保障、⑤食料安全保障である。

❶ 経済制裁

ロ・ウ戦争の開始後に西側が発動したロシアへの経済制裁に関し、中国側の基本的見解は、一方では、制裁の種類、範囲、烈度、参加主体の多さの点で、それは「史上前例のない極限制裁」であり、ロシアの経済と国民生活に多大な負荷を与える（劉軍梅）。だが他方で、少なくとも短期的には制裁の効果は限定的で、ロシア経済やプーチン政権の崩壊は起こらないというものである。

体制維持の主な根拠は、食料と資源エネルギーに代表される経済の自給自足的性格、制裁に対するロシア側の経験蓄積と一定の準備、ソ連解体から現在までの歴史体験に由来する国民の社会・経済的耐久力の高さである。ただし、戦争と制裁が長期化すれば、産業と科学技術の立ち遅れ、グローバル経済とのデカップリングの加速、財政負担の増大やインフレ昂進など種々の混乱が予想される。

翻って、米国との「大国間戦略競争」の渦中にある中国も「多くの経済安全保障のリスク」に直面している（李巍ほか）。この点、今回の対ロ制裁は「西側の経済制裁のツールボックスを観察する重要な事例」であり、深く掘り下げて分析する価値がある。こうした問題意識に基づき、ありうべき西側の対中制裁への対抗策として以下の二つの提案がなされる。

第一に、金融安全保障と人民元の国際化の観点から、制裁対象となりやすい外貨準備について、保有の種類と預入地の多元化を図るとともに、デジタル通貨や資源型資産への転換を進める。特にデジタル人民元と人民元国際決済システム（CIPS）の普及を加速させる。また、二〇二一年六月に中国政府が公布した反制裁法について、対抗措置の規定を拡充する。

第二に、「一帯一路」をはじめ経済協力と対外開放をさらに進め、グローバルな経済連携ネットワークを拡大する。これにより西側を含む各国に対し、中国経済とのデカップリングコストを強く意識させる。同時に、産業、金融、農業、資源の各分野で制裁の抜け穴として機能しうる複数の「経済拠点国家」を育成する（李巍ほか）。食糧とエネルギーのカードをもつロシアが経済の自給自足戦略を甘受するのに対し、中国は国際経済へのさらなる「抱きつき」戦略を通じ、制裁参加国に自国経済への悪影響という威嚇効果を高める。

❷認知戦、世論戦

中国側の見方によれば、ロ・ウ戦争では認知領域でも世界規模の戦いが繰り広げられている。Google、YouTube、Facebook、Twitter、Telegramなどのソーシャルプラットフォームが世論戦の新たな戦場となり、史上初の「ハイブリッドメディア戦争」となった（喩国明ほか）。そしてこの戦いでロシアは敗北を喫している。「特別軍事作戦」は外国世論の理解を得られず、反ロシア言説が流布している。西側のインターネットプラットフォーマーは、ロシアの対外宣伝の封じ込めにも成功した（例、Russia TodayやSputnik Newsの放送禁止、各種ＳＮＳでの関連アカウント停止、Apple Store等での関連アプリのダウンロード禁止）。

ほかにも、個人や非政府主体の情報発信力の増大、国際的なソーシャルメディア企業のディスコースパワー（話語権）独占、ソーシャルボットの「暗躍」、ＳＮＳの臨場感に基づく視聴者の「在場」的な当事者意識と人道主義心情の広がりといった特徴も指摘できる。

二〇一四年のクリミア危機では認知戦と世論戦で優位に立ったロシアが、今回一転して劣勢に陥った理由は、西側がみずからの民主主義や自由主義を喧伝するのを控え、「事実調査確定（fact-check）の世論戦」を実行したことによる（任孟山ほか）。それは「世論戦の意図を覆い隠す実用主義のディスコース戦術」として大きな効果を発揮している。

こうした西側の認知戦、世論戦に対しては、現在までのところ中国人研究者も有効な対策を見出すことができていない。①中国自身による国際的なメディア、情報インフラの開発、②関連する法、制度、組織体制の整備と人材育成、③認知領域の科学技術等に関する国家間の戦略対話と危機管理などの一般的提言にとどまっている。中国が国際的なディスコースパワーの追求に熱心なのはよく知られた事実であるが、おそらく最大のネックは認知戦、世論戦のレベルに必要な英語圏での情報発信力の不足である。

❸宇宙戦略、スターリンク

多くの中国人専門家の論考からは、イーロン・マスク率いる米スペースX社のスターリンクが、ロ・ウ戦争で果たした軍事的貢献の大きさへの驚嘆と脅威認識がみてとれる。それは、習近平指導部が重視するネット空間での情報安全保障に重大な懸念をもたらすとされる。

スターリンクや米アマゾン社のプロジェクト・カイパーに代表される低軌道衛星コンステレーション計画は、米軍による軍事作戦への応用だけでなく、ほかの面でも米国の宇宙覇権に寄与する。すなわち、人工衛星の軌道や周波数の逼迫《ひっぱく》状況を前提として、「宇宙の戦略資源」であるそれらを米国が独占しようとする試みにほかならない（李小歴）。

かかる状況に対し中国は、宇宙の軍事能力の向上と軍備管理を含む宇宙ガバナンスの両方に注力する必要がある。前者は主に、①中国版スターリンクの早期整備、②衛星衝突の防止を主眼とする宇宙アセットの防衛強化、③超小型衛星による対衛星兵器の研究開発が含まれる。「中国版の『スターリンク』衛星ネットワークを早期に配備し、宇宙でのリソース獲得と6G時代の競争で主導権を確保しなければならない」との認識に基づき、高軌道衛星で中国国内の重点地域と「一帯一路」沿線国の人口密集域を、低軌道のメガコンステレーションで地球全体を、それぞれカバーすることが呼びかけられている（斉旭）。

宇宙ガバナンスについては、人工衛星の「軌道と周波数の資源ガバナンス」が当面の中心課題であり、今後は宇宙の軍備管理の方向性が変化していく可能性も指摘されている（兪潤澤ほか）。スターリンクに象徴されるとおり、軍民両用技術のさらなる発展に伴い、中国やロシアがこれまで重視してきた器物の制限がますます困難となる一方、西側の強調する行為の統制に重点が移行する。中国も適切な対応が求められるという。

❹ エネルギー安全保障

エネルギー問題と次項でみる食糧問題は、ロ・ウ戦争によって中国が直接的影響を受ける二大課題である。中国にとってロシアは最大のエネルギー供給国であり、依存度は非常に大きい。それゆえ中国の基本的立場は、エネルギー需給をめぐる中ロの補完性と従前のエネルギー協力に基づき、西側の経済制裁に与せず、中国の「経済利益と発展を重視する」ことである（晗昆）。

中国側の見立てでは、今次の戦争によるエネルギー問題の最大の受益者は米国にほかならない。理由の一つは、制裁と資源エネルギー価格の高騰は、原油と天然ガスの産出国である米国に大きな経済的利益をもたらす。いま一つは、ロシアへの過度なエネルギー依存の脱却を迫られるEUについて、天然ガス供給を通じた対米依存の高まりが予想される。欧州向け天然ガス取引が石油と同じくドル決済の場合、米ドルの覇権的地位がさらに強まる。

そうした将来的方向性を見据えて、中国のエネルギー安全保障はいかにあるべきか。主な対策は、次の三点である。

第一は、長期的観点に立った中ロのエネルギー協力のさらなる拡大である。中国側の「二つの百周年」の目標にとってエネルギーの安定供給は死活的に重要であり、「中ロの協力は破ることはできず、立てるのみ」である（李富兵ほか）。具体的な取り組みは、①中国側の資金と技術を活かした石油、天然ガス市場の川上分野での連携強化、②エネルギー貿易での人民元決済の拡大である。②については、石油ドル覇権への対抗を念頭に、中ロ間では自国通貨の決済比率を高めつつ、サウジアラビアなどとの石油取引でも人民元決済の交渉を進める。

第二は、国外のエネルギー投資先の見直しと海外資産の安全確保である。西側の対ロ制裁の教訓に基づき、今後は先進国への投資を控え、米国、カナダ、イギリス、オーストラリアなどにある現有のエネルギー資産の売却を進める。代わりにロシアや中央アジア、イラン、ＵＡＥなどへのエネルギー投資を拡大する。

第三は、エネルギー安全保障をめぐる「一帯一路」のリスク管理の強化。たとえばロシア、モンゴル、中国間の天然ガスパイプラインの敷設構想に関し、西側によるモンゴルへの懐柔といったパイプラインの通過国リスクを勘案し、中ロ以外の第三国経由の回避に努める。

❺ 食料安全保障

ロ・ウ戦争が中国の食糧安全保障に及ぼす影響について、大方の中国人識者は、「口糧」と呼ばれる人間が食する主要穀物の供給や農産品輸入全体への波及は軽微としつつ、一部の油料作物や飼料作物への影響は比較的大きく、状況によっては畜産業を圧迫する可能性を指摘している。たとえば飼料原料のトウモロコシについて、ウクライナは二〇二一年時点で中国にとって二番目の輸入先である。

戦争はまた、農業と食料安全保障をめぐる国際関係の力学にも変化をもたらす。①世界の食料サプライチェーンにおけるロシアとウクライナの地位低下、インドなどの農業大国の台頭、②食料価格の上昇に伴い、食料生産、輸出大国である米国、カナダ、フランス、オーストラリアなどの先進国と発展途上国との力の格差の拡大が予測される。

また、食料自給が可能なロシアと異なり、食料の純輸入国である中国は、食料サプライチェーンにおける輸入先と輸送ルートの集中という長年の構造的問題を抱えている。トウモロコシや小麦など主要品目の主な調達先は、従来から西側の国々に依存している（李鋒ほか）。穀物輸送ルートについては、米州―太平洋経由と喜望峰、スエズ―インド洋―南シナ海経由の二つで輸入量全体のおよそ七割を占める（蘆千文）。

食料サプライチェーンのこうした脆弱性には、以下の四つが喫緊の課題とされる。第一は、油料作物や飼料作物を含む食料輸入先の多元化推進。第二は、食料サプライチェーンの保全を目的とした、パナマ運河やマラッカ海峡の海上輸送ルートに対するシーレーンの統制能力の向上。第三に、西側の制裁とデカップリングに対応すべく、友好国や「一帯一路」の沿線国、特にロシアとの協力を強化する。主な協力事項は、①陸上と海上の両ルートを通じたロシアからの食糧供給の拡大、②生産、加工、備蓄、貿易、投資、科学技術など農業関連分野の連携推進、③農業貿易での自国通貨の決済規模の拡大である。

第四に、欧米産穀物の対中輸出の圧迫、種苗やグリーン農薬など農業ハイテク分野の協力制限、中国企業の海外食料業務への投資活動の没収など各種リスクへの準備に努める。種苗に関しては、ロ・ウ戦争後の二〇二二年三月、ドイツの医薬、農薬大手企業のバイエルがロシアへの種子供給の停止を表明した経緯に関心が寄せられている。[3]

中国は世界第二位の種子市場、種子の純輸入国であり、「中国の食料安全保障は種子の国産化と切り離せない」ため、種苗産業の発展を通じ「西側に食料生産の『死命を制せられる』ことを回避」しなければならないという（韓冬ほか）。習近平も「中国の種子で中国の食糧安全を保障しなければならない」旨の発言を繰り返し述べている（無署名(b)）。

おわりに――アメリカとロシアによる中国挟撃の悪夢、中ロ指導者の相互不信

一九九一年九月、当時三八歳で中国共産党福州市委員会書記であった習近平は、中国共産党員のみに閲覧が許された限定公開の雑誌に、「私の人材観」と題する論文を発表した[4]（習近平）。この文章自体は、その名のとおり、習近平の重視する幹部として備えるべき倫理と官吏任用の要点を述べたもので、本稿の内容とは関係ない。

ここで紹介したいのは、習近平論文の同じ頁の続き記事として掲載されている、したがって習近平もほぼ確実に読んだと思われる「反『和平演変』の問題をなおざりにしてはならない」との表題をもつ無署名の長文記事である（無署名ⓐ）。編集者の説明によれば、これは「最近、中央のある指導的立場の同志」が行った「重要講話」の記録要領であり、党員の学習用に掲載を決めたという。なお、内容から判断して講話の実施時期は、ソ連邦の構成共和国であったモルドバとアゼルバイジャンがそれぞれ独立を宣言した一九九一年八月二十七日から三十日までの間とみられる。発言した中央指導者については、鄧小平、陳雲、李先念を含む「八大長老」のいずれかの人物、またはそれと同格の軍の重鎮、たとえば「十大元帥」のうち当時唯一の存命者であった聶栄臻《じょうえいしん》の名前などが思い浮かぶが、詳細は不明である。

文中、氏名不詳の某氏は、数カ月後に終焉を迎えるソ連解体までの劇的な政治過程を不安のまなざしで眺めつつ、①一九九〇年代に入り、アメリカはまずはソ連を、次いで中国の社会主義体制を崩壊させようと企図していること、②中国は今後十年間、アメリカと民主化したソ連によって、武力攻撃の選択肢を含め、中国を東西から挟撃しようとする強大な圧力にさらされ続ける可能性があること、③中国指導部はそうした事態への覚悟をもち、内政面では経済成長とともに、米国に使嗾《しそう》された国内の反体制勢力による和平演変の防止に努め、一九八九年の天安門事件を再現させないことを力説している。一般公開用の十分な推敲を経ていない中央指導者の「肉声」が感じられる貴重な資料であるため、やや長いが引用する。

「和平演変と反『和平演変』の問題はなおざりにできず、不注意であってはならない。（中略）東欧では最長で十年、または一年、一カ月、ところによってはひと月も経たないうちに、政権が次々に瓦解した。（中略）ソ連の一五の共和国のうち、すでに独立を宣言したものが六つ、残りは九つである。九つのうち最大の共和国〔ロシア・ソビエト連邦社会主義共和国を指す〕でも、反共・反社会主義分子のエリツィンが多数票で大統領に当選した。彼は最近また国家機関の非共産党化を指示した。ソ連の状況はまだ最低点に達していない。いまも急降下を続けており、悪い方向に向かっている。

アメリカ人の計画は、五年以内のソ連解体であり、一部はすでにそうなり、ソ連を二等国に変えてしまうことだ。さらにもう五年でソ連と連合してもっぱら中国に当たり、中国の先制攻撃の能力を失わせる。彼らはどんなこともやれるだろう。毛主席は数発の原子爆弾、水素爆弾、ミサイルをもたねばならないといっていたではないか。わが国と共産党人の立場からすれば、そうしたシナリオは当然考えるべきであり、最悪の状況がやってくるかもしれない。アメリカは軍事技術でたしかにわれわれより少しくまさっている。いつの日かアメリカが必要かつ可能と思うときには、先制攻撃を行い、われわれの核兵器を消滅させることもできるかもしれない。（中略）最悪の事態に備えておくべきだ。来る来ないは別にして、アメリカが来たときのために事前の準備をする、そうすれば怖くない。九〇年代の十年間は、わが党と国家にとって、経済建設が最重要の任務だが、政治面の反『和平演変』も疎かにしてはならない。この二つの戦略は分離できず、双方に力を入れるべきで、どちらか一方ではダメだ。（中略）

ソ連で現れた状況は、中国に影響がないと考えてはならない。エリツィンに対し、陰に陽に拍手する人はどれくらいいるだろうか。彼ら〔中国共産党員で民主改革志向の人々を指す〕は、中国でもエリツィンのやり方を採用し、同様の方法を行うのを望んでいる。共産党員の肩書をもちながら、心と行いが完全に反共の立場の者もいる。（中略）彼らは社会主義の道を歩まず、われわれはなお社会主義の道を歩むのだ！　この二つの道の闘争は以前から存在し、一九八九年の春夏の変わり目の時期に起こった政治騒乱〔天安門事件を指す〕は、まさしく二つの道の闘争の尖鋭化の表現であった。

〔天安門事件からこの演説までの〕過去二年間は〔アメリカによる和平演変の活動は〕いくらか控えめであったが、表面的にすぎず、決して緩和の可能性はなく、アメリカは活動を激化させている。アメリカ人はまたしても中国を失ったといっているではないか？　解放戦争〔一九四六～一九四九年の国共内戦のこと〕でアメリカは中国を失った。〔一九八〇年代の〕過去十年間、彼らは〔和平演変の活動を〕実行してきたのだ！　アメリカの資料によれば、「四人組」の粉砕から一九八九年の『六・四』暴乱まで、暴乱の発生前からブルジョワ階級と自由化分子が協同してすでに十年が経っていた。自由化をやろうとする輩は、座談会やクラブの名目で実に十年間も準備してきたのだ。

『六・四』暴乱はわれわれによって鎮圧され、その集団は破壊され、外国へ去った者もいれば、国内にとどまった者もおり、しばらくして事態は収まった。あるアメリカ人によれば、策略で成功したが、戦略で失敗した。策略の成功とは、反中華人民共和国、反社会主義の道、反中国共産党に照準を合わせた大規模な活動を北京で組織できたことだ。戦略の失敗とはなにか。彼らが十年間蓄えてきた力が、われわれによって打ち砕かれたことをいうのだ。彼らは捲《けん》土《ど》重《ちよう》来《らい》を期し、より積極的に計画を策定している。すなわち、五年以内にソ連を解体し、次の五年で経済、政治、軍事の各方面から中国を攻撃し、今世紀末までにアメリカは世界から共産主義を消滅させようと努力している。（中略）

われわれが適切に対処し、教訓をしっかり学び、冷静な頭脳で多くの準備を立派に行いさえすれば、彼らは目標を達成できない。危険はたしかに過小評価すべきでない。老同志を含め、いまは共産党員が安穏とした日々を過ごすときではない。敵の戦略計画を必ず打破しなければならない。中国の〔共産〕党には毛沢東がいたし、毛沢東思想がある。負けることは絶対にないのだ！」

この引用文は、ユーラシアの地政学的構造をめぐり、中国共産党の指導者たちに世代を超えて共有されているであろう基底的な脅威認識、不安心理をよく示している。要するに中国にとって、地政学的観点からみた対ロシア政策の根本課題は、欧米の自由民主主義のパートナーとなったロシアとアメリカによる共産中国に対する東西からの挟撃を阻止することである。またソ連こそ、アメリカの和平演変、カラー革命の陰謀に敗北した反面教師にほかならない。習近平もこの二つの教えを銘記していることは間違いない。

それゆえ習近平・中国は、第一節でみたような政治認識の広範な共有に基づき、プーチン・ロシアをギリギリまで支えるであろう。だが中国の第一義的関心は、非民主主義体制のロシアがアメリカと反目を続けることであり、指導者がプーチンであり続ける必要はない。仮にロ・ウ戦争がさらに長期化して、プーチン体制の動揺と民主化の動きが本格化した場合には、ロシア型権威主義の擁護者として、中国はプーチンとは別の指導者を代役に立てるかもしれない。同じことはプーチンからみた習近平の立場にもいえる。このように両者の間には、互いの非民主主義体制の存続への期待とともに、権力の居座りに対する最終的な見限りの恐怖も常につきまとっている。

周知のとおり習近平は、二〇一八年の憲法改正で国家主席の連任制限を撤廃し、終身制への道を開いた。一説に習近平は、二〇三五年までの長期政権を望んでいるという。他方、プーチンも二〇二〇年に憲法を改正し、二〇三六年までの大統領続投の可能性を確保した。指導者生命の一年ごとの長さを競い合うかのごときこうした動きは、まさに本章の冒頭で述べた政治の思惟と営為をめぐる知的連関にして、相互作用の帰結としての実践的連環にほかならない。だがそれは、強権指導者同士の「よきライバル」関係の競争心の証しというよりも、「信頼なきお仲間」への疑念に基づく牽制の表れとみるべきではなかろうか。本章のタイトルにいう「お仲間」の政治学には、そうした指導者間の緊張関係をはらんだ政治力学も含意されるのである。

注

1　中国におけるロシア政治研究の歴史と学問潮流等については、関連のレビュー論文を参照のこと（費海汀、趙可金）。また、ロシアの対外政策、軍事、インテリジェンスを論じた近年の中国における代表的な成果については、本論の趣旨と分析対象の範囲に鑑み、言及できなかった（謝暁光、畢洪業、曹永勝、彭亜平）。別稿で発表予定である。

2　二〇二二年の研究業績は、ロ・ウ戦争に関するものを中心に本文第二節で扱った。二〇二二年後半期のそれは、時間の都合上、十分な資料収集と検討を加えることができなかった。他日の課題としたい。

3　「独バイエル、ロシアへの農業製品の供給継続を決定」『Reuters』二〇二二年八月十六日（https://jp.reuters.com/article/ukraine-crisis-bayer-idJPKBN2PM01X）、二〇二二年十二月十九日閲覧。

4 『党員特刊』と称するこの月刊誌の発行元は、中国共産党遼寧省委員会である。一九九一年当時の発行部数は計一〇八万部で、同年初め時点で福建省でも約四万部が流通していたという（田傑ほか）。毎号の目次頁に「党内刊行物 注意保存」の太字印刷があり、同じ頁の定期購読の案内にも「本刊は党内刊行物であり、非党員の大衆の閲覧は断る」の一文がある。

参考文献リスト（文中で言及したもののみ、ピンイン順配列）

畢洪業（上海外国語大学俄羅斯東欧中亜学院教授）『俄羅斯外交戦略与対外関係』時事出版社、二〇二一年。

曹永勝（国防大学国家安全学院軍事戦略教研室副教授）『俄羅斯 強軍興国之道』時事出版社、二〇二〇年。

費海汀（北京大学中国政治学研究中心助理教授）「中国四〇年来的俄羅斯政治研究」『俄羅斯東欧中亜研究』二〇一九年第一期（二〇一九年二月）、一—三〇頁。

晗昆「俄烏衝突対能源市場的衝撃与影響」『能源』二〇二二年第三期（二〇二二年三月）、五一—五五頁。

韓冬（河南工学院副教授）・鐘鈺（中国農業科学院農業経済与発展研究所研究員）「俄烏衝突対全球糧食市場的影響及中国保障糧食安全的政策響應」『露羅斯研究』二〇二二年第三期（二〇二二年六月）、五五—八〇頁。

李鋒（中国農業発展銀行政策研究室）・孔明忠（同前）・劉甜（同前）「俄烏衝突対我国糧食安全的影響及農発行應対措施建議」『農業発展与金融』二〇二二年第四期（二〇二二年四月）、六一—六二頁。

李富兵（国務院自然資源部油気資源戦略研究中心）、申雪（同前）、李飛劉（同前）、李耕宇（中山大学）「俄烏衝突対中俄油気合作的影響」『中国鉱業』インターネット発表、二〇二二年七月二一日、一—八頁。

李巍（中国人民大学国際関係学院教授）・穆睿彤（同前、博士研究生）「俄烏衝突下的西方対俄経済制裁」『現代国際関係』二〇二二年第四期（二〇二二年四月）、一—二五頁。

李小歴「警惕〝星鏈〟的野蛮拡張和軍事化応用」『国防科技工業』二〇二二年第五期（二〇二二年五月）、五四—五五頁。

李永全（中国社会科学院俄羅斯東欧中亜研究所研究員）「普京之治与俄羅斯之路」『俄羅斯学刊』二〇一八年第二期（二〇一八年四月）、五―二〇頁。
劉軍梅（復旦大学経済学院副院長、世界経済研究所副教授）「俄烏衝突背景下極限制裁的作用機制与俄羅斯反制的対衝邏輯」『俄羅斯研究』二〇二二年第二期（二〇二二年四月）、六二―八七頁。
薫千文（中国社会科学院農村発展研究所）「俄烏衝突、国際農業合作与中国糧食安全保障――中国国外農業経済研究会俄烏変局下的全球農業与糧食安全研討会綜述」『世界農業』二〇二二年第五期（二〇二二年五月）、一二八―一三二頁。
馬強（中国社会科学院俄羅斯東欧中亜研究所副研究員、中国社会科学院俄羅斯研究中心副秘書長）「俄羅斯《外国代理人法》及其法律和政治実践」『俄羅斯研究』二〇二一年第一期（二〇二一年二月）、一三七―一七〇頁。
龐大鵬(a)（中国社会科学院俄羅斯東欧中亜研究所研究員、中国社会科学院俄羅斯研究中心主任）「従〝主権民主〟到〝普京主義〟――普京的治国理念」『世界知識』二〇一九年第六期（二〇一九年三月）、四二―四四頁。
龐大鵬(b)（中国社会科学院俄羅斯東欧中亜研究所研究員、中国社会科学院俄羅斯中心主任）「俄羅斯保守主義的政治邏輯」『国外理論動態』二〇二〇年第一期（二〇二〇年二月）、一三三―一四二頁。
龐大鵬(c)（中国社会科学院俄羅斯東欧中亜研究所研究員、副所長）「普京修憲的政治分析」『俄羅斯東欧中亜研究』二〇二〇年第四期（二〇二〇年八月）、一―一八頁。
彭亜平『俄羅斯対外情報分析力量発展研究（軍事情報学博士文庫）』軍事科学出版社、二〇一四年。
斉旭「全国政協委員、北京航空航天大学教授張濤――尽早尽快布局中国版〝星鏈〟衛星互聯網」『中国電子報』二〇二二年三月十一日。
任孟山（中国伝媒大学教授、国際伝播研究中心主任）・李呈野（同前、博士研究生）「俄羅衝突与戦時宣伝範式迭代――従〝影像新聞〟到〝事実核査世論戰〟」『対外伝播』二〇二二年第六期（二〇二二年六月）、三八―四二頁。
田傑・楊鶴華「特殊環境中的特殊工作――中共福建省委常委、組織部長、本刊顧問王建双同志談〝三資〟企業党的建設」『党員特刊』（中国共産党遼寧省委員会、党内刊行物）、一九九一年第三期（一九九一年三月）、一一―一四頁。
習近平（中国共産党福州市委員会書記）「我的人才観」『党員特刊』（中国共産党遼寧省委員会、党内刊行物）、一九九一年第九期（一九九一年九月）、一一―一二頁。
謝暁光（遼寧大学国際関係学院教授）『俄羅斯対外戦略研究（二〇〇〇―二〇一六）』社会科学文献出版社、二〇一八年。
薛福岐（中国社会科学院俄羅斯東欧中亜研究所研究員）「二〇二〇年修憲与政治発展進程」『人民論壇』二〇二〇年八月・上（二〇二〇年八月）、三五―三七頁。
喩国明（北京師範大学新聞伝播学院教授）・楊雅（同前、副教授）・顔世健（同前、博士研究生）「世論戦的数字孿生：国際伝播格局的新模式、新特征与新策略――以俄衝突的世論戦為例」『対外伝播』二〇二二年第七期（二〇二二年七月）、八―一二頁。
兪潤澤（復旦大学国際関係与公共事務学院博士研究生）・江天驕（復旦大学発展研究院副研究員）「〝星鏈〟対太空軍控的影響」『現代国際関係』二〇二二年第六期（二〇二二年六月）、三五―四一頁。
張昊琦（中国社会科学院俄羅斯東欧中亜研究所副研究員）「加強政治控制抑或重啓改革？――二〇一八年総統大選之後的俄羅斯政治発展」『俄羅斯東欧中亜研究』二〇一八年第一期（二〇一八年二月）、一六―二七頁。
趙可金（清華大学社会科学学院副院長、教授）「当代俄羅斯研究的核心問題、範式演変与発展趨勢」『俄羅斯研究』二〇二二年第二期（二〇二二年四月）、二〇―三七頁。
左鳳栄（中国共産党中央党校国際戦略研究院教授）「普京――強人治理大国的邏輯」『中国領導科学』二〇一八年第一期（二〇一八年一月）、一一一―一一六頁。
無署名(a)「反〝和平演変〟問題馬虎不得」『党員特刊』（中国共産党遼寧省委員会、党内刊行物）、一九九一年第九期（一九九一年九月）、六―七、一二頁。

無署名(b)「習近平——下決心把民族種業搞上去」『海外網』二〇二一年六月二十日(https://baijiahao.baidu.com/s?id=1736134666475313638&wfr=spider&for=pc)、二〇二二年十二月十九日閲覧。

第3部

ホット・イッシュウ

人権・科学技術・デジタル

第11章

台湾からみた人権問題の争点化

家永真幸

はじめに

　近年の米中対立により、台湾海峡の緊張の高まりが盛んに報じられている。台湾海峡が米中対立の焦点となるのは、アメリカ政府が第二次世界大戦後の台湾の歴代政権を支持してきたのに対し、中国政府は外国勢力の台湾問題への干渉を強く嫌っているためである。

　アメリカ政府が自国の都合により、かつての国際冷戦下では蔣介石を指導者とする台湾の反共政権を支え、現在では一九九〇年代に民主化を達成した台湾の政治体制に好意的な姿勢をとっているのは事実である。そのため、中国側の反発がまったくの事実無根というわけではない。

　しかし、台湾でかつては反共思想、近年では民主、自由、人権といった価値観が強調されてきたのは、決してアメリカの支持を得るためだけではなかった。この点を見落とし、台湾の内政を米国外交や米中関係の単純な従属変数として捉えてしまうと、台湾をめぐる国際秩序の見え方も歪んでしまう恐れがある。それを避けるためには、台湾という地域および、それを統治する政府が自称する中華民国という国家の内在論理に十分に目配りする必要があるだろう。

　そこで本章では、まず第一節において、今日の台湾をめぐる国際関係のなかで民主、自由、人権といった価値観が争点となっている状況を概観する。その上で、第二、三節では、一九七九年に発生した「美麗島事件」に焦点を当て、一九七〇年代末から八〇年代初頭にかけての時期において、台湾内部の政治変動が人権問題を媒介として台湾の対外関係とどのように結びついていったのか検討したい。

1　「民主主義と専制主義の闘い」のなかの台湾

台湾は東シナ海に浮かぶ、日本の九州よりやや小さな島であり、中国から見ると福建省の対岸に位置する。この島および、やや西方に位置する澎湖《ほうこ》諸島は、一九世紀末に日清戦争の講和条約として結ばれた下関条約により清国から割譲され、日本の植民地統治を受けた。その後、台湾は一九四五年の日本の敗戦にともない中華民国の中国国民党政権の施政下に入り、一九九〇年代に中華民国という国号を維持したまま憲法改正により民主化を達成する。そのため現在の台湾は、台湾島、澎湖諸島および国民党政権が軍事的に守り続けた福建省沿岸の金門島、馬祖列島の住民が総統（大統領）や立法委員（国会議員）を直接選挙する政治体制をとっている。この政治体制の下で、台湾社会は安定した秩序を保っている。

この歴史的経緯に明らかなとおり、台湾は中華人民共和国による実質的な統治を受けたことがない。しかし、中華人民共和国の中国共産党政権は台湾を中国にとって不可分の一部と見なしている。そのため、共産党政権は台湾が国際社会において独立した主権国家として振舞うことを決して認めず、また台湾内部で中国大陸との分断の固定化が追求されることに強い警戒を示す。また、共産党政権は「中国」という国家は国際社会に一つだけしか存在してはならないとも主張しているため、台湾の政府が「中華民国」の名で国際社会の構成員として振舞うことも認めようとしない。

ところが、現実には台湾と中国大陸との政治的分断はすでに七十年以上に及んでいる。そのため、今日の台湾住民の間では、中華人民共和国に所属しているという意識がないのはもちろん、将来的に中国大陸と台湾が統合されることを求める声も極端に小さい。台湾の世論調査では、「現状維持」を望む声が圧倒的多数を占めることが明らかにされている。維持すべき「現状」をどのように捉えるかは見解が分かれるところだが、少なくとも台湾海峡両岸の政治的分断を直ちに解消しなければならないという問題意識はほとんど共有されていない。

では、台湾の政府はこの問題に対してどのような態度をとっているのか。民主進歩党（民進党）の蔡英文総統は、二期目の総統就任に際して二〇二〇年五月に行った演説において、「和平、対等、民主、対話」という八字を強調した上で、共産党政権が掲げる「一国二制度」の名の下に台湾海峡両岸を統一する方針は台湾を小さきものにせしめ、台湾海峡の現状を破壊するものなので受け入れられないと表明した。この演説において、蔡は四大施政方針として「産業の発展」「社会の安定」に続けて「国家の安全」と「民主の深化」を掲げるとともに、「中華民国台湾」は過去七十年にわたり自由民主の価値を堅持したとの認識を表明し、「『自助助人、自助人助（自らの力を高めてこそ他人を助けることが出来る、自ら努力してこそ他人からの助けを受けられる）』という共同体意識は常に私たちの信念なのだ」と強調した。

ここで「自由民主」という価値観が「国家の安全」と並列して論じられているのは、中国の政治体制やその対台湾政策への反発の表れであると同時に、近年の米中対立構造を反映させたものと見ることができる。アメリカは二〇一〇年代後半のオバマ政権後期からトランプ政権期にかけ、中国の経済成長にともなう軍事的な台頭に対応するかたちで従来の対中融和姿勢を改め、強硬政策へと舵をきった。また、アメリカ国内では中国のウイグル問題や香港問題に対する関心も高く、人権問題が対中批判の大きな焦点となっていった。そのようななか、二〇二一年に成立したバイデン政権は、中国やロシアとの関係を「二十一世紀の民主主義の有用性と専制主義との間の闘い」と位置づけた。

アメリカが規定したこの対立構造において、台湾は民主主義側に分類される。二〇二一年十二月、バイデン政権は「民主主義のためのサミット」をオンライン方式で実施したが、このイベントには中国が招待されなかった一方、台湾からはデジタル担当の政務委員（無任所大臣）であるオードリー・タン（唐鳳）が参加した。タンは会議に寄せたビデオ・メッセージのなかで、「台湾は若い民主主義だが、権威主義とのグローバルな闘争の最前線に位置し、また世界の自由、民主、人権を促進するのに主導的な役割を演じている」と述べ、[1] 旗《き》幟《し》鮮明《せんめい》に台湾側の態度を表明している。

アメリカはかつて、一九七九年に中華人民共和国と国交を樹立したのにともない、台湾の中華民国とは断交した。しかし、非公式な関係は維持し、中国への配慮から台湾が主権国家として独立するのを支持はしないが、台湾に対し自衛用の武器の売却を続けてきた。一方、台湾で戦争が起こった場合に介入するかどうかについては明言せず、それによって中国側の軍事行動を躊躇させる、いわゆる「戦略的あいまいさ」と呼ばれる政策をとってきた。ところが、バイデン大統領は二〇二一年に入ってから、中国が台湾を攻撃した場合にはアメリカが台湾を防衛する意思があるとの趣旨の発言を繰り返し、従来よりも踏み込んだ姿勢を示すようになっていった。

このような国際環境下、民進党政権は台湾の民主を強調することにより、有権者に対して自党への支持を呼びかけると同時に、中国の脅威に対応し、台湾の現状を維持することを図っている。民進党政権は、台湾の市民がこれまでに実現させた社会のあり方を守るためには大陸中国との分断を維持することが必要であり、そのためにはアメリカの提示する国際対立構造を受け入れるのが有効である、と判断していることが看取される。アメリカ議会では、二〇二二年八月にナンシー・ペロシ（Nancy Pelosi）下院議長が台湾を訪問したほか、新たな台湾関連法案の審議が進められるなど、台湾への支持を表明する動きが続いている。これに対し、中国側では大規模な軍事演習などの手段による抗議が続き、台湾海峡の緊張は日増しに高まっている。

2 美麗島事件（一九七九年）の国際問題化

台湾がこれまでの歴史のなかで民主化を遂げ、政治的自由化を実現したのは事実である。そのため、今日の台湾が米中対立構造の中で「民主主義」陣営の一員を自任していることには、確かな根拠がある。しかし、台湾がそのような社会を実現したのは一九九〇年代以降であり、それ以前の台湾で抑圧的な政治が行われてきたことはよく知られている。

第二次世界大戦後に台湾の統治者となる国民党は、共産党との内戦に敗れて中国大陸から台湾に撤退する以前の時点で、中華民国憲法の制定を主導し一九四七年から同憲法を施行させていた。この憲法は議会制民主主義を定めた民主的な内容であったものの、一九四八年の第一回国民大会（国家元首である総統の任免や憲法改正を担う議会）は共産党の「反乱」鎮定を大義名分として、中華民国総統に憲法の規定に拘束されない強大な権限を与えた。そのため、初代総統に選出された国民党の蒋介石は、中華民国が国際冷戦下で自由主義陣営の一員を自任しているにもかかわらず、台湾で強権的な政治を行うこととなった。台湾に住む人びとは反政府的な言動を厳しく取り締まられ、一九九〇年代初頭の憲政改革にともなう政治の自由化が進むまで、長期にわたり国家暴力の恐怖の下で暮らすことを余儀なくされた。

台湾の国民党政権は、大陸中国で選出された中央民意代表（国民大会代表、立法委員、監察委員）を台湾に帯同し、非改選の議員として維持していることを、自らが中華民国憲法に則して正しい政治を行っていると主張するための重要な根拠としていた。しかし、議員の高齢化が進んだことに加え、中華民国は一九七一年の総会決議により国連議席を喪失するなどの対外危機に見舞われたのも相まって、国民党政権は政治体制改革の必要性に迫られていった。折しも、体調のすぐれない蔣介石に代わり実権を握りつつあった息子の蔣経国は、台湾島を中心とする実際の支配領域（「自由地区」と呼ばれた）で選挙を行うことで、議員の欠員補充や定員増加を徐々に進めていった。

こうして行われることになった選挙戦を舞台として、反国民党の考えを持つ人々（非国民党系勢力という意味で「党外」と呼ばれた）は、にわかに活動を活性化させた。それらの人々は国民党政権による厳しい取り締まりに遭いながらも、選挙への出馬や応援、政論雑誌の発行などの活動を通じて社会に向けて改革を訴えていった。しかし、一九七七年の地方選挙に際し、国民党による開票不正に抗議する民衆が警察署を焼き討ちにする事件（中壢《ちゅうれき》事件）が発生すると、蔣経国は政治活動への締めつけを強化する。

そのような時代を背景として発生したのが、「美麗島事件」であった。一九七九年十二月、台湾南部の高雄市で実施された政論誌『美麗島』主催のデモを契機に、政府は急進的な活動家を一斉に逮捕した。この事件は、台湾における反国民党の政治勢力が結集し、後の一九八六年に民進党が結成されるに至る契機として重要な意味を持ったことから、台湾民主化プロセスの分水嶺とも目されている。同時に、この事件は国民党政権にとっても、人権問題に対する国際世論、とりわけアメリカからの圧力の強まりを顕在化させたという点で大きな意味を持った。以下、本節ではこの事件において反国民党勢力がいかにして海外世論に支持を訴えたのかを確認し、次節では国民党側の対応について論じたい。

一九七九年十二月十日、「人権」の擁護を重要な争点として国民党政権への批判を展開していた『美麗島』雑誌社は、世界人権デーに合わせ、高雄においてデモを行うことを企画した。このデモが無許可のまま断行されると、それを阻止しようとする治安部隊との間で衝突が起こった。すると、国民党政権はこの衝突による負傷者がすべて警官で、その数は一八三人に上ったと発表し、同月十三日より台湾全島で大規模に政治活動家の逮捕を行った。

この事態に対する国際社会の反応は素早く、オランダの人権活動家で、ロンドンに本拠地を置くアムネスティ・インターナショナルのディック・オースティン（Dick Oosting）副事務総長は、同月十四日には蔣経国に事件について問い合わせを行ったとされる。アメリカの人類学者で、当時台湾において女性労働者について調査を行っていたリンダ・アリーゴ（Linda Gail Arrigo, 艾琳達）の行動も注目に値する。アリーゴは人権活動家でもあり、デモのリーダーであった施明徳《しめいとく》と当時は夫婦であった。

アリーゴは同月十五日に台湾から追放されたが、市民運動を非難する国民党のプロパガンダに対抗するため、移動先の香港においてメディアに向け、この事件について積極的に説明を行った。その後、彼女はアメリカに帰国し、各地でこの事件を周知させるための講演活動を展開した。彼女の回想によれば、彼女はアメリカ国内での活動だけでは限界があり、香港に渡って国際メディアに向けて宣伝を行うことを重視していた。ただし、この点について、在外台湾人による政治組織である台湾独立聯盟はアメリカ中心の活動を志向しており、認識のギャップがあったという。[2]

国際社会において台湾の人権状況を憂慮する声は、美麗島事件発生以前も決して存在しなかったわけではない。たとえば、アメリカ人の人権活動家であるリン・マイルス（Lynn Mlies）は、日本において台湾の政治犯に対する救援活動を展開していた。一九七〇年代はアメリカにおいて海外の人権問題への関心がとりわけ大きく高まっていった時期であり、一九七七年に成立したカーター政権は「人権外交」を大々的に掲げるに至っていた。

一九七九年、アメリカは中華人民共和国と国交を樹立し、中華民国とは断交する。これにともない、同年四月、アメリカと台湾との関係を規定するアメリカの国内法である台湾関係法が制定された。同法は、アメリカが台湾の自衛のための器材や役務を提供することを定めるとともに、「台湾のすべての人民の人権の維持と向上が合衆国の目標である」という条項も盛り込んでいた。そのため、台湾の蔣経国政権からすれば、人権問題への配慮なしにアメリカの支持をつなぎとめることは難しくなった。

リチャード・ブッシュ（Richard Bush）の研究によれば、カーター政権は美麗島事件発生時、台湾の国民党政権が穏健な対応をとるよう、水面下で積極的に働きかけていた。その過程では議会、とりわけリベラルな共和党員であったジム・リーチ（Jim Leach）が大きな役割を果たしたという。リーチの台湾に関する知識は、台湾キリスト長老教会によって提供された情報の強い影響を受けていたとされる。[3] 長老教会は一九七〇年代以降、国民党政権に対して政治改革の要求を強めており、一九七七年には台湾を一つの独立した国家にせよと訴える「人権宣言」を発出していた。同教会総幹事の高俊明《こうしゅんめい》牧師は、美麗島事件発生後、施明徳の逃亡を幇助《ほうじょ》した罪を問われ、一九八〇年四月に逮捕されることになる。長老教会が台湾の政治変動に与えた影響の大きさは、キリスト教信者であった李登輝が副総統時代の一九八〇年代なかば、蔣経国総統から党外勢力との意思疎通を命ぜられ、政治的判断から教会籍を長老教会に移したというエピソードにも表れている。[4]

長老教会に限らず、アメリカの台湾人コミュニティは美麗島事件の発生後、手紙などを通じてアメリカ議会に積極的に働きかけを行っていた。シアトル在住のジェリット・ヴァン・ダー・ウィース（Gerrit van der Wees）、陳美津夫妻は前出のアリーゴから受け取った情報を基にニュースレターを発行し、世論の喚起を試みていた。

そのような情勢下、一九八〇年二月上旬に米下院が外交委員会アジア太平洋小委員会、国際機構小委員会の共催で、アジアの非共産国家における人権状況についての公聴会を実施した。公聴会では台湾の問題も取り上げられ、リーチや歴史学者でハムライン大学教授のリチャード・ケーガン（Richard Kagan）が台湾についての証言を行った。また、アリーゴも「台湾における人権と公民権の遵守状況」と題する声明を提出した。アリーゴの声明は、理性的な論調で国民党政権の社会に対する抑圧を批判するとともに、アメリカ政府が国民党政権を軍事的に支援していることを諫める内容も含んでいた。[5]

なお、同声明には「抄訳」を称する日本語版がある。しかし、その中身は、別の文書を底本に加えているためか原文とはまったく異なり、国民党による拷問の残酷さを強調する内容となっている。[6] 当時の台湾では国民党が情報の流通を操作する一方、それに対抗する海外の反国民党勢力の宣伝も、時に虚実の定まらない煽情的な内容を含んでいたということであろう。両者の間で事態の解釈権をめぐる争いが激しく展開されていたことがうかがい知れる。

3　国民党政権の対応

美麗島事件発生前夜の時期、国民党政権は台湾における反国民党勢力が台湾独立運動や中国共産党と接近することを強く警戒していた。[7] 実際のところ、当時の反国民党勢力は決して一枚岩の集団ではなく、国民党政権が警戒する上記三種類の勢力の混合体などではなかった。しかし、国民党政権は美麗島事件においても、それら勢力が結合することを恐れていたとされる。8

一九七九年十二月の事件発生当初、国民党は前述のとおり、本件を暴徒によって警官が傷つけられた事案として宣伝し、反国民党活動家を弾圧するための根拠として利用した。しかし、アメリカでの反発の高まりなどを背景に、蔣経国政権は逮捕した活動家らを厳しく処罰することが難しくなっていった。一九八〇年一月、アメリカの対台湾窓口機関である米国在台湾協会(American Institute in Taiwan：ＡＩＴ)ワシントン本部のデヴィッド・ディーン(David Dean)委員長が訪台した際、蔣経国はディーンに対し、事件の処理にあたってはほとんどの裁判を軍事法廷ではなく一般法廷で行い、一人も死刑にしないなど、穏当な態度をとると保証したとされる。実際、同年三月に軍事法廷は開かれることになるものの、反乱罪で起訴された被告の数は八人にまで絞られたほか、通常とは異なる公開形式で実施され、死刑判決も出なかった。

蔣経国がこの間、どのようにして態度を軟化させたのかは定かではない。しかし、国民党内には事の重大さに無頓着な雰囲気があった一方で、国際世論の動向を重視するよう訴える声も一部にあったことが分かっている。その代表的な論者は、陶百川《とうひやくせん》(一九〇三—二〇〇二)という古参党員であった。

陶は浙江省で生まれ、一九二四年に国民党に加入した。ジャーナリストとして活動した後、一九四八年に監察委員(中華民国憲法下で公務員に対する弾劾権などを行使する民意代表)に当選する。一九七七年に同委員を辞職し、美麗島事件発生時の身分は総統府国策顧問であった。

本人の回想によれば、陶は美麗島事件の発生後、当局者に対して一二通の手紙を書いて私見を表明した。彼は十二月二十三日に書いた最初の手紙において、メディアはこの事件を反乱だと報じているが、デモ隊が起こしたのは本当にそのような性質のものだったのか疑義を呈したという。[9] 陶の一二通の手紙の全容は不明だが、当時の行政文書を見ると、陶が一九八〇年一月上旬の時点で、少なくとも次の二つの意見を提出していることが確認できる。

第一の意見は、事件処理の手続きに関するものである。陶は、事件発生当初の台湾社会は当局が『美麗島』雑誌社のメンバーを罰することを支持していたが、十二月十三日に大量逮捕が始まると台湾住民の多くはこれを行き過ぎだと考えるようになったと指摘し、蔣経国に対して不当逮捕を防止するよう進言した。

第二の意見は、前述のディーン訪台の意義について考察するものであった。陶はまず、台湾をめぐる国際情勢について、中国共産党と台湾が衝突すればアメリカは台湾を捨てて共産党を取るが、そうでない限り共産党と台湾の両方への影響力を維持しようとするとの認識を示した。そこで陶は、台湾が捨てられないためには、「内部が乱れること」と「共産党を挑発すること」を避けなければならないとして、美麗島事件への対応策について以下のように述べた。

アメリカ政府は台湾の内部が乱れることを望まないので、高雄で発生したデモ隊の暴行には賛同しない。しかし、政府が活動家を大量逮捕することも望まない。アメリカは長期的には党外勢力が成長して政治参加することを望んでいる。同時に、アメリカは台湾独立活動には当惑しており、彼らが台湾関係法の執行の妨げになることを恐れている。このように、美麗島事件で政府が逮捕した人々への処遇は、法律上の問題であると同時に、外交への影響を内包している。そのため、国民党政権としては、演劇をするかのように、観衆の反応を重視しなければならない。[10]

その後の事件処理の展開に鑑みれば、陶の意見は一定の影響力を持ったようにも見える。陶本人にも施明徳の死刑回避などに貢献したとの自負があったようである。しかし、国民党内において陶の言動は必ずしも歓迎されていたわけではなかった。総統府国家安全会議に属する情報機関である国家安全局は、一九八〇年五月に陶を非難する報告を蔣経国に上げている。同報告は、陶が陰謀分子に同情的であると主張するほか、陶がアメリカ式の二大政党制を支持し、国民党の老党員でありながら反対党の結成を提唱していることなどを問題視し、陶のメディアでの露出や大学などでの講演を減らさせ、影響力を制限するよう提案した。[11]

陶は共産党や台湾独立運動を決して支持しておらず、台湾の反国民党運動がそれらの勢力と結びつくことを警戒していた点では、国民党内で異端だったわけではない。しかし、その自由主義的な思想は党内で警戒の対象となっていたのである。一方、反国民党の活動家内には、陶を高く評価する者がいた。その一人である司馬文武（江春男）は、陶が国民党内で高い地位を得られないのは、党外勢力に近すぎるからであると見ていた。[12]

おわりに

一九七九年に発生した美麗島事件の全体的な構図は、「抑圧的な国民党体制」と「人権擁護を訴える反体制勢力」の対立であり、後者がアメリカ議会や世論の支持を勝ち取った。ただし、国民党内にも陶百川のように人権擁護を訴える声がわずかながら存在していた。陶は「反共」や「中国と台湾の統一」を掲げる論客であり、反国民党勢力とは追求する政治理念が大きく異なる。ところが、両者は民主、自由、人権といった価値観が海外、とりわけアメリカからの支持につながるという認識を共有していた。

このことから、一九七〇年代末から八〇年代初頭にかけての台湾内部では、国民党政権と反国民党勢力との間で民主、自由、人権を主題として、アメリカの支持の争奪が展開され始めていたことが看取される。それに自覚的だった陶は、国民党内では評価されず、むしろ反国民党勢力から評価された。この錯綜した対立関係の均衡点を後に見つけるのが、一九九〇年代に国民党のトップでありながら、反国民党世論を追い風に政治体制改革を進める李登輝と言えるかもしれない。

国民党が一党支配を維持しながらも漸進的な民主化を進めた一九七〇年代から八〇年代にか

け、反国民党勢力は人権の尊重を内外に向けて訴え、政治的自由を勝ち取ろうと奮闘した。それは台湾という地域内部から湧き上がった動きであり、単純な対米従属の結果と見ることはできない。今日の台湾海峡をめぐる情勢を見る際にも、台湾がどのような社会の実現を望んでおり、そのために国際環境をどのように利用しようとしているのかという視点を忘れてはならないだろう。

中台分断の現状を維持することと、台湾で民主、自由、人権の価値観が尊重されることは、近年の状況下ではほぼ同義かもしれない。しかし、長期的には両者が常に一致するとは限らず、実際には多様な考え方や立場があり得る。翻って、日本が今日の台湾海峡をめぐる米中対立に向き合うにあたっては、まずは日本としてどのような社会や国際秩序の実現を望むのかという点をしっかりと議論し、それを前提とした外交政策を検討することが重要ではないか。

注

1 Summit Participant Statement of Taiwan for 2021 'Summit for Democracy', *U.S. Department of State, YouTube*, Dec 11, 2021, https://www.youtube.com/watch?v=cttl2Vf3uDk, accessed Dec 27, 2022.

2 「艾琳達（Linda Gail Arrigo）女史訪問紀録」陳儀深編『口述歴史　第十二期　美麗島事件専輯』台北：中研院近史所、二〇〇四年、六八頁。

3 Bush, Richard C., At Cross Purposes: *U.S.-Taiwan Relations Since 1942*, New York: M.E. Sharpe, 2004, p.78, 186, 189.

4 李登輝口述、張炎憲編『信仰與哲学』（『李登輝総統訪談録』第四巻）台北県：国史館、二〇〇八年、三三頁。

5 "Statement of Linda Gail Arrigo (Mrs. Shih Ming-Deh) Entitled 'The Condition of Human and Civil Rights Observance in Taiwan'", *Hearings before the Subcommittees on Asian and Pacific Affairs and on International Organizations of the Committee on Foreign Affairs, House of Representatives Ninety-Sixth Congress Second Session, February 4, 6, and 7, 1980*, Washington, D.C.: U.S. Government Printing Office, 1980, pp.270-274.

6 リンダ・G・アリーゴ著、楊逸舟訳「『美麗島』事件と蔣政権の拷問十八手」張仁仲著、楊逸舟訳『ビルマ戦線従軍記』共栄図書、一九八〇年、二六三―三〇五頁（同書付録として収録）。

7 林孝庭『蔣経国的台湾時代――中華民国與冷戦下的台湾』新北：遠足文化、二〇二一年、一五六頁。

8 陳儀深『認同的代価與力量――戒厳時期台独四大案件探微』中央研究院近代史研究所、二〇一九年、二四四頁。

9 陶百川「高雄事件憂国療傷」『為洗冤白謗呼號』陶百川全集（六）、台北：三民書局、一九九二年、五〇―五一頁。

10 一九八〇年一月二十三日、蔣彦士呈総統、国史館蔵総統府文書《政情――有関党外人士活動及政情報告》国史館蔵〇〇五―〇一〇二〇一―〇〇四一。

11 一九八〇年五月八日、王永樹呈総統、国史館蔵総統府文書《政情――有関党外人士活動及政情報告》国史館蔵〇〇五―〇一〇二〇一―〇〇四一―〇〇二。

12 司馬文武「言論報国的典型――陶百川先生」『八十年代』第四巻第四期（一九八〇年五月）、三〇―三一頁。

第12章

中国の科学技術力を用いた影響力の行使
——宇宙分野を例に

伊藤和歌子

はじめに

中国の宇宙開発は、毛沢東の掲げる「両弾一星（原子爆弾・水素爆弾・人工衛星）」のスローガンの下、ミサイルや核爆弾の開発と同時並行的に進められ、一九七〇年四月二十四日には、世界で五番目となる人工衛星の打ち上げに成功した。一九七八年に鄧小平体制下で改革開放政策が始まると、科学技術は「第一の生産力」として位置づけられ、経済発展における科学技術開発の重要性が高められた。これにより、宇宙開発の意図と目的は「社会インフラ」構築へと大きくシフトすることとなった。

二〇〇〇年代前半までに、中国の宇宙開発は大きく躍進した。二〇〇五年末までに九〇近い人工衛星を打ち上げ、外国向けの商業打ち上げサービスがその約三分の一を占めるようになった。測位衛星「北斗」の開発も着手し、二〇〇三年には世界で三番目となる有人宇宙飛行を成功させた。胡錦涛政権になると、宇宙開発能力を国力の指標としてみるようになった。二〇〇六年、中国宇宙事業創建五十周年記念大会の席上で、胡錦涛は「中国の宇宙開発事業は国の総合国力を示す重要な目印である」と述べた。

習近平政権になると、経済建設と国防建設を一体化させ、民生技術と軍用技術双方の相互転用をスムーズにするために「軍民融合」が国家戦略として格上げされ、軍民両用技術の筆頭たる宇宙技術開発は、より一層後押しされることとなった。その一方で、宇宙開発能力を国威発揚の手段として用いる側面が強まった。二〇一六年、中国は初めて人工衛星の打ち上げに成功した日付にちなみ、四月二十四日を「中国宇宙の日」と定め、習近平は「広大な宇宙を探査し、宇宙事業を発展させ、宇宙事業を建設することは、我々がたゆまず追求する宇宙の夢である」と述べ、「宇宙強国」建設を掲げた。

この頃から中国は自身の宇宙能力を、自国の経済社会インフラ整備や軍事力増強に使うのみならず、先進国・途上国双方への影響力行使に用いる傾向が強まった。

特に二〇一三年に習近平が「一帯一路」構想を打ち出し、六つのインフラ（鉄道・道路・海運・航空・パイプライン・情報）への投資・建設等を通じた六つの経済回廊構築を掲げると、同構想に沿う形で、その宇宙能力向上と相まって、沿線国を中心に中国の宇宙技術・資産を用いた「宇宙外交」を活発に展開するようになっている。

本章では、宇宙を切り口に、中国が権威主義体制を維持・強化しながら、経済あるいは軍事・安全保障における優位性を梃子《てこ》にグローバルな政治において外交的な主導権を握るために、自身の宇宙技術やインフラをどのように用いているのかを明らかにする。

1 中国の目指す宇宙「協力」とは

❶ 中国の「宇宙外交」における制約

中国は宇宙開発能力の向上に伴い、「発展途上国のリーダー」としての振る舞いが顕著となっているが、実は「宇宙外交」の矛先を発展途上国に向けざるを得なかった事情があった、ということに触れておきたい。[1]

その原因は一九八〇年代にさかのぼる。当時米国はロケットの打ち上げ費用を削減すべく、使い捨て型ロケットの製造を減少させており、商用衛星向けの打ち上げロケットの確保に苦心していた。そこで、当時「友好的非同盟国」であった中国に打ち上げを委託するようになった。

ところが一九九五年一月の米ヒューズ社製のAPStar 2、一九九六年二月の米ロラール社製のIntelsat 708、一九九六年八月の中国通信放送衛星公司のChinasat 7の打ち上げに相次いで失敗し、市場からの信頼が失われた。これに加え、上記二件の米国社製の衛星打ち上げの失敗原因を米中共同で調査し、その過程で米国は重要な技術情報を中国と共有し、結果として機密情報の漏洩へとつながった。

米国はこのような安全保障上の懸念から、一九九九年に人工衛星を武器輸出管理法（ＡＥＣＡ）の下部規則「国際武器取引規則（ＩＴＡＲ）」の軍需品リストに含めるようになった。それ以降、中国への米国製の人工衛星、および米国製部品を含む外国製の人工衛星の輸出が禁じられ、中国領土からの打ち上げは不可能となった。現在、軍用装備品になりうる衛星は依然としてこの軍需品リストに含まれるが、それ以外の人工衛星については商務省産業安全保障局のデュアルユース品目を扱う米国輸出管理規則（ＥＡＲ）の規制品目リストで管理されている。しかし、中国は同規制下で「グループＤ５国」（武器禁輸国）に定められ、衛星を含む機微技術や品目の輸出が禁じられているため、状況に変化はない。

さらに、再輸出規制により、ＡＥＣＡとＩＴＡＲに関係する技術や製品について、米国製部品や技術が使われている場合、輸出国から第三国に輸出する際は、米国の許可が必要となる。この規制により、米国以外の国の政府・企業が、米国製部品・技術の使われた衛星の打ち上げを中国に委託することも禁じられた。こうした状況を前に、欧州の衛星メーカーにおいて、米国製の部品を使わずに人工衛星を製造する「ITAR-Free」と呼ばれる動きが見られるようになった。フランスに本社のあるタレス・アレニア・スペース社は「ITAR-Free」衛星を製造し、その一部が中国から打ち上げられたが、本当に「Free」なのか、米議会から疑問の声があがり、再調査の結果、フランス側がＩＴＡＲ違反のあったことを認める形で収束した。

こうなると、欧州諸国とは別の形での協力を探るも、人工衛星の製造や打ち上げにおいては、中国製人工衛星を受け入れ、輸出管理が緩く、米国の輸出管理体制に与しない途上国が対象となっていき、これが「一帯一路」における沿線国との宇宙「協力」の土台となっていった。

❷「宇宙白書」にみる中国の目指す宇宙「協力」

中国が諸外国とどのような宇宙「協力」を目指しているかは、中国国家航天局が約五年ごとに発行する「宇宙白書（中国語：中国的航天）」に示されている。同白書は宇宙開発の基本的な政策の方向や取組の動向を体系的に示したものであり、二〇〇〇年以来、二〇〇六年、二〇一一年、二〇一六年、二〇二一年に発行されている。

国際協力に関する基本政策をみると、二〇〇〇年版、二〇〇六年版、二〇一一年版では大きな変化は見られず、主として①アジア太平洋地域を対象とする地域レベルでの宇宙協力の重視、②他の地域における宇宙協力の支援、③開発途上国との宇宙協力の強化、④先進国との宇宙協力の重視、であった。ただし、③と④について、二〇〇〇年版では先進国との宇宙協力の次に開発途上国との宇宙協力に言及されていたが、二〇〇六年版以降、その順序が逆になり、アジア太平洋地域における途上国との宇宙協力の比重が高まったとみられる。このことは、二〇〇八年のアジア太平洋宇宙協力機構（ＡＰＳＣＯ）の北京設立にも表れている。

さらに習近平政権下で発表された二〇一六年版、二〇二一年版では、単なる地域レベルでの宇宙協力、という表現にとどまらず、「一帯一路」やアジア太平洋宇宙協力機構（APSCO）、BRICs諸国、上海協力機構（SCO）、G20といった具体的名称も登場するようになった。さらに興味深いのは、基本政策から先進国との協力への言及が消えたことである。中国自身がもはや「宇宙先進国」に仲間入りしており、わざわざ記述の必要がなくなったということかもしれないし、あるいはより一層、宇宙能力の提供側としてのスタンスを強めるという表れかもしれない。

また、二〇一六年版と二〇二一年版を比べると、より一層「協力」の内容が鮮明になっている。たとえば「一帯一路」建設をめぐり、二〇一六年版ではこれに貢献するような「二国間・多国間の協力を強化する」という表現にとどまったが、二〇二一年版では「宇宙開発の成果が一帯一路沿線国、特に発展途上国に利益をもたらすようにする」との記述に変わった。また、二〇二一年版では国家や地域機構との「協力」だけでなく、中国の宇宙開発能力を用いた国際社会への貢献についての言及が明記されたことも注目に値する。具体的には、①宇宙技術・製品を用いたグローバル公共財・サービス提供、②持続可能な開発目標（SDGs）達成の支援、③宇宙分野における人類運命共同体構築の促進、である。

このようにしてみると、中国の宇宙開発能力の向上に伴い、この「協力」において、「持つ者」である中国が、独力では開発が困難だが、宇宙システムのアクセスを必要とする「持たざる者」である国・地域に対する技術・インフラの支援や供与に重点が置かれるようになっていること、またその対象は地球規模課題にも広げられ、グローバル公共財の提供者になろうとする狙いも見えてくる。

2 中国の宇宙開発利用能力を用いた影響力行使

❶ 国際ルールメイキングへの積極的参加

①国連におけるルール形成への参加

中国は国連宇宙空間平和利用委員会（COPUOS）とその下に組織される科学技術小委員会及び法律小委員会が宇宙活動の国際ルール形成や国際協力において主導的役割を果たすことに対し、「国連枠組下における宇宙空間における活動を支持する」との表現で支持を表明してきたが、二〇一一年版の「宇宙白書」までは、それ以上の言及はなかった。

ところが、二〇一六年版白書において「国際宇宙法の研究を強化し、宇宙空間の国際規則の制定に積極的に参加する」と、中国自身が国際ルールの形成に乗り出すことを示す文言が含まれるようになった。さらには二〇二一年版では、「国連枠組下において宇宙空間の国際規則の制定に積極的に参加」するとの記述が盛り込まれた。ルールを遵守する側から策定する側に回るという明示的な意思の表れといえる。
加えてもう一点特筆すべきは、二〇二一年版白書の「開発原則」の項で、「宇宙分野において人類運命共同体を推進する」ことが盛り込まれているが、ここ数年、中国はこの「人類運命共同体」という語を国連文書に盛り込むことに熱心だということである。習近平国家主席の掲げる「人類運命共同体」の理念を、宇宙分野でも浸透を試みているのである。[2]
中国は二〇〇八年、ロシアと共同で「宇宙空間における兵器配置防止条約（ＰＰＷＴ）」案をジュネーブ軍縮会議（ＣＤ）に提出し（二〇一四年に改訂版を提出）、二〇一七年には中ロ共同で、兵器配置防止を含む宇宙空間における軍備競争を議論する場として政府間会合（ＧＧＥ）の設置を提案する「宇宙空間における軍備競争防止のための更なる実質的な措置（ＰＡＲＯＳ―ＧＧＥ決議）」を国連総会第一委員会に提出し、採択されたが、同文書の序文には「人類運命共同体」が盛り込まれた。また、中国は二〇一四年以降、ロシア等とともにＰＰＷＴ条約締結まで宇宙空間に兵器を配置しないよう呼びかける「宇宙に最初に兵器を配置しない（ＮＦＰ）決議」も二〇一四年以降毎年提出しているが、二〇一七年以降、前文に「人類運命共同体」が盛り込まれている。
また、二〇一八年に開催された国連宇宙会議（ＵＮＩＳＰＡＣＥ）五十周年を記念した会合「ＵＮＩＳＰＡＣＥ＋50」の決議においても、草案に同語が盛り込まれた（採択の段階で落とされている）。なお、国連総会第一委員会報告書によるＰＡＲＯＳ―ＧＧＥ決議およびＮＦＰ決議の投票結果をみると、二〇一九年以降はこの「人類運命共同体」の文言を含むパラグラフへの投票も行われるようになり、欧米等四〇カ国以上が反対票を投じているものの、一〇〇カ国以上の賛成票を獲得している。

②宇宙空間のグローバル・ガバナンス構築への積極的参加

二〇二一年版では、宇宙空間におけるグローバル・ガバナンスの構築についても言及がみられる。ガバナンス構築に積極的に参加する分野として、「宇宙環境ガバナンス」「地球近傍天体の監視・対応」「惑星保護」「宇宙交通管理（ＳＴＭ）」「宇宙資源開発利用」を挙げているが、中でも「宇宙環境ガバナンス」については、宇宙技術・システム開発の対象分野として、宇宙輸送システム、宇宙インフラと並び、項目立てされている。

宇宙環境を脅かす問題として、長年に亘り国際ルール形成が議論されてきた問題の筆頭はスペースデブリ（宇宙ゴミ）である。スペースデブリとは、地球周回軌道上に存在する運用を終えた人工衛星やロケットの破片等の人工物体を指し、二〇〇七年の中国による衛星破壊実験や二〇〇九年の米ロ衛星衝突事故を契機に深刻化した。近年、数百機、数千機の衛星を低軌道・中軌道に打ち上げて一体的に運用する「衛星コンステレーション」のみならず、宇宙機の往来も増える中、デブリの監視・除去・低減・発生防止に関する規則作り、そして混雑化する宇宙空間への安全なアクセス・運用・地上への帰還に関するルール作りとしての宇宙交通管理（ＳＴＭ）はより喫緊の課題となっている。これらの問題は国際議場では欧米日が中心となって取り組んできたが、中国も積極的に加わろうというのである。

二〇二一年版白書では、「宇宙環境ガバナンス」における今後五年間の目標として、宇宙交通管理の強化、スペースデブリに関する監視インフラやカタログのデータベース構築、早期警報サービスの整備、宇宙機の軌道上メンテナンスや衝突回避・制御に加え、地球近傍天体の監視・カタログ化や宇宙天気監視システムの構築が掲げられており、宇宙環境に関する課題解決能力を網羅的に身に付けつつ、国際ルール作りにも積極的に参加しようとする姿が見て取れる。

③国際標準における中国標準の採用

中国は二〇二一年十月、標準に関する初めての長期的な国家戦略「国家標準化発展要綱」を発表したが、その中で、国際標準化機構（ＩＳＯ）等による国際標準の策定に積極的に参加すること、中国が優位性を有する技術標準の国際的実用化、一帯一路沿線国を中心とした標準の相互運用性の向上等を掲げている。

宇宙分野においては、測位航法システム「北斗」の国際標準化が重要課題に掲げられている。二〇二二年十一月に発表された「北斗」の実績と青写真を描いた「新時代の中国北斗」白書でも、国際標準体系加入の推進が目標に掲げられている。

同白書によると、「北斗」システムが国際民間航空機関（ＩＣＡＯ）の基準として認められつつあるほか、国際海事機関（ＩＭＯ）より北斗ショートメール通信サービスが「全世界的な海上遭難・安全システム（ＧＭＤＳＳ）」への加入が認められ、また国際電気標準会議（ＩＥＣ）からは北斗の船舶用受信設備検査基準が発表された。そのほか、コーパス・サーサット衛星を利用した遭難救助システムに北斗衛星が組み込まれているという。今後も、移動体通信や国際データ交換等の分野も含め、国際標準化機構（ＩＳＯ）やその他業界の標準化機関等に北斗システムの採用を働きかけていくことが明記されている。

❷多国間協力枠組みにおけるリーダーシップの発揮

中国は多国間協力枠組みにおいて議長的立場につくことで、当該地域において影響力を行使する、という手法も積極的に活用している。

その筆頭が、二〇〇八年に北京に創設されたアジア初の宇宙活動に関する政府間組織「アジア太平洋宇宙協力機構（ＡＰＳＣＯ）」である。ＡＰＳＣＯ加盟国は中国、バングラデシュ、イラン、モンゴル、パキスタン、ペルー、トルコ、タイの八か国であり、メキシコがオブザーバー国、エジプトが準加盟国である。インドネシアは原署名国ながら条約はまだ批准していないが、活動には参加している。

中国は二〇一六年、二〇二一年版白書にてアジア太平洋地域の宇宙活動においてＡＰＳＣＯが重要な役割を果たすことへの支持を表明し、ＡＰＳＣＯを足掛かりとした影響力の拡大を狙っている。

その最たる例が、ＡＰＳＣＯが注力するプロジェクトである「アジア太平洋地域地上配置型光学宇宙物体観測システム（ＡＰＯＳＯＳ）」ネットワークの形成であろう。同プロジェクトは宇宙物体衝突回避やメンバー国の衛星追跡を目的とし、加盟国のパキスタン、ペルー、イランに光学望遠鏡を備えた観測所を設け、北京の中国科学院国立天文台にこれらの観測所で得られた受信データの解析センターを設置した。プロジェクトの第二段階では、全加盟国に低軌道で一〇㎝以上の物体を検知可能な追跡機能付望遠鏡を備えた観測所を設置予定である。[3] すなわち、加盟国に地上局を構え、そのデータを北京で集約するインフラを構築しているということである。二〇二一年版宇宙白書では、前述の宇宙環境ガバナンス構築とこの観測所設置の推進が結び付けて記述されており、中国が主導的に進めたい宇宙空間のグローバル・ガバナンス構築において、ＡＰＳＣＯの宇宙インフラが主翼を担っていることがうかがえる。

また、ＡＰＳＣＯと国連との関係についても見逃せない。二〇一四年、国連の学術拠点としてアジア太平洋地域宇宙科学技術教育センター（ＲＣＳＳＴＥＡＰ）が北京航空航天大学に設立された。同センターでは、ＡＰＳＣＯによる推薦人材を修士・博士課程に受け入れている。ＡＰＳＣＯは元々同大学と宇宙技術応用分野の修士課程プログラムを運用しており、ＡＰＳＣＯから推薦を受けた学生の一部に奨学金も提供している。[4]

また、ＢＲＩＣｓ諸国とは特に衛星コンステレーションなどの分野での協力を進めており、二〇二一年八月には、ＢＲＩＣｓ諸国の所有する既存の衛星から「リモートセンシング衛星バーチャルネットワーク」を構築し、データ共有メカニズムを構築するための協定に調印している。[5] 二〇二二年五月には、ＢＲＩＣｓ宇宙協力連合委員会が発足し、ＢＲＩＣｓ諸国の経済社会の持続可能な発展に貢献するような衛星コンステレーションで得られたデータの共有と有効利用を目指すという。[6]

上海協力機構（ＳＣＯ）とは様々な分野で共同の研究機関がつくられ、たとえば中国―ＳＣＯビッグデータ協力センターの設立も計画されているが、宇宙分野においては、二〇二一年七月、中国―ＳＣＯ地学研究センターに衛星リモートセンシングセンターが設けられた。同センターでは、リモートセンシング衛星で得られるデータの共有プラットフォームを構築し、水資源や森林資源、地盤沈下、土壌汚染、鉱山環境等の資源・環境問題の監視を共同で実施することを目指しており、中国にとっては自国のリモートセンシングデータの応用サービスの国際化の拠点となる。[7]

❸ 宇宙能力に応じた影響力の行使

中国は自身の宇宙能力を用いた影響力の行使を、その相手国の宇宙能力に応じて使い分けてい

図表12-1 宇宙「協力」モデルの分類

分類		協力の仕方	代表国
宇宙先進国	技術、産業構造、インフラ、人材が高水準で法的・制度的保障がある「リーダー国」	• 国際会議や展示会等の主催・参加を通じた先進技術の交流・協力 • 政府間協力プロジェクトの推進 • 国家戦略や政府間協力プロジェクトを中心に、月・深宇宙探査、宇宙機器の輸出入や技術面での協力 • 宇宙政策・標準に関する研究での協力 • 企業、大学・研究機関との交流強化	ロシア
	先進技術はあるが、政府による宇宙分野への投資が安定せず、人的資源にばらつきがある「競争国」	中国の強み（宇宙分野への継続的投資、安定的な人材等）を活かしつつ、当該国の不十分な分野で協力（例：宇宙設備と地上設備をセットとしたソリューション、衛星の完成品やシステム・サブシステム製品、スタンドアロン型製品、試験・実験サービス、衛星応用製品・サービス等）することで宇宙の「友達圏」を広げる	ウクライナ
宇宙開発途上国	宇宙開発に力を入れ、一定程度の人材を有し、特定分野で宇宙活動を実施する「追随国」	• 国ごとに異なるニーズに対応した製品・サービスを提供（カスタマイズされた衛星完成品、システムエンジニアリング構築、ソリューション、コンサルティング・サービス等） ✓ 中国と関係の深い友好国：技術輸出を主とし、経済利益を得ることを前提に、当該国の宇宙インフラ構築や経済・国民の生活水準向上を支援 ✓ 中国と密接な関係を持たない国：当該国の多様なニーズを満たし、最大の経済利益を得ることに主眼を置く	パキスタン、アラブ首長国連邦
	宇宙開発能力やインフラが弱く、経済・技術開発水準に制約があり、人材確保が不十分な「期待国」	• 衛星利用の指導を主とし、宇宙技術の応用を推進 • コンサルティング、トレーニング等のサービス提供でニーズを引き出す／衛星アプリケーション製品からニーズを生み出す • 衛星のリース、データ販売等のビジネスモデルで衛星アプリケーションやインフラ（地上局）の建設に導き、地上システムの統合や設備製造の輸出等により宇宙技術の応用を推進し、宇宙技術人材育成や衛星アプリケーション市場の構築をもたらす	トルクメニスタン、カンボジア、スリランカ

出典：張海華「“一帯一路”国家在航天領域的合作模式探討」『衛星応用』2018年第8期を基に筆者作成。

る。衛星の研究開発・製造を手掛ける空間技術研究院傘下の北京空間飛行器総体設計部の張海華氏は、中国の宇宙分野における一帯一路沿線国との「協力」モデルを類型化しており、整理すると図表12-1のとおりである。本節では、この類型を用いて、具体的にどのような協力が進められているのかを概観する。

①「宇宙先進国」への影響力行使

技術、産業構造、インフラ、人材の水準が高く、法的・制度的保障のある米ロ欧日等の「リーダー国」との関係では、技術協力や衛星利用のみならず、有人宇宙飛行、深宇宙探査、宇宙科学といった先端分野や、スペースデブリや航法測位といったグローバルイシューをめぐる問題に関する協力に重点がおかれている。

有人宇宙飛行においては、中国は二〇二二年十一月に運用を開始した独自の宇宙ステーション(CSS)を拠点とした宇宙科学実験の場の提供や、宇宙飛行士の選抜・訓練・飛行の共同実施、という形で影響力を行使している。たとえば、中国は国連宇宙部と協力して宇宙ステーションにおける科学実験プロジェクトの選抜を実施し、二〇一九年にスイス、ポーランド、ドイツ、イタリア、ノルウェー、フランス、スペイン、オランダ、インド、ロシア、ベルギー、ケニア、日本、サウジアラビア、中国、メキシコ、ペルーの一七カ国・二三機関九件のプロジェクトを選定した。[8]

また、欧州宇宙飛行士センター（EAC）とは、CAVES訓練や海難救助訓練の実施のほか、欧州宇宙機関（ESA）と共同で宇宙実験室「天宮二号」内でのガンマ線バーストの偏光観測を実施している。

月探査・深宇宙探査においては、ロシアと協力が進んでいる。二〇一六年に国際月面科学研究ステーションの建設プロジェクトを提起したほか、二〇二一年には月面基地の共同建設についても明らかにした。月・深宇宙探査共同データセンターの建設にも着手している。そのほか、月や惑星の探査ミッションでは、他国のペイロード（有償積載物）搭載の場を提供している。たとえば月探査機「嫦娥《じょうが》四号」においては、オランダ、ドイツ、スウェーデン、サウジアラビアの探査装置が搭載された。また小惑星探査ミッションにおいても、ペイロードの募集を開始している。火星探査では、欧米の宇宙機関と火星探査機の軌道データの交換を行なっている。

スペースデブリについては、中国はロシアとは中ロ首脳定期会合委員会宇宙協力小委員会スペースデブリ作業部会、米国とは米中スペースデブリ・宇宙飛行安全に関する有識者会合等の枠組みで議論されている。GNSSにおいても、米国GPS、ロシアGLONASS、欧州Galileoとの連携を図っており、米中間では北斗とGPSの互換性・相互運用性の連携が、ロシアとは「二〇二一―二〇二五年中ロ衛星航法ロードマップ」に従って相互運用や共同プロジェクトが進められている。

また、こうした「宇宙先進国」と比べて、ある一定の分野で先進的な宇宙技術や産業能力、宇宙インフラを有し、宇宙先進国に技術的・産業的支援を行うも、政府による宇宙分野への投資が安定せず、人材にばらつきのある「競争国」に対しては、中国は自身の宇宙分野における投資や人材の安定性を強みに、課題分野での開発を進めることで宇宙の「友達圏」を広げているという。その代表例がウクライナとの協力である。中国はウクライナと航空宇宙分野において、空母、戦闘機、エンジン、主要部品等をめぐり、長年の協力関係にある。中国とウクライナは五年ごとの宇宙協力計画を策定しており、二〇二一―二〇二五年の宇宙協力計画でも多くの共同プロジェクトが計画され、ロケット技術、太陽系の探査、リモートセンシング、新素材の開発で協力が進められている。[9]

②「宇宙開発途上国」への影響力の行使

開発途上国では社会インフラの整備が不十分なため、地上の有線ネットワークを整備するよりも衛星を用いる方がコストや時間を大幅に短縮でき、また地球観測データについても、罹災地の画像データがあれば、災害時に外国に救援を求める際に、有用な資料を提出可能であるし、都市部の開発や区画整理、農業生産の効率向上にも有効である。[10] したがって衛星を保有することはもちろんのこと、画像データや位置情報等の取得・利用の需要は極めて高いものの、宇宙開発利用能力の構築には膨大なコストと時間がかかる。

そこで、宇宙開発に力を入れ、一定程度の人材を有し、特定分野で宇宙活動を実施しているいわば宇宙新興国である「追随国」に対しては、中国は衛星輸出、科学技術交流、技術移転、宇宙インフラ建設という手段を通じて、当該国の経済・社会水準の向上に貢献している。他方、宇宙開発能力やインフラが貧弱で、経済・技術開発水準に制約があり、人材確保が不十分な宇宙開発途上国である「期待国」に対しては、衛星のリースやデータの販売を行うことで、衛星の利用や地上局等のインフラ構築を誘導し、地上システムや設備の輸出につなげていく。[11]

この手法の一つが、人工衛星の研究開発・製造、打ち上げ、軌道上での引き渡し、地上局の建設の一部またはパッケージとして請け負うというやり方である。

これらをパッケージで輸出した例としては、パキスタンの通信・放送用の通信衛星「Pakisat-1R」、光学リモートセンシング衛星「ＰＲＳＳ—１」、ベネズエラの通信衛星「Venesat-1」、リモートセンシング衛星「ＶＲＳＳ—１」、ベラルーシの通信衛星「Belintersat-1」、アルジェリアの通信衛星「Alcomsat-1」等がある。

また、ベネズエラの二つ目のリモートセンシング衛星「ＶＲＳＳ—２」については、両国で衛星の設計・製造・組立・打上を行い、地上での測定・制御、受信、データ処理、関連する訓練やサービスも提供している。[12] エチオピアに対しては中国が資金援助を行い、地球観測衛星「ＥＴＲＳＳ—１」を打ち上げ、同様に地上インフラの構築や人材育成もパッケージで提供している。

そのほか、中国は宇宙関連の地上インフラの支援も実施している。たとえば中国はエジプト衛星組立・統合・試験センター（ＡＩＴ）の建設において、土木設計、設備開発、人材育成、およ

図表12-2 「宇宙情報回廊」の概要

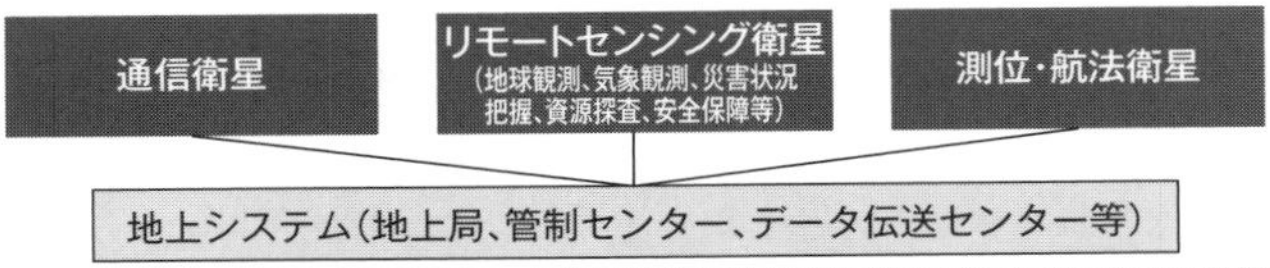

宇宙情報のカバー範囲の拡大	一帯一路沿線国における衛星システムの共同開発、商業衛星の投資、情報共有プラットフォームの構築
宇宙情報による中国企業の「走出去(海外進出戦略)」支援	リアルタイム画像、航法・測位情報等でインフラ建設、資源、ハイエンド装備、スマート製造等の分野で企業の海外進出を支援
宇宙情報を用いた公共サービスの提供	災害監視等の緊急サービスプラットフォーム構築、海上シルクロードをカバーする三次元海上宇宙情報サービスシステムの構築
宇宙機器・サービスの輸出促進	完成品の衛星の輸出支援、衛星関連製品・標準の輸出、受信局や通信衛星テレポートなどの地上システムの輸出
宇宙情報産業における地域協力の強化	中央アジア、西アジア、北アフリカおよび海上シルクロードにおける宇宙産業協力の強化
市場化・国際化レベルの大幅な向上	衛星運用／宇宙情報サービス企業の能力向上、宇宙情報のワンストップサービスの向上、一帯一路沿線国の宇宙情報の共有強化
宇宙情報の研究協力・交流の促進	宇宙情報関連のフロンティア研究のためのオープンラボ創設、統合地球観測に関連する共同研究の実施など

出所:「国防科工局 発展改革委関於加快推進〝一帯一路〟空間信息走廊建設与応用的指導意見」に基づき筆者作成。

び資金面で協力している。[13] また北斗システムの地上局や補強拠点をパキスタンやアルジェリアに建設している。二〇二一年版宇宙白書によると、ボリビア、インドネシア、ナミビア、タイ、南アフリカ共和国に衛星データ受信局を建設したとのことである。

データの提供においては、気象衛星「風雲」で取得した気象衛星データを四〇以上の「一帯一路」沿線国を含む一二一カ国・地域に提供しているという。[14]

このような形での宇宙新興国・開発途上国を中心とする影響力行使の強力な追い風となっているのは、「一帯一路宇宙情報回廊」プロジェクトである。二〇一六年十一月、国家国防科技工業局は「『一帯一路』宇宙情報回廊建設と応用の推進加速に関する指導意見」を発表し、「『一帯一路』宇宙情報回廊」建設の概要を明らかにした（図表12-2）。

同構想では、中国の宇宙インフラ（通信衛星、リモートセンシング衛星、測位・航法衛星）を用い、地上のICTインフラと連携させ、一帯一路全域をシームレスにカバーした通信網の構築、測位・航法およびリモートセンシングの実現を図る。二〇二五年頃までに、この宇宙情報回廊を東南アジア、南アジア、中央アジア、北アフリカを重点とし、オセアニア、中東欧、アフリカにも放射状に広げることを目指している。前出のBRICs諸国とのリモートセンシング衛星によるバーチャルネットワークの構築や、「中国・ASEAN衛星情報（海上）サービスプラットフォーム」や、ラオス・タイ・カンボジア・ミャンマーとのリモートセンシング応用のための「ランカン・メコン宇宙情報交流センター」の構築、アラブ諸国との衛星航法協力のための「中国・アラブ北斗センター」の設立などは、そのほんの一端である。

おわりに

今や中国のロケットの打ち上げ回数は二〇一八年以降世界一となり、また衛星稼働数も米国に次いで世界第二位、そのうち測位航法衛星の数では米国を抜いて世界第一位と、その宇宙開発利用能力は驚異的な伸びを見せている。その背景には、潤沢な研究開発費とマンパワー、そして

「軍民融合」の国家戦略への格上げにより、軍用・民生用資源を最大限活用するための制度整備が進められたこと等が挙げられよう。加えて、米中対立の激化を含む目まぐるしい国際環境の変化に惑わされることなく、長期的・戦略的に立てられた計画に沿って、有人宇宙飛行や月・深宇宙探査、宇宙科学、輸送システム等の個々の分野で一歩一歩着実に研究開発が進められていることも挙げられる。

中国は①二〇二〇年前後に現行の重要プロジェクトの完成、②二〇二五年前後に民生用宇宙インフラの完成と宇宙情報の応用の大規模化・実用化・産業化の推進、③二〇三〇年に世界の宇宙強国の仲間入り、という「宇宙強国」までの道筋を二〇一六年時点で明かしている。こうした大目標の実現と、ＩＴＡＲによる制約で宇宙外交の矛先を途上国に向けざるを得ないという事情、「一帯一路」構想等が結びつき、現在のような形での一帯一路沿線国を中心とした宇宙技術・インフラを用いた影響力行使が進められていると考えられる。これが進めば進むほど、中国の宇宙を通じた「影響圏」が深化・拡大するのは必至であろう。

注

＊本稿におけるインターネット情報の最終アクセス日は二〇二二年十二月三十日である。

1　ＩＴＡＲをめぐる経緯を含む本節の執筆にあたっては、青木節子『中国が宇宙を支配する日』新潮新書、二〇二一年の第三章（四三―五六頁）、第五章（七六―九一頁）を参照。

2　この経緯については「宇宙空間における軍事・安全保障面での制度的枠組み」軍縮会議日本政府代表部二〇二一

年十月六日 [https://www.disarm.emb-japan.go.jp/itpr_ja/chap12.html]、「宇宙に最初に兵器を配置しない（ＮＦＰ）決議」（A/RES/72/27（二〇一七）、A/RES/73/31（二〇一八）、A/RES/74/33（二〇一九）、A/RES/75/37（二〇二〇）、A/RES/76/23（二〇二一））、「宇宙空間における軍備競争防止のための更なる実質的な措置に関する決議」（A/RES/72/250（二〇一七）、A/RES/74/34（二〇一九）、（A/RES/76/230（二〇二一））および国連総会第一委員会の報告（二〇一七〜二〇二一年）を参照。また、「UNISPACE＋50」決議については、"Draft resolution entitled "Fiftieth anniversary of the first United Nations Conference on the Exploration and Peaceful Uses of Outer Space: space as a driver of sustainable development"(A/AC.105/C.2/L.305)、および "Resolution adopted by the General Assembly on 26 October 2018"(A/RES/73/6) を参照。

3 "Ground-Based Space Object Observation Network," APSCO [http://www.apsco.int/html/comp1/content/GBSOON/2018-07-05/44-180-1.shtml]

4 "Introduction," RCSSTEAP [http://rcssteap.buaa.edu.cn/kjkjyev/About_us/Introduction.htm] "Degree Education," APSCO [http://www.apsco.int/html/comp1/content/Education/2018-07-02/41-164-1.shtml]

5 「金磚国家航天機構簽署揺感衛星数据共享合作協定」新華網、二〇二一年八月十八日。[http://www.xinhuanet.com/2021-08/18/c_1127773748.htm]

6 「共啓金磚国家航天合作新征程　金磚国家航天合作聯委会正式成立」中国政府網、二〇二二年五月二十六日。[http://www.gov.cn/xinwen/2022-05/26/content_5692333.htm]

7 「中国–上合組織地学研究中心遥感応用中心掲牌儀式在西安挙行」陝西省地質調査院、二〇二一年七月三十日。[https://www.sxsgs.com/site/sxsgs/whyw/info/2021/22042.html]

8 "United Nations/China Cooperation on the Utilization of the China Space Station (CSS) Selected Experiment Projects to be executed on board the CSS for the 1st Cycle," UNOOSA, June 12, 2019. [https://www.unoosa.org/documents/doc/psa/hsti/CSS_1stAO/1stAO_FinSelResults.pdf]

9　張海華「〝一帯一路〞国家在航天領域的合作模式探討」『衛星応用』二〇一八年第八期、二〇頁：「《2021至2025年中俄衛星導航領域合作路線図》簽署」北斗網、二〇二一年十二月三日。[http://114.242.111.37/yw/gjdt/202201/t20220127_23659.html]

10　鈴木一人『宇宙開発と国際政治』岩波書店、二〇一一年、二二一頁。

11　張海華、二一一―二二二頁。

12　「航天科技簽署委内瑞拉揺感衛星二号項目協議」国務院国有資産監督管理委員会、二〇一四年七月二十三日。[http://www.sasac.gov.cn/n2588025/n2588124/c3778946/content.html]

13　李唯丹、李明利、章文葯「中国援助埃及衛星総装集成測試中心項目建設」『衛星応用』二〇一八年第八期、二九頁。

14　「風雲気象衛星全球用戸増至一二一個国家和地区」中国政府網、二〇二一年十二月十五日。[http://www.gov.cn/xinwen/2021-12/15/content_5660796.htm]

第13章

東南アジアのスマートシティ・ブームにみる米中対立相対化の可能性

岡本正明

はじめに：スマートシティ＝未来社会のビジョン？

ロシアによるウクライナ侵攻とそれに伴う物価の高騰、米中対立の深刻化、歯止めがかからない地球温暖化など、コロナ感染症拡大に伴う政治経済社会的混乱が沈静化しても、グローバルな課題は山積している。そうしたなかで、これからの半世紀の東南アジアを大きく規定していくのは、アジア化、デジタル化、都市化という現象であり、この三現象を反映したり、包摂したりするような社会像というのは、誰から見ても魅力ある未来の社会ビジョンとなるはずである。スマートシティというのは、まさにこの三現象を反映したものであり、だからこそ、東南アジアで今、大きなブームとなっている。

魅力的なスマートシティ像を提示することができれば、その都市住民の幸福度を高めることができるだけでなく、東南アジアの未来の社会の羅針盤として、他の都市や国家が参照するモデルとなり、一大ビジネス・チャンスとなりうる。それゆえ、グローバル企業も地元企業もスマートシティ・ビジネスに着手し、東南アジア各国で中央政府も地方政府もスマートシティづくりを始めて、東南アジア域外のアメリカ、中国、日本、ＥＵ、韓国などが支援の手を差し伸べている。ＡＳＥＡＮはＡＳＥＡＮスマートシティ・ネットワークをつくり上げてスマートシティを推進している。その意味で、東南アジアのスマートシティは、極めて多様なアクターが関与して、その思惑が絡み合うアリーナになりつつある。

本章では、米中対立が深刻化する状況において、どうして東南アジアでスマートシティがブームとなり、スマートシティという現象からグローバルな米中対立の構図がどう見えてくるのかを考えてみたい。

1 スマートシティとは何か

そもそもスマートシティとは何なのであろうか。実は、その定義や特徴はさまざまである。ヨーロッパでは環境への配慮などを重視し、中国ではCCTVの導入などを通じて監視を強化するといったニュアンスの違いはあるにせよ、最先端技術を駆使した都市ガバナンスがスマートシティの定義では核となっている。技術重視という点で価値中立的であり、あらゆる政治体制がスマートシティづくりを進めることが可能である。

モスコによると、グローバル企業が世界中の都市に着目して、テクノロジーを提供し、ビッグデータを集めて都市生活のガバナンスに関与するような動きは、二〇〇八年のリーマン・ショック以後のことである。リーマン・ショックという深刻な経済危機を受けて、グローバル企業は新たなビジネス・チャンスとして、都市を丸ごと刷新・構想するというアイデアを売りにし始めた。この民間主導のスマートシティづくりの先鞭をつけたのは、ＩＢＭと一般的に言われている。[1] 二〇〇〇年代初頭に、ハードウェアであるパソコン販売に限界を感じていたＩＢＭは未開拓の市場として都市を発見し、二〇〇九年に「よりスマートな都市」というキャンペーンを始めた。このキャンペーンは成功し、三〇億ドルの利益を生み出し、ＩＢＭの事業の二五％を占めるまでになった。[2]

それもあって、アメリカのシスコ社、ジェネラル・エレクトリック社、オラクル社、ドイツのシーメンス社、スウェーデンのエリクソン社、中国のアリババ、ファーウェイ、ＺＴＥ、日本のＮＴＴデータ、日立、トヨタなどが独自のブランディングでスマートシティづくりに関与し始めた。民間企業だけでなく、欧米では、中央政府、地方政府がさまざまなスキームで積極的に関与し始めたし、ＥＵも支援に乗り出した。東アジアの場合、中国や韓国は早い段階から中央政府、地方政府が主導権を握って、国内外の企業を巻き込みながらスマートシティづくりに邁進している。加えて、欧米、日本、中国などは、中央政府、地方政府ともに積極的に海外のスマートシティ支援に乗り出している。未来都市のビジョンを売ってソフトパワーを発揮するだけでなく、海外のスマートシティ支援を通じて自国企業の海外進出を支援しており、東南アジアは重要な進出先である。

2 東南アジアでのスマートシティ・ブームの背景

それでは、どうして東南アジアにおいてスマートシティがブームとなったのであろうか。その背景となる三つの現象、アジア化、デジタル化、都市化をそれぞれ見ていこう。

❶ アジア化

まず、アジア化である。購買力平価換算では一八〇〇年頃まではアジアが世界のGDPの六—七割を占めており、ヨーロッパとアメリカが経済的に優位にあったのはそれ以後、二〇〇〇年ぐらいのことでしかない。二〇二〇年には再びアジアのGDPが世界の五割に達し、二〇三〇年には六割に達すると言われている。二〇二〇年には、中国の台頭もあり、四〇億人に達した世界の中産階級以上の人口（二〇一七年の購買力平価で一日一二ドル以上の支出可能な人口）のうち半数がアジアに住むようになり、二〇二四年にはアジアの半数の人口が中産階級以上に属する時代に突入する。

アジアが世界経済の中心になるうえでの中心的アクターは言うまでもなく中国である。アジアの域内貿易比率も高まり、二〇二〇年には中国にとって東南アジアが最も重要な貿易相手地域となった。一方、東南アジアにとっても中国の経済的重要性は高まっており、東南アジアの輸出入ランキングをみてみると、二〇二〇年には一〇カ国中、輸出相手先では四カ国、輸入相手先では八カ国で中国が一位になっている。外国直接投資残高では今でも日本が圧倒的に多いものの、中国の投資額の伸び率は高く、日本の残高を追い抜いて二〇三五年には五〇〇〇億ドルに達するとの予測もある。[3]

こうした中国の台頭に対して、アメリカはオバマ政権期にアジアの重点化を表明し、太平洋艦隊の強化など、アジア重視の姿勢を打ち出してきた。二〇二二年のバイデン政権の「国家安全保障戦略」では、中国が既存の国際秩序を変更する意図を持ち、経済・外交・軍事・技術的にそれを実現する力をますます持ちつつある唯一の競合国と捉えている。[4]

二十一世紀の政治経済の中心はインド太平洋にあり、オープンで相互にリンクし、豊かで安全で強靭性のある地域にすることに死活的利益があるとして、東南アジア諸国との関係の強化を目指し始めた。そして、民主政治対専制政治という形で世界を二分化するというこれまでのバイデン政権の姿勢を改めた。米国のビジョンを共有する諸国のなかに、民主主義的制度を導入していないけれどもルールに基づく国際システムに依存している国も含めた。そうすることで、カンボジア、ブルネイ、ラオス、ベトナムなど東南アジアの非民主主義国家との関係強化も図る道を開き、東南アジアでもプレゼンスを高めようとしている。

中国が牽引する形で世界経済におけるアジアの重要性が高まり、アメリカもまたアジアに重点を移し始めていることから、東南アジアがこれまで以上に地政学的・地経学的に重要になっている。それだけに、価値中立的であり、未来の社会ビジョンでもありビジネスチャンスでもあるスマートシティは、東南アジア域外アクターも関心を寄せるブームになっている。

❷ デジタル化

グーグルなどが二〇二二年に出した報告書によれば、東南アジアの主要六カ国（インドネシア、マレーシア、フィリピン、シンガポール、タイ、ベトナム）のインターネット利用者は、二〇二二年には四・六億人になり、人口割合では七六・七％に達している。しかも、十六歳から六十四歳のインターネット利用者のアクセス時間をみてみると、フィリピン、マレーシア、タイ、インドネシアは八時間半から十時間半に達し、世界の一〇位以内に入っている。

こうしたインターネット利用者・利用時間の急増はデジタル経済の成長も意味しており、その経済規模は二〇一九年に一〇〇〇億ドルを超え、三年後の二〇二二年にはほぼ二倍の一九四〇億ドルに達した。このトレンドはコロナ感染症拡大が収まっても変わらず、二〇二五年には三三〇〇億ドルに達すると報告書は予測している。スマートシティは、インターネット環境を整備して、デジタル空間での行政サービスへのアクセスの効率化を図り、商取引を容易にすることも目指すことから、有権者にとっては生活の質を高めうるし、中央・地方政府にとっては有権者の満足度を高めるビジョンとなるし、企業にとってはビジネスチャンスになる。それゆえに、東南アジアでスマートシティ・ブームが起きている。

❸都市化

東南アジアの都市化は急速に進んでおり、すでに人口の五割が都市部に住んでいる。経済規模も大きくなってきており、たとえばインドネシアの場合、首都ジャカルタの中心部の一人あたりGDPは二〇一八年には大阪市を超えており、近いうちに首都圏を中心に日本の主要都市並みの経済規模を誇る都市が乱立していく。[5]

東南アジアの都市化は政治経済文化の中心である首都およびその近隣地域に限られない。首都圏にあるような五〇〇万を超えるメガ都市はASEAN総人口の一一%しか占めていない。一〇〇万から五〇〇万の大都市、五〇万から一〇〇万の中都市、三〇万から五〇万の小都市がそれぞれ人口の四八%、二二%、九%を占めており、しかも、二〇一〇年から二〇一五年と二〇一五年から二〇二〇年のGDP成長率を比較してみると、メガ都市よりも、大都市、小都市、中都市の順番で成長率が高くなっている。[6]

都市化が全国化することで、首都圏のライフスタイルの全国化が進み、デジタル化がそれに拍車をかけている。マイナス面は、都市が抱える洪水、大気汚染、渋滞、地盤沈下、アーバンヒートなどの課題が全国化していることである。スマートシティは、デジタル化を通じて都市生活の質を高め、都市が抱える課題を解決するという構想ゆえに、東南アジアでブームになっている。

3 スマートシティ・ブームをつくる主体

それでは誰が東南アジアのスマートシティ・ブームをつくり出しているのだろうか。都市国家シンガポールやマレーシアは一九八〇~九〇年代に都市部の情報化を進めていたが、ＩＣＴを活用した都市のガバナンスという意味でスマートシティというタームが東南アジアで広がり始めたのは、二〇一〇年代に入ってからである。グローバル企業のＩＢＭが上述の「よりスマートな都市」キャンペーンをシンガポール、ベトナムのダナン、フィリピンのダバオ、インドネシアのジャカルタなどで始めたことがきっかけであろう。その後、インドネシアのバンドン市が中国のファーウェイと提携し、タイのプーケット市が韓国政府の支援を受けてスマートシティ化に乗り出すなど、地方政府レベルのイニシアティブも活発化する。

二〇一〇年代中葉には、東南アジアの主要な中央政府が国家レベルでスマートシティ建設を目指し始めた。シンガポールは都市生活の全面的なデジタル化を目指すだけでなく、政府系企業を通じて、シンガポール的なスマートシティの輸出を目指し始めた。ベトナムは二〇二〇年までに三つのスマートシティをつくる計画を表明し、マレーシアは五都市をスマートシティのモデル都市にすると表明した。インドネシアとタイは一〇〇のスマートシティ建設構想を打ち出した。二〇一八年には、ＡＳＥＡＮが都市部の高い生活の質、競争力のある経済、持続可能な環境の実現を目指して、ＡＳＥＡＮスマートシティ・ネットワーク（ＡＳＣＮ）をつくり上げた。ＡＳＥＡＮが都市部に特化した関係強化を本格的に打ち出したという点で、ＡＳＣＮは画期的であった。

こうしてスマートシティが、都市化が進む東南アジアのビジョンとして、地方政府、中央政府、地域機構といったあらゆるレベルで重視され始めたことから、域外大国・機構もこぞって支援を表明し始めた。二〇一八年七月のＡＳＣＮ発足式において、日本のジェトロとＵＮＤＰがＡＳＣＮ支援のための協定締結をしたのを皮切りに、十一月にアメリカがＡＳＥＡＮとスマートシティ・パートナーシップ（U.S.-ASEAN Smart Cities Partnership：ＵＳＡＳＣＰ）を締結し、二〇一九年一月には、日本がＡＳＥＡＮ・日本スマートシティ・ネットワーク・ハイレベル会合を初めて開催した。四月には、アジア開発銀行にオーストラリアがＡＳＥＡＮ・オーストラリア・スマートシティ・トラストファンド創設、六月には、中国が中国・ＡＳＥＡＮスマートシティ協力会議を開催し、十一月には韓国がＡＳＥＡＮとのスマートシティに関する閣僚級諮問会議創設にこぎつけ、二〇二〇年八月には、ＥＵがスマートグリーンＡＳＥＡＮ都市プロジェクトに関する協力を表明した。

4　中国の積極的支援と進出

東南アジア域外アクターでもっとも東南アジアのスマートシティへの関与が目立つのは中国である。中国は、一帯一路構想の一環として二〇一七年にデジタルシルクロード構想を打ち出した。その目的は中国のデジタル製品・サービスの輸出を促進すると同時に、5G、AI、量子コンピューティングなど次世代デジタル技術における国際標準化の主導権を確保し、中国を核とする越境デジタル・ネットワークをつくり上げることである。東南アジアのデジタル化支援はその中核の一つである。[7] 中国はスマートシティをデジタルシルクロード構想のなかで重要な協力分野に位置づけている。

二〇一九年十一月の第二二回ASEAN中国首脳会議において、スマートシティ協力イニシアティブ宣言を出した後、二〇二二年十一月の第二五回ASEAN中国首脳会議に至るまで、首脳会議の共同宣言でスマートシティでの協力が表明され続けている。また、中国にとってASEANへのゲートウェイ的な位置づけを持つ広西チワン族自治区の南寧市は二〇一九年には中国・ASEANセンターと共催で中国・ASEANスマートシティ協力交流会議を開催した。二〇二〇年からは同市政府、アリババ、そして、中国・ASEANのスマートシティ・ビジネスに力点を置く民間企業の雲宝宝（Cloudbae）が中国・ＡＳＥＡＮ新スマートシティ起業・イノベーション競技大会を行って、優れたスマートシティ関連のスタートアップ企業を表彰してきている。

中国企業の進出も目立つ。とりわけファーウェイは、インドネシアのバンドン、タイのプーケットやパタヤなど既存の都市をスマートシティ化するプロジェクトに参画しただけでなく、スマートシティのインフラとも言えるデジタル人材の育成や５Ｇ整備を東南アジアで積極的に展開している。デジタル人材を育成するファーウェイＡＳＥＡＮアカデミーをタイ、マレーシア、インドネシア、カンボジアにつくり、さらに、ＡＳＥＡＮ基金と提携して二〇二二年から二年間で十五歳から三十歳の青年二〇〇人をトレーニングするプログラムを始めた。[8] ５Ｇネットワークでは、ファーウェイと国有企業ＺＴＥの存在感が目立っており、シンガポール、ベトナム、マレーシア以外の国で現地の通信会社と提携して整備を進めている。

もう一つ、中国系企業の進出で目立つのは、新たなスマートシティ建設である。マレーシアのジョホール・バルのフォレスト・シティ、フィリピンのマニラ湾のシティ・オブ・パールはどちらも人工島につくられるスマートシティであり、それぞれに一〇〇〇億ドルの中国資本が流れ込んでいる。他にも、フィリピンのニュークラークシティにも関与し、インドネシアの新首都となる北カリマンタンのヌサンタラにも投資意欲を見せている。

5　アメリカの関与と存在感の薄さ

中国が官民で東南アジアのスマートシティに関与しているのに対して、アメリカの場合、少なくとも政府の具体的な関与は低い。東南アジアのスマートシティ・ブームの開始時期は、アメリカがトランプ大統領のもとで、対中強硬策を見せ始めた頃に当たる。ファーウェイ、ZTEなど中国の有力通信企業をアメリカ市場から排除する方針を打ち出しただけでなく、一国主義的なトランプのもとでありながらも、この方針についてはグローバルな結束を図ろうとして、二〇二〇年から5Gクリーンネットワーク・イニシアティブとオープンRAN政策連合という二つの試みを始めた。

5Gクリーンネットワーク・イニシアティブは、リベラルなデジタル空間の秩序創設を目指し、そのためにクリーンな通信事業者・アプリ・アプリストア・クラウドサービス・海底ケーブルの利用を図る動きである。具体的には、各国の5G通信ネットワーク整備への中国企業の参入阻止を目指している。その理由は、中国の企業は中国政府が要求すればデータ提出を義務付けられており、中国企業が5Gネットワークを整備すると、各国のデータプライバシー、セキュリティ、人権が侵害される脅威があり危険だというものである。もう一つの理由は、中国のローンは不透明で、債務不履行になれば通信事業を乗っ取られるリスクさえあるというものである。このイニシアティブは、途上国がそうしたリスクを負わないように、国際的に信頼のできるデジタル標準に沿った5Gネットワークを整備するべく資金面、技術面で支援する動きである。

ＥＵの多くの国や日本はこのイニシアティブにすぐに同調し、ＥＵ諸国、日本、韓国、インド、台湾などの民間の通信事業が加盟した。しかし、東南アジアで同調したのはシンガポールだけであり、大半の国は上述のように現地の通信会社がファーウェイやＺＴＥと組んで5Gネットワーク整備を始めている。東南アジア諸国からすれば、ファーウェイなどと提携した方がインフラ整備コストは安くなるという判断がある上、東南アジア諸国の人々の間では、フィリピンとベトナムを除くと、ファーウェイやＺＴＥなど中国系通信会社にさして不信感はなく、政治的リスクがないからである。

もう一つの試みはオープンＲＡＮの分野であり、ここでもファーウェイなどの中国企業を排除する動きを見せた。4Gの時代には、携帯電話事業者のアンテナや基地局などで構成される無線アクセスネットワーク（ＲＡＮ）のなかの装置は各事業者独自のインターフェイスで規定されることが大半で、同事業者が導入したベンダーの機器やシステムしか使えなかった。5Gでも同様の傾向がみられ、二〇二〇年第1四半期ではファーウェイが5G通信用設備の市場シェアの三五・七%を握り、二位のエリクソン、三位のノキア、四位のサムソンだけで市場シェア九割を握っていた。オープンＲＡＮは、こうした寡占状況を打破することを目的とするもので、ＲＡＮ内の装置間のインターフェイスを共通化して、異なるベンダーの参入を可能にしようとした。
しかし、完全にオープンなのではなく、業界団体があり、その団体に所属したベンダー間で共通規格の機器やシステムが使えることになっている。有力な二団体は、二〇一六年にフェイスブックが主導して創設したテレコム・インフラ・プロジェクト（TIP）と二〇一八年に発足した業界団体のO―RAN連合である。TIPには中国通信最大手の中国聯合《れんごう》通信など中国系企業が入っているし、連合通信O―RAN連合にも中国通信最大手の中国移動やZTEなどが参画している。[9]
二つの有力業界団体における中国系企業の影響力の拡大を危惧したアメリカは、二〇二〇年に新たにオープンRAN政策連合を発足させ、欧米、日本、韓国の企業を組み入れ、中国企業を排除することで、5Gでの脱中国化を図ろうとした。そのうえで、二〇二二年には、日本の総務省、富士通、NEC、NTTドコモ、楽天、サムスン、インドネシアのテレコム大学などを巻き込んで、アジアオープンRANアカデミーを発足させた。このアカデミーは、オープンで透明性が高く、紐付きでなく、強制もされない通信を支援することを目指すとしており、東南アジアを含むインド太平洋での中国系企業の排除を目指していることは間違いない。
しかし、オープンRAN政策連合そのものは、業界団体ではなく、オープンRANの推進を目指す団体であり、共通規格を進めようとするものではない。オープンRANの業界団体で中国系企業が有力になりつつあることを考えれば、仮に東南アジアでこの連合に参加する国や企業が増えても、ファーウェイではなく、業界団体に所属する他の中国系企業の機器やシステムを使うだけになるかもしれない。

5Gクリーンネットワーク・イニシアティブについては東南アジアでは目立たず、オープンRAN政策連合の可能性も見通せない一方、アメリカのスマートシティ支援はどうであろうか。二〇一八年にASEANがASCNをつくるとすぐに、アメリカはUSASCPを締結したことは上述のとおりである。これは、アメリカのインド太平洋戦略の鍵となる方針の一つで、ASEAN域内の急速な都市化に伴う多様な課題に応え、人々の生活を良くすることを支援するために、ASCNがスマートシティ化を進める二六都市にアメリカの官民セクターの経験を活かすことを目的としている。二〇二二年までに二三プロジェクトが進められ、中国寄りとされるカンボジアやラオスでもプロジェクトはある。しかし、総額は一三〇〇万ドルにすぎない。

たとえば、USASCPの中核の一つであるスマートシティ・ビジネス・イノベーション基金は、ASEAN諸国の小企業、NGO、大学から都市の課題に対して脱炭素・低炭素で持続可能な解決案を公募し、採用された案件について予算をつけるというものであるが、二〇二二年度は総額一〇〇万ドル程度である。支援額だけが判断基準ではないにせよ、USASCPはそれほど活発な展開をしているとは言い難い。USASCPがツイッター・アカウントを二〇二一年十月に削除したのは、こうした不活発さの表れである。

こうした政府の消極性とは対象的に、ビジネスチャンスである東南アジアのスマートシティづくりにアメリカの民間セクターは積極的である。ＩＢＭは「よりスマートな都市」プロジェクトでジャカルタやダナンを支援した後も、引き続きジャカルタの行政に関与し、住民からの要望や交通情報、上下水道などの公共サービスのデータをビッグデータとして統合して解決を模索する試みを行っている。

また、スマートシティを目指すマレーシアのペナン市のマスタープランづくりにも関与している。世界有数の建築・設計・コンサルティングの総合エンジニアリング企業であるエイコム（ＡＥＣＯＭ）は、マレーシアが東南アジアのスマートシティのハブになるべく建設を進めるジョホールのヌサジャヤ・テクノロジー・パークのマスタープランを請け負っており、また、フィリピンで最初のスマートシティになりつつあるクラーク米軍基地跡地にできているニュークラークシティのマスタープランづくりも行った。

6　米中不対立へ？

東南アジアにおけるスマートシティ・ブーム、そして、スマートシティの鍵となる５Ｇネットワーク整備ブームにおける米中の影響力を見てみると、中国は官民ともに積極的に進出・支援・展開をしているのに対して、アメリカの場合、政府は中国の進出にともなうデジタル・リスクを声高に叫びつつも、具体的な活動に乏しいし、東南アジア諸国からの反応も芳しくない。民間セクターはビジネスチャンスであると判断して進出を続けている。このことは何を意味するのであろうか。そしてまた、今後はどのような展開が考えられるであろうか。

単純に考えれば、中国が官民ともにスマートシティ・ブームや5Gブームに乗っている、あるいは、ブームを生み出していることから、スマートシティや5Gにおいて中国が東南アジアのメイン・プレーヤーになりうる。実際、5Gネットワークでは中国政府と関係の深い中国系企業が優勢であり、東南アジアの世論ではそれに対して嫌悪感は少ない。また、二〇二二年に日本の外務省が発表したASEANでの世論調査では、今後、中国が最も重要なパートナーになるという結果も出ている。

しかし、こうした単純な見通しは実現しないであろう。ASEAN諸国にとっては、米中対立はデメリットもあるが、両国から利益を引き出せるというメリットもあり、スマートシティづくりにおいても、そのメリットを最大限に活かそうとする可能性が高いからである。また、セキュリティの観点からしても、一つの大国に従属することは望ましいことではないというスタンスをとりがちである。カンボジアやラオスのような中国寄りとされる国でも、アメリカのUSASCPプロジェクトを行っているのは、その一例である。

中国の支援で生まれつつあるスマートシティが望ましい未来社会像なのかという疑問もある。中国国内のスマートシティとは、監視カメラによる安全、モバイルインターネットによる利便性の延長線上に存在しているという。[10] 東南アジアの人々が、利便性の確保はともかく、監視カメラによる安全をどこまで望むか、それを継続的に実施できるかは不透明である。東南アジアでは権威主義的な国家が増えており、治安の維持を名目とした監視カメラの増設を行い、それによって市民の監視を強める可能性はある。しかし、中国ほど統制されていないので、市民社会からはこうしたスマートシティに対する強い反感が生じ続けるであろう。

また、中国が支援した東南アジアのスマートシティは現地社会の視点を欠きがちである。フィリピンのマニラ湾に生まれつつある人工島の都市、シティ・オブ・パールは四〇七haの土地に五〇万人が、マレーシアのジョホール・バルに生まれつつある人工島のフォレスト・シティは一七四〇haの土地に七〇万人が住むことになっており、どちらも極めて近代的な高層ビル・マンションの立ち並ぶスマートシティという計画になっている。フォレスト・シティの場合、用地の七―八割は本土の中国人に投機目的で購入してもらうハイエンド・マンションであり、現地社会から反発の声が上がっている。また、シティ・オブ・パール建設については、マングローブなどの生態系破壊、地元漁師の貧困化などの問題が等閑視されたままである。こうした状況が顕著であればあるほど、中期的には中国版スマートシティそのものに対する不満、反感、反発が強まっていくであろう。

ただし、中国版スマートシティに対する不満があったからといって、アメリカ、あるいは、その同盟国の日本が主導権を持つことにはならないであろう。むしろ、現状のように、都市ごとに、あるいは、一都市内部で、欧米、日本、中国の企業、現地の企業が異なる連携でスマートシティづくりが進む状況は続くであろう。フィリピンのニュークラークシティの場合には、中国、アメリカ、シンガポール、マレーシア、韓国、日本の企業が関与している。また、タイのデベロッパーであるアマタが取得したチョンブリーの一〇〇〇haの用地では、中国、韓国、ＥＵの企業が割り当てられた区画で工業団地型スマートシティづくりを試みている。

東南アジア域内の企業が主導権を握ってスマートシティづくりを進める事例も増えている。典型的な例は、シンガポール国営の総合デベロッパーであるスルバナ・ジュロンによるインドネシア、フィリピン、ベトナムでのスマートシティづくりである。タイのアマタもラオスにスマートシティ建設を進めようとしている。インドネシアを見てみれば、中小都市の場合、現地のスタートアップ企業がスマートシティ支援に乗り出している。東南アジアが経済的に更に成長していけば、こうした現地のアクターが域内展開していき、米中対立に必ずしもとらわれない形でスマートシティが次々と生まれる可能性だってあるかもしれない。

7　都市の主体性に依拠したスマートシティの可能性へ

アジア化・デジタル化・都市化という三つの特徴を持つ時代に入り、東南アジアの都市は、どのアクターにとっても政治的、あるいは、経済的に重要性を持ちつつある。そうしたとき、スマートシティそのものは価値中立的ゆえに、どの国や企業にとっても売り込みやすいビジョンであり、また、都市のエリートにとっても、スマートシティ化することにデメリットはない。だからこそ、今の東南アジアではスマートシティ・ブームが起きている。米中対立が深刻化していけばいくほど、官民一体となった中国によるスマートシティ支援の動きは強まるだろうし、それに対抗する形で、アメリカ、その同盟国の日本や韓国などもこれまで以上に国益をかけて支援に乗り出してくるかもしれない。そうなれば、先述のような多様なアクターの関与を通じて米中対立が相対化されることを期待するのではなく、都市（住民）が主体的に米中対立の相対化を実現していくことが重要になってくる。

それは、自国の中央政府ともうまく交渉しながら、都市住民たちが話し合いを重ねて、その都市の成熟度に見合ったスマート化を実現するビジョンをつくり上げ、そのビジョンに共感する企業と連携していく試みである。容易ではないが、そうした動きはある。タイのコンケーンでは、地元の実業家達がスマートシティ化のためのシンクタンクをつくって、議論を重ねてコンケーンに合ったスマートシティを模索している。二十年先を見据えた都市のビジョンをつくり上げようとしており、海外企業が最先端技術のセールスに来ても、コンケーンのニーズに合わなければ導入しない。こうした動きこそが重要であり、日本は、こうした都市の成熟度に合ったスマートシティづくりを東南アジアで広げる動きを支援していくべきである。

注

1 Vincent Mosco (2019), The Smart City in a Digital World. Bingley: Emerald Publishing Limited.また、スマートシティという発想の系譜については、岡本正明（2022）「ＡＳＥＡＮ諸国におけるスマートシティの乱立と多国間・多企業間競合のリスク」『ＲＯＬＥＳ ＲＥＰＯＲＴ』№21

2 Sussanne Dirks and Mary Keeling, Mary (2009). A Vision of Smarter Cities: How Cities Can Lead the Way into a Prosperous and Sustainable Future. IBM Institute for Business Value` Ola Söderström et. al. (2014). Smart Cities as Corporate Storytelling. City 18(3): 307-320。

3 AMRO (2018) China's Reform and Opening-Up: Experiences, Prospects, and Implications for ASEAN. Singapore: AMRO.

4 White House (2022) National Security Strategy. Washington DC: White House.

5 邉見伸弘（2021）『チャイナ・アセアンの衝撃』日経ＢＰ

6 Anbumozhi, Venkatachalam. 2020. A Dialog on Realizing Smart Cities. A Webinar on May 14, 2020.

7 岩崎薫里（2020）「新型コロナで取り組みが加速する中国のデジタルシルクロード」日本総研〈新型コロナシリーズ№49〉。

8 "Huawai hunts for ASEAN tale of $50m Asia Team Building. Nikkei Asia 2021.11.5

9 Jan-Peter Kleinhans and Tim Rühlig (2022) The False Promise of Open RAN: Why Open RAN does not solve the "5G China Challenge". Digital Power China Research Consortium.

10 高口康太（2021）「中国のスマートシティ：社会課題へのフォーカスと理想像の欠如」『サービソロジー』七巻一号、一一一—一一四頁。

第4部

地域問題
東アジア・アフガニスタン・イラン

第14章

中国・欧州関係の構造変化

――欧州の対中警戒と対台接近はなぜ起きたか？

松田康博

はじめに

本稿は、二〇一〇年代後半に中国と欧州との関係が悪化した原因と、それと反比例するように台湾と欧州との関係が好転した原因とその構造的特徴を明らかにすることを目的としている。

欧州連合（EU）は二〇一九年に、その政策文書で中国を「協力パートナー」「経済的な競争者」「体制上のライバル」の三つに定義した。[1] 当時はトランプ（Donald J. Trump）政権が中国からの輸入製品に制裁関税をかけており、米中関係はすでに相当悪化していた。他方で、欧州諸国のうち特にEU加盟国（二〇二〇年に英国の脱退後二七カ国）は、中国との貿易・投資摩擦や人権問題などに関する懸念を米国と共有しつつも、米国の攻撃的な対中政策に関しては一線を画していた。

ところが、その後EUや北大西洋条約機構（NATO、二〇二二年現在三〇カ国）のような地域多国間組織、英仏独などの西欧主要国に加え、リトアニアやチェコのような旧ソ連圏に属していた東欧および中欧（以下、中東欧）の一部中小国でさえ、公然と中国との関係を見直し、台湾への接近を見せるようになった。

たった数年のうちに中国・欧州関係が一気に悪化し、台湾・欧州関係が好転したのはなぜか、どのような構造変化が発生したのかを探究する。

1 中国と欧州の互いへの期待――同床異夢のウィンウィン

中国とEUは、超大国米国の影響力を相対化する戦略的自律性の点で利害が部分的に重なる。[2]言い換えるなら、中国と欧州の関係とは、ともに米国やかつてのソ連など超大国を意識した「二次重要性」の関係であった。[3]一九九八年に行われた中国・EU第一回首脳会談の際に、両者は「二十一世紀に向けた長期の安定的・建設的パートナーシップ」を打ち立てることに合意した。その後首脳会談は定期化され、二〇二二年には第二三回首脳会談が行われた。[4]両者のパートナーシップは段階的に強化されていった。二〇〇三年に両者は「全面的戦略的パートナーシップ」を結び、さらに数次にわたってパートナーシップが強化されている。

この前後、中国は欧州のほとんどの国と何らかの形のパートナーシップを結んでいる。また、中国は、中東欧諸国とのパートナーシップを強化するため、二〇一二年四月に中東欧一六カ国との間で「中国・中東欧国家協力（Cooperation between China and Central and Eastern European Countries:「一六＋一」）」と呼ばれる協力枠組みを設立し、毎年首脳会談を行うようになった。翌年九月、習近平新政権は「シルクロード経済ベルトと二十一世紀海洋シルクロード」（「一帯一路」）戦略を打ち出し、次第に中東欧諸国はこの重要な一部であると位置づけられていった。
　中国の地域外交戦略は、地域大国への関与を深めると同時に一部中小国を抱き込むなどして、地域全体を「分割統治」するやり方である。欧州に対しては、英国をＥＵのゲートウェイとし、独仏を主要な経済パートナーとし、欧州内で弱い立場にある国々、たとえば債務危機に見舞われたギリシャやイタリア、ユーゴ紛争で孤立したセルビア、「法の支配」を軽視してＥＵ内で孤立を深めるハンガリーなどを抱き込み、中東欧を西欧から切り離して影響力を強めている。
　かつて欧州諸国の中国との関係は基本的に経済的なウィンウィン関係であった。ＥＵ・中国経済関係は順調に成長し、中国は二〇二〇年にＥＵにとって最大の貿易パートナーとなった。他方で、一九八九年の天安門事件以来、価値や理念の面の齟齬は大きな問題である。中国が公表した対ＥＵ政策文書は、一九九三年と二〇一四年と二〇一八年の三つ存在するが、原則を定めた最初の二つの文書は共にＥＵに①早期の武器禁輸解除を求める、②「一つの中国」原則を守らせる、③チベット問題を理解させ、ダライ・ラマ集団と接触させない、④相互尊重と内政不干渉の原則の下で人権対話を展開することを求める等の点で一貫している。[5]
　この齟齬は、中国が習近平政権になってから拡大した。二〇一三年四月に中共中央辦公庁《べんこうちょう》が伝達した「現在のイデオロギー領域の状況に関する通報（九号文献）」は「西側の憲政民主」「市民社会」「西側の報道観」といった欧米発の普遍的価値の流通禁止を謳っていた。[6] 中国は国内における西側の価値や理念の普及や浸透と西側諸国との結びつきを体制への脅威とみなして、対策を取るようになっていったのである。

中国当局は人権問題等で欧米から受ける批判に対する反感が強く、中国では人権問題などにおける欧米の批判が「偽善」や「二重基準」であるという信念が存在する。他方、欧州は中国に対して人権問題を説きつつも、他方では安定した経済関係を望んでいて、両者を事実上切り離していたのであり、こうした中国側の印象は必ずしも間違いではない。

たとえば一九九七年に開始された中国・EU人権対話は、二〇一九年まで三七回も実施されたが、成果はほとんど上がっていない。ドイツではメルケル（Angela Dorothea Merkel）首相が時折人権問題について発言していた。二〇一四年に習近平がフランスを訪問した際、フランスのオランド（François Hollande）大統領は人権問題に言及しなかった。英国にいたっては、香港での「一国二制度」がすでに変質していたにもかかわらず、キャメロン（David Cameron）首相は、二〇一五年に習近平を国賓として招待し、「英中黄金時代」を宣言した。

ただし、EU側にも中国に対して、無条件で関係発展を図るつもりで、いかなる期待もなかったわけではない。それは対中エンゲージメント政策により相互主義的利益を期待し、中国市場を開放させ、同時に中国における民主、法の支配、人権の進展を期待するというものであった。[7]言い換えるなら、こうした期待を中国が裏切るにつれて、EU諸国の中国に対する失望や警戒心は大きくなる。中国の人権状況が改善しないことは、欧州に人権問題をめぐって中国への強い不満を累積させた。[8]

2 ドイツにおける「中国＝経済的競争者」への転換

ドイツは、メルケル政権（二〇〇五―二〇二一年）の下、中国との経済関係を強化してきたため、西欧主要国の中で中国と最も関係が良好な国であると考えられている。新型コロナウイルス感染症（COVID-19）のパンデミック（以下、コロナ禍）後、先進国首脳の中で最初に訪中したのもショルツ（Olaf Scholz）首相であり、その印象は必ずしも間違ってはいない。

しかし、その経済関係こそが、中国との関係における最大の摩擦点になっている。ドイツの対中国貿易依存度は他のEU諸国より高く、対中貿易黒字も域内最大である。かつて、ドイツと中国は工業化水準の格差により相互補完の関係であった。ところが中国の工業が急速にキャッチアップしたことで、ドイツにとって大きな脅威となり、ウィンウィンから競争関係へと転換したのである。

転換点は二〇一六年であった。[9] 二〇一六年五月にはドイツのアンチ・ダンピング措置が中国のスチール製品に対して発動された。欧州議会は中国に「市場経済ステータス」を与えない決定をしたが、その際の調査結果が対中アンチ・ダンピング措置につながったのである。同年六月には、ドイツの優良な産業ロボティクス企業KUKAが、当局の影響下にあるといわれる中国の無名企業によって買収されたことがドイツ社会に衝撃を与えた。

当時はすでに米国が中国による欧州企業の買収を問題視していたが、トランプ政権は、ドイツに対して「不十分」な防衛支出、巨額の対米貿易黒字およびロシアの天然ガスへの依存に対して繰り返し批判を加えており、中国に米国と共同対処するような余裕はまだドイツにはなかった。中国のEU域内への投資に関して、規制を強化すべきであるという考えが強くなり、米国との政策協調が始まったのは、米欧協調を進めるバイデン（Joseph R. Biden Jr.）政権が成立してからであった。[10]

3 香港情勢の悪化

二〇一九年から、中国の内政変化が中国・欧州関係を大きく揺さぶった。まずは香港情勢の悪化である。香港特別行政区政府が中国大陸への容疑者引き渡しを可能にする逃亡犯条例を提出したことに端を発した反対運動が拡大し、行政長官と立法会議員選出の際に直接選挙を導入することが要求の中心に据えられた。同条例案は撤回されたが、二〇二〇年六月、中国は全国人民代表大会で一方的に「香港国家安全維持法」（香港国安法）を制定することで、香港の民主化運動を鎮圧し、反対派を弾圧し、立法会や区議会などにおける民主派を排除し、親中派のみで香港を運営し始めた。香港における「一国二制度」は、大きく歪められたのである。

英国は、「一国二制度」施行に関する香港問題の当事者であり、中国が一方的に同法を制定して「一国二制度」を事実上大きく変更したことに強く反発し、一九八四年の中英共同声明に対する明白かつ深刻な違反であると批判したが、中国はこれを一蹴した。[11] 英国は一九九七年以前に発給した英国海外住民（ＢＮＯ）パスポート保持者の英国滞在期間を延長し、将来移住を可能にしたが、中国政府は同パスポートを有効な身分証明および旅券として認めないと宣言してこれに報復した。香港との間の逃亡犯引き渡し協定を持つ国はその効力停止に踏み切り、中国はこれらの国を非難した。

香港情勢の悪化は中国とＥＵ諸国との関係悪化ももたらした。[12] これまでも欧州対外行動庁（ＥＥＡＳ）は毎年欧州議会に香港情勢の報告書を提出し、中国による「一国二制度」の実践状況をモニターしており、中国の反発を買っている。香港国安法成立直後には主要先進国（Ｇ７）外相による、同法に対する「著しい懸念」を表明する声明が出された。

中国外交部は「香港事務に対してとやかく言い、でたらめな指図をすることに断固として反対する。我々は、香港事務が純粋に中国内政に属し、いかなる外国政府、組織、個人も干渉する権利などないと何度も強調してきた」と激しく反応した。直後に行われたＥＵ・中国首脳会談で、フォンデアライエン（Ursula Gertrud von der Leyen）欧州委員長は、中国による宣伝を批判し、香港国安法の導入に関して「重大な懸念」を表明した。ドイツは香港との間の逃亡犯引き渡し協定の効力停止に踏み切り、フランスは同様な協定を批准しない決定をした。同年秋、王毅外交部長と楊潔篪《ようけつち》政治局委員が欧州歴訪をした際、欧州諸国からは冷たい対応を受けたとされる。

4 コロナ禍による中国の印象悪化

二〇二〇年には、中国の武漢市からコロナ禍が始まった。[13] 中国は極端なロックダウンを伴ういわゆる「ゼロコロナ政策」で感染拡大を抑え込んだ。このことは、欧米における感染抑制の「失敗」と併せて、中国の政治体制の「優越性」として内外に宣伝された。対外関係に即して言えば、世界最大のマスク生産国である中国は、マスク不足に陥った多くの国々に中国製マスクを有償・無償で提供し、それを相手国に賞賛させるいわゆる「マスク外交」を展開した。EU内部からの支援が遅れたイタリアとセルビアは、中国の重点支援対象となった。

ところが、中国の「マスク外交」はかえって先進国を中心に、中国のイメージ悪化をもたらした。これは、そもそもコロナ禍が中国発であり当初隠蔽があったこと、マスク不足の一因が中国人旅行客・華僑・華人などによる買い占めにあったこと、援助用マスクの品質に問題があったことに加えて、マスク提供に際して対象国に対中批判抑制と中国礼賛を求めたこと、さらに中国自らが独善的宣伝を行ったことなどのためである。中国はロシアと偽情報の拡散で協力していたことも明らかになった。[14]

「中国ウイルス」など差別的な表現の使用を続けたトランプ大統領とは異なり、欧州は「（生物兵器説などの）陰謀論」および「（発生源などの）中国責任論」とは一線を画した。ただし欧州では、医療物資を中国に依存していることのリスクが認識されるようになり、さらに中国が行った偽情報や宣伝工作についての警戒心も高まった。[15] また、中国が阻止した台湾代表の世界保健総会（WHA）への参加については、二〇二〇年にEUを代表してドイツが支持を表明し、国別ではフランス、ドイツ、オランダなど九カ国が支持を表明した。

中国外交官によるいわゆる「戦狼外交」も、中国の印象悪化を深めた。中国の駐フランス、スウェーデン、リトアニアの大使（盧沙野、桂従友、申知非）は「戦狼三傑」と呼ばれ、関係が悪化すると、その原因を赴任国に求めて口汚く罵ることでさらに関係が悪化するという悪循環をもたらした。世論調査によると、二〇一八年以来の三年間で中国に対する感情悪化は、英国で六八・三%、スウェーデンで五八・八%、フランスで五二・六%、ドイツで四六・七%、スペインで四一・六%、チェコで四一・一%、イタリアで三八・五%、ポーランドで三四%に上り、欧州では一般的現象となった。[16] コロナ禍は、欧州の一般市民が中国問題に関心を持つきっかけとなったのである。

コロナ禍の最中、英独仏など西欧主要国は、ファーウェイの5G（第五世代移動通信システム）導入の中止を決めた。決定的要因は米国による制裁のため、ファーウェイにはもはや5G建設の能力がなくなったと判断されたためである。ただ、中国に対する印象悪化は、こうした政策転換への抵抗を小さくしたものと考えられる。

さらに、中国の極端なゼロコロナ政策により、ＥＵ企業の対中経済関与意欲は大きく損なわれるようになった。特に二〇二二年春に二カ月余りに及んだ上海市でのロックダウンの影響は極めて大きかった。在中国ＥＵ商工会議所は、二〇二二年九月に、投資先として中国の魅力が大きく低下したことを指摘している。[17]

5 対抗制裁に起因するCAIの審議無期限停止

米国の新旧政権の交代期にあった二〇二〇年十二月、中国・ＥＵ包括投資協定（ＣＡＩ）の基本合意がなされた。これは七年の時間をかけ、三五回の交渉を経た上でなされた貴重な合意であり、中国にとって、米国の制裁関税圧力を相対化することができ、ＥＵにとって中国の経済改革を迫ることができるウィンウィンの合意であった。

ところが、ＣＡＩの基本合意は、その直後にウイグル族迫害に対するＥＵの対中制裁に反発した中国初の対抗制裁措置により、二〇二一年五月に審議無期限停止となった。[18] 欧州では消費者の人権意識が高く、「強制労働」を認めているような環境でビジネスをやっていると見なされると、企業は顧客を失ってしまう。したがって、欧州では、企業レベル、国家レベル、EUレベルで人権問題に対応しなければならない。

EU議会が主導した対中国制裁の内容は、個人と組織に対するビザ発給禁止および海外資産凍結・取引禁止であり、これは一九八九年の天安門事件後の武器禁輸以来初となる対中制裁であった。個人とは王君正《おうくんせい》（新疆生産建設兵団書記）以下当局者四名であり、組織とは新疆生産建設兵団公安局だけであった。ウイグル族迫害の総責任者だとみなされていた陳全国《ちんぜんこく》・新疆ウイグル自治区書記は制裁対象から外れており、これは「象徴的制裁」だという印象が強かった。

ところが、中国の対EU制裁内容は比例原則から大きく外れた「倍返し」であった。[19] ドイツ籍欧州議会議員のビュティコファー（Reinhard Bütikofer）「対中関係代表団」団長（議長）を含む五名の欧州議会議員、オランダ議会のシャエルズマ（Sjoerd Wiemer Sjoerdsma）議員を含む三名の加盟国議会議員、EU理事会および欧州議会内の四つの機構、二名の学者を含む大規模な対象となっており、制裁対象者とその家族は、中国本土、香港、マカオへの入国と、中国領土内での商取引を全面的に禁止された。

そもそもCAIについては中国の市場開放が不完全であり、欧州メディアが中国市場に入れない等の理由で、緑の党が中心となって反対しており、賛否は拮抗していた。ところが、中国にとって米欧間の離間を図り、米中対立の圧力を緩和するための最適の一手であったはずであるにもかかわらず、中国は過剰反応をして自ら墓穴を掘ったのである。

6　欧州・台湾関係の好転[20]

欧州議会は、一九九六年に中国が台湾に軍事的圧力をかけた台湾海峡危機の際に中国を非難して以来、中国との関係を深める加盟国とは別に、国際組織における台湾の代表性拡大を促す決議を通すなど、台湾との関係促進をリードしてきた。[21]人権問題等で対立を深めたため、二〇〇七年から続いていた欧州議会と全国人民代表大会との定期交流メカニズム（中欧議会交流機制：IPM）は二〇一八年五月の会合を最後に中断している。このことは中国・EU関係のみならず、台湾・EU関係にも大きな影響を及ぼした。なぜならEUと台湾の関係進展を牽引したのもまた、EU側では主として欧州議会だったからである。中国は、欧州議会の親台派議員連盟「フォルモサ・クラブ（The Formosa Club：福爾摩沙倶楽部）」のメンバーを中心に台湾への接近をしないよう警告を発し、圧力をかけ続けた。しかし中国の対EU対抗制裁は、欧州議会をして台湾との交流や協力の躊躇をなくさせたといってよい。

二〇二一年九月十六日に欧州議会と欧州委員会が作成した「インド太平洋における協力のためのEU戦略」[22]という共同文書では、①台湾海峡の緊張状況、②半導体などのバリューチェーン、③貿易・投資協定、④持続可能な漁業パートナーシップ協定、⑤デジタルガバナンス・パートナーシップなど、五カ所で台湾が言及された。

二〇二一年十月二十一日に欧州議会が採択した「ＥＵ・台湾の政治関係および協力」[23]という文書では、①ＥＵ・台湾バイラテラル投資協定（ＢＩＡ）交渉開始の影響評価、②中国の対台湾軍事的圧力を憂慮、③米日が進めるGlobal Cooperation and Training Framework（ＧＣＴＦ）にＥＵと加盟国が参加することを奨励、④現在台湾にある「European Economic and Trade Office（欧州経貿辦事処）」（注：「台北」も「台湾」も名称にはついていない）の「European Union Office in Taiwan（欧盟駐台湾辦事処）」への改称等が勧告され、台湾との関係強化を謳った。これは従来の機能的な政策文書に台湾が言及されるのではなく、台湾・ＥＵの関係に特化した初めて政策文書であった。しかも、欧州議会は条文審査の経過を台湾側と緊密に協議していた。

この直後の十一月初旬に、欧州議会がフランス籍欧州議員グリュックスマン（Raphaël Glucksmann）を団長として、初の公式代表団を台湾に派遣し、蔡英文総統に決議内容を説明した。言うまでもなく中国はこうした動きに対して「一つの中国」原則に反するとして強い抗議を声明してきたが、ＥＵ側はこれをまともに取り上げなかった。

親台湾に大きく転換した西欧主要国の事例としてフランスがある。フランスは台湾に輸出した戦闘機のミラージュ二〇〇〇、フリゲートのラファイエットなどのメンテナンスを提供する立場にあるが、他方で対中武器禁輸解除を積極的に検討していたこともある。また、仏国民議会には「仏台友好グループ」（Le groupe d'amitié France-Taïwan: 法台友好小組）があるが、台湾との政治的関係は一貫して低調であった。

ところが、フランスでは議会を中心に二〇一九年頃から台湾への接近が増えた。[24] たとえばリシャール(Alain Richard)上院議員(元国防相)が、二〇一五年と二〇一八年に訪台した際は台湾が招聘《しょうへい》費用を支出していた。かつて仏台国会議員交流は、台湾側が支出することがほとんどであったのである。ところが、二〇一九年フランスの国民議会が、台湾の立法委員を初めてフランスの経費で招聘し、二〇二一年には前述の欧州議会の台湾訪問団にも仏上院議員が参加した。五月には、リシャールの働き掛けにより、上院が台湾の国際機関参加を支持する決議案を三〇四票対〇票の圧倒的多数で可決し、十一月には国民議会も圧倒的な票差で同様な決議を行った。

欧州議会や仏議会の台湾接近は、欧州議会や仏上院議員が中国から対抗制裁を受けたことで、中国の最も嫌がる「台湾カード」を切ったという側面がなくもない。ただ強調すべきは、EUと加盟国の各アクターが中国からの制約を脇におき、交流を通じて台湾を見つめ直した結果、その戦略的価値や共有する理念や価値を再発見したという側面が大きいことであろう。

7 「二七＋一」枠組みの低迷と「駐リトアニア台湾代表処」問題

西欧主要国に加え、中国と中東欧諸国との関係も大きく変化した。[25] 中国は、中東欧諸国と中国の対話メカニズムとして設立された「一六＋一」は、二〇一九年に南欧のギリシャが参加して「一七＋一」に拡大した。中国は、「一七＋一」の枠組みを通して「一帯一路」構想の展開を図った。中東欧諸国の「一帯一路」構想への期待も大きかった。

ところが、中国の「一帯一路」構想は、二〇一七年をピークに対外投資などが減少傾向にあり、中東欧諸国にとっては期待外れであった。二〇二一年六月の首脳会談では、バルト三国、スロベニア、ルーマニア、ブルガリアの六カ国が閣僚を派遣するに留まった。ファーウェイの5G設備の購入も、チェコ、ラトビア、エストニア、ポーランド、ルーマニア、ブルガリアは早々と中国から米国に切り替えた。

二〇二一年九月のチェコのビストルチル（Miloš Vystrčil）上院議長の台湾訪問を皮切りに、中東欧諸国からの台湾への訪問団は増えた。中国は威嚇と制裁を加えたが、それはかえって欧州主要国の対中牽制を招いた。EUは二〇二一年十二月に「グローバル・ゲートウェイ」構想を発表したが、これは「一帯一路」に対抗する戦略構想であると見られている。

「駐リトアニア台湾代表処」（駐立陶宛台湾代表処）問題はこうした中で発生した。[26] これはリトアニアに台湾の代表処を新設する際の名称問題であり、「台湾独立」を印象づけかねない「台湾」（多くの公館は「台北」を使用）が使用されるため、中国は反発して大使を本国に招喚して代理大使級に降格したうえリトアニアに経済制裁を発動し、他方リトアニアは大使館員を中国から撤退させた。中国は、リトアニアとの貿易の九〇％近くを止め、リトアニアとの貿易をする企業に二次制裁まで加える経済的強制手段（economic coercion）をとった。[27]

中国の反発は予想できたはずであるが、これはロシアやドイツなど強国に虐げられたリトアニアの歴史が関係している。ソ連崩壊時、ソ連内の共和国で最初に独立宣言をしたのもリトアニアだった。リトアニアが期待していたのは独立を強化するための経済関係の多元化であり、その文脈の中で日本、韓国、台湾、中国などとの関係強化を模索していた。そしてその中で中国が最も期待外れであった。そこに台湾の代表処の話が持ち上がったため、台湾に乗り換えたのである。

人口が台湾の一〇分の一にすぎないリトアニアにとって台湾は「大国」である。台湾は欧州内なら五番目の大国（オランダに相当）規模のＧＤＰがあり、半導体などハイテク産業も強い。リトアニアにしてみれば、信頼できず自らを支配しようとする中国より、信頼できる台湾と付き合う方が合理的なのである。二〇二一年に台湾の国家発展委員会の訪問団が、チェコ、スロバキア、リトアニアを訪問した。ＩＴ先進国でもあるリトアニアは半導体などの協力を台湾に期待していると見られる。

リトアニアは、他のＥＵ加盟国にはトラブルメーカーに見えたかもしれない。ただしリトアニアはＥＵと代表処の名称について事前協議していたため、ＥＵはリトアニアを見捨てるわけにはいかず、中国に批判を加えた。欧州議会に至っては、前述の「ＥＵ・台湾の政治関係および協力」によりリトアニアの代表処の名称変更を「歓迎」した。

欧州議会には、「偽情報を含む、ＥＵの全ての民主的プロセスへの外国の干渉に関する特別委員会（Special Committees on Foreign Interference in All Democratic Processes in the EU, Including Disinformation）」がある。これはロシア、米国のトランプ政権、中国などの圧力に屈しないために設置された委員会であり、リトアニアのケースはEUが支援すべきケースである。ただし、リトアニアと取引があるドイツ企業が中国からの二次制裁を経験したと伝えられている。[28]

台湾は二〇二〇年にリトアニアにマスクを一〇万枚送り、リトアニアは二〇二一年に、中国による圧力でコロナ・ワクチン不足にあえいでいた台湾に対して、二万回分のワクチンを無償提供した。その直後、台湾ではチョコレートなどリトアニア製品の輸入が激増した。似たような現象は中国による経済的強制手段に遭遇した国の間で起きており、各地でしばしば見られるようになった。

8 ウクライナ戦争における中国のロシア支持

欧州諸国の中で増大する中国に対する失望と警戒のだめ押しとなったのが、ウクライナに侵攻したロシアを中国が支持したことである。[29] 二〇二二年二月の中ロ首脳会談で、習近平はプーチン（Vladimir Putin）大統領を制止するのではなく、むしろロシアが欧州でトラブルを起こすことを期待していた。中国にとって期待外れだったのは、ロシアが開戦後に苦戦し、日米欧が団結してロシアに強力な制裁をかけたことである。

中国がロシアのウクライナ全面侵攻を追認し、支持した原因は、習近平政権の強い反米親ロ姿勢にある。習近平政権はウクライナ戦争の根本原因を米国やNATOに求める宣伝をすることで、自らの選択を正当化し、ロシア支援以外の選択肢を事実上失っている。ロシアによる国際秩序の破壊と数々の残虐行為は、西側諸国の反ロ感情をこれまでになく高めており、中国がロシアとの距離に微妙なニュアンスを示唆しても効果はほとんどない。硬直した習近平外交は、対欧州関係の改善という契機や選択肢を中国からさらに失わせることとなった。中国によるロシア支持は、特にロシアの脅威を強く感じる中東欧諸国において、さらに致命的な悪影響を及ぼした。

さらに、ウクライナ戦争は将来の中国による台湾侵攻との連想をさせた。半導体産業に代表される台湾の重要性は、欧州諸国にとっても意識されており、台湾海峡の平和と安定は欧州の他人事ではなくなった。ロシアはエネルギー依存を武器化したのであり、中国への経済的依存もまた台湾侵攻の際に武器化され得るからである。欧州も台湾有事への抑止に参加しなければならなくなった。二〇二一年六月のNATO首脳会談では、宇宙で攻撃を受けたら共同防衛の対象となることを決定した。これはつまり中国が台湾侵攻のために米国の軍事衛星に攻撃をかけたら、NATOは米国防衛をするということを意味する。

二〇二二年六月に十二年ぶりに改訂された「NATO戦略概念」[30]では、中国の行動を「戦略的挑戦（systemic challenges）」と定義し、その後NATOもEUもこの定義を使用し続けている。

二〇二二年十一月、就任間もないスナク（Rishi Sunak）英首相は「英中黄金時代は終わった」と発言した。これらの動向を簡単に言い換えると、欧州はウクライナ戦争を経て、中国を事実上、安全保障上の脅威と見なし始めたのである。同年に発表された米国や日本の戦略文書は中国の行動を「戦略的挑戦（strategic challenge）」と呼んでおり、日米欧の対中認識は次第に重なり合うようになった。

おわりに

本稿では、二〇一〇年代後半に中国と欧州との関係が悪化した原因と、それと反比例するように台湾と欧州との関係が好転している原因とその構造変化を探究した結果、以下の三点を指摘できる。

第一は、中国と欧州は、一貫して同床異夢の状態にあったが、ついに双方の政治体制や価値・理念の違いが、もはやごまかせないほど大きくなったことである。[31] 中国は欧州の理念と実力を過小評価し、他方欧州は中国の善意と中国からの利益を過大評価していた。中国は唯物主義的であり、欧米が時には価値と理念を堅持することがあるという発想が根本的に欠如していた。さらに、ＥＵの主な任務は加盟国を一致団結させること（solidarity）だが、中国の戦略は逆で地域諸国の「分割統治」なのであり、両者は常に競争関係にある。

中国は改革開放政策の結果、国内に広がった自由、民主、人権、法の支配を善き事と考える人民と彼等につながる外国勢力を脅威と考え、そこを攻撃することこそが自己防衛であると気がついた。そして欧州もまた、いくら関与政策を進めてもロシアと同様に中国は民主化しないし、それどころか欧米を敵視してロシアのウクライナ侵攻を支持していることに気がついたのである。その結果、中ロ協力・共同行動への懸念はユーラシア大陸の両端で共通した懸念事項となったのである。

第二は、中国と欧州の関係を悪化させる要因が、二〇一六年以降、段階的かつ加速度的に重なっていき、好転の暇を与えなかったことである。①中国の技術覇権の野心や経済的強制手段の実施、②香港の「一国二制度」に対する現状変更、③コロナ禍に関する対応と外交、④ウイグル族弾圧など人権問題をめぐる制裁と対抗制裁、⑤ウクライナ戦争における中国のロシア支持などが、連続して重なっていった。しかも、欧州から見てこの悪化要因の中心にいると考えられる習近平は、二〇二二年の中国共産党第二〇回全国代表大会を経て今後最低十年は最高指導者の地位に留まることがほぼ確実となった。つまり、将来における関係悪化要因が容易に減少する見込みはほとんどない。

かつて米国では連邦議会下院が反中国・親台湾の決議案や法案の審議を主導していたように、欧州では、欧州市民の民意を直接代表する欧州議会が反中国・親台湾の決議案や法案の審議を主導している。これは米中関係が、連邦議会が牽引する形で一九九〇年代後半から悪化したパターンと似ており、今後長期にわたるトレンドとなるであろう。

第三は、欧州の中国に対する失望や警戒の一方で、欧州が台湾の有する戦略的重要性や民主的価値を「再発見」したことである。コロナ禍によりグローバルサプライチェーンが関心事となったタイミングでハイエンド半導体の過半が台湾で製造されていることを欧州が再認識したことも重要である。米国とは異なり、欧州における「台湾ロビー」は政治的に弱小であり、ＥＵや加盟国政府への直接的影響力を欠いている。ところが、それにもかかわらず二〇一九年から二〇二二年にかけて、台湾・欧州関係は劇的に好転した。中国は欧州が台湾に接近すると過剰に攻撃的な外交をしかけ、そのことで関係はかえって悪化する。ＥＵ・台湾関係の好転はＥＵ・中国関係の悪化の結果でもあるが、今後は原因にもなっていくだろう。

このように、欧州諸国では、指導層から一般市民に至るまで、安全保障から経済的競争に至るまで、西欧から中東欧に至るまで、中国への警戒心が高まった。これはＥＵ・中国関係の構造的変化であると言える。しかしながら、中国と欧州はいまだに互いに最大級の貿易パートナーであり、この相互依存関係の現実はすぐに変わりそうにはない。ＥＵと中国は気候変動問題などでは協力パートナーでもある。ただし、中国は過度に攻撃的な外交で欧州を日米の側に追いやった。さらに中国は経済低成長となっており、以前より経済的関与手段の効果が弱まる可能性がある。今後、欧州は中国に屈するのか、米日と協力して押し返す（push back）のかが課題となっている。こうした欧州各国内部、欧州内部および日米欧間の中国に関する認識ギャップは狭まったが、それがどこまで行動・共同行動の変化をもたらし、制度化されるか、中国の行動と欧州および欧州各国の選択にかかっている。

〔謝辞〕
本稿の執筆内容は、二〇二一年十一月から十二月にかけて、フランス社会科学高等研究院（ＥＨＥＳＳ）で一カ月間客員研究を行った際、パリおよびブリュッセルで関係国・地域の外交官および専門家との間で行った意見交換に多くを負っている。実名を挙げることは差し控えるが、彼等と彼等を紹介していただいた方々および受け入れ機関のＥＨＥＳＳに深い感謝の意を表したい。

注

1　European Commission, *EU-China: A Strategic Outlook*, Strasbourg, March 12, 2019, p. 1, https://commission.europa.eu/system/files/2019-03/communication-eu-china-a-strategic-outlook.pdf. 本稿の全てのウェブサイトの最終アクセス日は二〇二三年一月十五日である。

2　厳少華「欧盟戦略自主與中国対欧戦略新思惟」『復旦学報（社会科学版）』二〇二一年第六期、二〇二一年十一月、一二六頁。

3　Michael Yahuda, "China and Europe: The Significance of a Secondary Relationship," Thomas W. Robinson and

David Shambaugh, eds., *Chinese Foreign Policy: Theory and Practice,* Oxford: Clarendon, 1996, pp. 266-282.

4 本稿における一九四九年から二〇一九年にかけての中国・欧州関係のクロノロジカルな事項については以下を参照した。銭小平編著『中欧関係70年大事記』北京、中国社会科学出版社、二〇二〇年。

5 「中国対欧盟政策文件」、中華人民共和国中央人民政府、http://www.gov.cn/gongbao/content/2003/content_62478.htm。「深化互利赢的中欧全面戦略伙伴関係―中国対欧盟政策文件―」、二〇一四年四月、http://www.gov.cn/xinwen/2014-04/02/content_2651490.htm。

6 江藤名保子「第四章　習近平政権の世論対策に内在するジレンマ」『平成二八年度外務省外交・安全保障調査研究事業―国際秩序動揺期における米中の動勢と米中関係―』、公益財団法人日本国際問題研究所、二〇一六年、四〇頁。

7 European Commission, *Elements for a New EU Strategy on China,* Brussels, June 22, 2016, pp. 1-7, https://eur-lex.europa.eu/legal-content/EN/TXT/PDF/?uri=CELEX:52016JC0030&from=EN

8 Philip Baker, "Human Rights, Europe and the People's Republic of China," Richard Louis Edmonds, *China and Europe since 1978: A European Perspective,* New York: Cambridge University Press, 2002, pp. 60-63.

9 Daniela Vincenti, "EU Lawmakers Reject Granting China the Market Economy Status," EURACTIV, May 13, 2016, https://www.euractiv.com/section/trade-society/news/eu-lawmakers-reject-granting-china-the-market-economy-status/. Cynthia Wrage and Jakob Kullik, "After Kuka: Germany's Lessons Learned from Chinese Takeovers," Choice, July 21, 2022, https://chinaobservers.eu/after-kuka-germanys-lessons-learned-from-chinese-takeovers/

10 Noah Barkin, "A Vulnerable Germany Finds It Hard to Say No to China," Mercator Institute for China Studies(MERICS), September 9, 2019, https://merics.org/en/analysis/vulnerable-germany-finds-it-hard-say-no-china. Rebecca Arcesati and et al., "EU-US Trade and Technology Council Will Be a Litmus Test for

"Transatlantic Coordination on China," Mercator Institute for China Studies(MERICS), June 30, 2021, https://merics.org/en/merics-briefs/eu-us-trade-and-technology-council-will-be-litmus-test-transatlantic-coordination

11 以下は、松田康博「新型コロナウイルス感染症と中国の対外関係悪化過程」『国際問題』№六九五、二〇二〇年十月、四三―四四頁。

12 同右、四六頁。

13 同右、四一―四二頁。

14 "EEAS Special Report Update: Short Assessment of Narratives and Disinformation around the COVID-19 Pandemic (Update 23 April-18 May)," EU vs DiSiNFO, May 20, 2020, https://euvsdisinfo.eu/eeas-special-report-update-short-assessment-of-narratives-and-disinformation-around-the-covid19-pandemic-updated-23-april-18-may/.

15 Paul Charon & Jean-Baptiste JeanGene Vilmer, *Chinese Influence Operations: A Machiavellian Moment*, Report by the Institute for Strategic Research (IRSEM), Paris: Ministry for the Armed Forces, October 2021, pp. 472-475, https://www.irsem.fr/report.html.

16 Richard Q. Turcsányi, "Survey: Europeans' Views of China in the Age of COVID-19," Central European Institute of Asian Studies(CEIAS), March 28, 2021, https://ceias.eu/survey-europeans-views-of-china-in-the-age-of-covid-19/.

17 "European Bulletines in China: Position Paper 2022/2023," European Chamber of Commerce in China, https://www.europeanchamber.com.cn/en/press-releases/3472/european_chamber_advocates_f

18 See, Miguel Silva, "The Effectiveness of the EU's China Policy: The Case of the Comprehensive Agreement on Investment(CAI)," *EU Diplomacy Papers*, Department of EU International Relations and Diplomacy Studies, 1/2022, pp. 10-11, https://www.coleurope.eu/sites/default/files/research-paper/EDP%201-2022%20Silva.pdf.

19 「外交部発言人宣布中方対欧盟有関機構和人員実施制裁」『人民日報』二〇二一年三月二三日。

20 本節に関しては以下を参照のこと。東野篤子「ＥＵ・中国・台湾関係の新展開（前編）（中編）（後編）」、公益財団法人日本国際問題研究所研究レポート、ＦＹ二〇二一―二、三、四号、二〇二一年十月七、八、十一日、https://www.jiia.or.jp/column/europe-fy2021-02.html、https://www.jiia.or.jp/research-report/europe-fy2021-03.html、https://www.jiia.or.jp/research-report/europe-fy2021-04.html。

21 François Mengin, "A Functional Relationship: Political Extensions to Europe-Taiwan Economic Ties," Richard Louis Edmonds, *China and Europe since 1978: A European Perspective*, New York: Cambridge University Press, 2002, p. 153.

22 "Joint Communication to the European Parliament and the Council: The EU Strategy for Cooperation in the Indo-Pacific," European Commission, September 16, 2021, https://www.eeas.europa.eu/sites/default/files/jointcommunication_2021_24_1_en.pdf.

23 "EU-Taiwan Political Relations and Cooperation," European Parliament, October 21, 2021, https://www.europarl.europa.eu/doceo/document/TA-9-2021-0431_EN.pdf.

24 関係者インタビュー、二〇二一年十一月二十四日。台仏関係の進展に関しては以下に詳しい。陳雅琳独家専訪「台法関係大躍進！ 法国圧倒性通過挺台議案：駐法大使呉志中白了頭髪高了血圧」新聞高峰会、『華視新聞』二〇二二年一月十五日、https://www.youtube.com/watch?v=Na7My4VBs5Q

25 以下、東野篤子「中東欧・中国関係の変質と『17＋1』首脳会合」『ＲＯＬＥＳ ＲＥＰＯＲＴ』№1、二〇二一年三月、https://roles.rcast.u-tokyo.ac.jp/uploads/publication/file/2/ROLES_port_01_higashino_2.pdf.

26 Jonathan Hackenbroich, "Coercion with Chinese Characteristics: How Europe Should Respond to Interference in Its Internal Trade," European Council on Foreign Relations, January 24, 2022, https://ecfr.eu/article/coercion-with-chinese-characteristics-how-europe-should-respond-to-interference-in-its-internal-trade/.

27 Marcin Szczepański, "China's Economic Coercion: Evolution, Characteristics and Countermeasures," European Parliament, November 2022, p. 5, https://www.europarl.europa.eu/RegData/etudes/BRIE/2022/738219/EPRS_BRI(2022)738219_EN.pdf.

28 Ibid.

29 Piotr Maciej Kaczynski, "How China Lost Central Europe," Reporting Democracy, August 15, 2022, https://balkaninsight.com/2022/08/15/how-china-lost-central-europe/?fbclid=IwAR2kejuRCfWNcr3MTrsoHROhHSWXBX2znD1IYchl_C4OFuMd7YewqLzSqCo.

30 *NATO 2022 Strategic Concept*, June 29-30, 2022, https://www.nato.int/strategic-concept/

31 蔡明彦「欧州対中国政策的転変」、台湾新社会智庫、二〇二二年十月十九日、http://www.taiwansig.tw/index.php/%E6%94%BF%E7%AD%96%E5%A0%B1%E5%91%8A/%E5%85%A9%E5%B2%B8%E5%9C%8B%E9%9A%9B/8813-%E6%AD%90%E6%B4%B2%E5%B0%8D%E4%B8%AD%E5%9C%8B%E6%94%BF%E7%AD%96%E7%9A%84%E8%BD%89%E8%AE%8A.

第15章

ＧＣＡをめぐる中国の反テロ戦略
――アフガニスタンを事例として

田中　周

はじめに

本稿はGreater Central Asia（ＧＣＡ）[1]という地域概念に着目して、アフガニスタンを中心とした中国の地域反テロ戦略を論じる。アメリカの中央アジア研究者であるＳ・フレデリック・スター（S. Frederick Starr）は、ＧＣＡにはカザフスタン、ウズベキスタン、キルギス、トルクメニスタン、タジキスタンの中央アジア五カ国に加えて、アフガニスタン、中国の新疆、パキスタン北部、イランのホラーサーンが含まれると定義している。

中国外交に目を向けると、その対中央アジア五カ国の戦略と対アフガニスタン戦略には共通点が多く、ＧＣＡの概念に基づいて中国の地域戦略を分析することには意義がある。中国の対ＧＣＡ戦略の四つの主な目的は、国内の新疆の安定、天然資源（天然ガスや石油など）の供給の確保、地域連結性の強化、アメリカとインドの影響力の抑制にある。

この目的に基づいて、中国の対アフガニスタン安全保障戦略は、リージョナル・レベルでは上海協力機構（ＳＣＯ）の地域対テロ機構（ＲＡＴＳ）とＳＣＯアフガニスタン連絡グループを通じて、ミニラテラル・レベルではタジキスタン、中国、パキスタン、アフガニスタンの四カ国協力協調メカニズム（ＱＣＣＭ）を通じて、バイラテラル・レベルでは中ロ戦略的パートナーシップ、および中国—アフガニスタン安全保障協力を通じて実施されている。
そこで以下に、第一節でスターの議論にみるGCAの概念を論じ、第二節でGCAの概念を各国の研究者がいかに適用しているかを整理したうえで、第三節でアフガニスタンを事例としてGCAにおける中国の地域反テロ戦略を分析する。

1 フレデリック・スターの議論にみるGCA[2]

二〇〇一年のアフガニスタン侵攻以降、アメリカでは対アフガニスタン戦略をどのような枠組みで推進するかに関して様々な議論が生じた。スターは二〇〇五年の論文で、アメリカの対アフガニスタン戦略に存在する構造的な問題を指摘している。すなわち、当時のアメリカ合衆国国務省において、中央アジア五カ国はロシアと共にヨーロッパ・ユーラシア局の管轄下にあった。一方で、アフガニスタンは南アジア局の管轄下にあり、この管轄の分化によってアメリカがアフガニスタンで効果的な地域戦略を実施することが阻害されていると主張した。実際に翌二〇〇六年に、国務省は中央アジア室をヨーロッパ・ユーラシア局の管轄から外し、南アジア局と統合して南・中央アジア局に改組しており、アフガニスタンを中心に中央アジア地域と南アジア地域を連結する枠組みの構築を志向している。

スターはさらに、二〇〇五年に国務省に対して「Greater Central Asia Partnership for Cooperation and Development：ＧＣＡＰ」という協力枠組みの設立を提案した。そしてこの枠組みの中で、二〇〇一年以来の「テロとのグローバル戦争」という目的を超えて、アフガニスタンとその隣国である中央アジア五カ国を中心とするＧＣＡ地域で、ＮＡＴＯ軍の駐留を続け、民主主義システムを構築し、ＷＴＯ加盟を促進し、地域間の貿易と交通インフラを強化し、麻薬対策を実施するという包括的な地域戦略の実施を訴えた。

しかしながら、このスターが提唱したＧＣＡの地域概念と地域戦略は、中央アジア諸国の研究者からの批判を招くこととなる。たとえば、カザフスタンの研究者ムラト・ラウムリン（Murat Laumulin）は、アフガニスタンと中央アジアを一つの地域として扱うならば、アフガニスタンの存在によって中央アジア諸国の近代化プロセスに遅れが生じてしまうとの懸念を示した。またキルギスの研究者アレクサンダー・クニャーゼフ（Alexander Knyazev）は、世界のアヘンの九〇％を生産し、イスラーム・テロの中心地でもあるアフガニスタンをＧＣＡとして組み込むならば、アフガニスタンの政情不安が中央アジアに波及するため、ＧＣＡ戦略の実現性は低いと主張した。[3]

これらの批判を受けて、二〇〇八年にスターはＧＣＡの概念をより明確にして再提示した。二〇〇五年の論文ではＧＣＡは中央アジア五カ国とアフガニスタンを指していたが、二〇〇八年の論文ではこれらに加えて、中国の新疆、パキスタン北部、イランのホラーサーンなどが含まれると定義した。そしてGCA地域は二千年にわたって一つの文化圏であり、[4]気候学・地理学的にステップ地帯、砂漠地帯、山岳地帯の三つの区域に分かれ、遊牧民と農耕民との間の共生関係に特徴づけられてきた歴史を有していると述べている。

さらにスターの議論を補強する形で、一九九六年にスターが設立した中央アジア・コーカサス研究所（Central Asia-Caucasus Institute：CACI）の主要メンバーであるニクラス・L・P・スヴァンストレーム（Niklas L. P. Swanström）は、二〇一九年の論稿で以下の議論を展開している。GCAと近い地域概念に「中央アジア（Central Asia）」や「ユーラシア（Eurasia）」があるが、中央アジアは狭い概念であり、中央アジア五カ国と新疆およびアフガニスタンのリンケージを無視してしまう。一方で、ユーラシアは一九世紀のロシア帝国と二十世紀のソ連の影響圏を指し、ロシアのショービニズムを反映した概念である。したがって、アフガニスタンを中心とした地域で効果的な戦略を実施する上で、GCAこそが歴史的、現代的観点からより適切な概念であるとする。

スターが提唱したGCAの概念は、その後多くの反響を呼ぶこととなる。次節では、様々な研究者がどのようにGCAという概念を適用し、アメリカ、中国、インド、ロシア、イランといった大国の地域戦略を分析しているかを論じる。

2　GCA概念の適用

❶アメリカの地域戦略[5]

アメリカがアフガニスタンで実施する地域戦略に対して、中国人研究者はこれを「大中亜戦略（GCA戦略）」あるいは「大中亜計劃（GCA計画）」と捉えて、分析を行っている。[6] そしてこのGCA戦略／計画を、その後の「新シルクロード構想（New Silk Road Initiative）」、トランプ政権期の「南アジア戦略」へと引き継がれていく、二〇〇一年のアフガニスタン侵攻以降のアメリカの地域戦略の第一ステージと位置付けている。

たとえば、中国国際問題研究所の徐鶴鳴は二〇〇七年の論文で、GCA戦略をアフガニスタンを支点として中央アジアと南アジアを統合するアメリカの地域戦略として描く。一方で、二〇〇八年に刊行された二つの論稿はGCA戦略のウィークポイントを指摘している。まず上海社会科学院の潘光と張屹峰は、GCAPにカザフスタンの参加が見込めないこと、印パ間に常に緊張が存在していること、アフガニスタンの政情が不安定であることが障害となるため、長期的視点に立ってアメリカがGCA戦略を立案することは困難であると指摘する。さらに蘭州大学の李捷と楊恕は、アメリカのGCA戦略はアフガニスタンがその重責を担えないばかりか、中央アジア諸国の足並みが揃わず、インド、パキスタンの協力も限定的であり、加えてSCOを地域協力の基盤として描く中国とロシアの態度も、アメリカのGCA戦略の展開を著しく困難にしていると指摘する。

加えて新疆大学の韓雋と郭沅鑫は二〇一二年の論文で、アメリカが二〇一一年に打ち出した中央アジアと南アジアにおける天然ガスパイプラインおよび水力発電プロジェクトを軸とする「新シルクロード構想」は、GCA戦略の修正版であると指摘している。また国防大学の楊育才と袁毅は二〇二〇年の論文で、インドの地域戦略と歩調を合わせる形で、中央アジアと南アジアを一つの地域として戦略を構築するアメリカの試みを強調している。

2 中国の地域戦略[7]

中国の対中央アジア戦略に対して、欧米の研究者も中国の研究者もGCAという概念を適用して分析を行っている。復旦大学の趙華勝は二〇〇七年の論文で、「中央アジア」「GCA」「ユーラシア」の地域概念を比較した上で、GCAの地域枠組みに基づいてSCOの将来を設計することが望ましいと述べている。その背景には、中国にはロシアの影響力の強いユーラシアにSCOの正式メンバーを拡大したくないとの思惑があり、できるだけ早期にパキスタン、インド、イランを正式加盟国として、SCOを通じてアフガニスタンとの対話を進める必要性を強調している。事実、現在はパキスタン、インドはSCOの正式加盟国となり（二〇一七年に加盟手続き完了）、イランもその手続を進めており（二〇二一年に正式加盟が承認され手続きを開始）、アフガニスタンは二〇一二年からオブザーバーの地位にある。このことから、中国はGCAの概念と枠組みを受け入れ、これに沿ってSCOを通じた地域戦略を推し進めていることがわかる。

またスヴァンストレームは彼が初めてGCAを扱った二〇一一年の論文で、GCAにはカザフスタン、キルギス、タジキスタン、トルクメニスタン、ウズベキスタン、モンゴル、パキスタン、アフガニスタンが含まれると定義したうえで、近年、SCOの活動と経済分野を通じてGCAで中国の存在感が高まっていると指摘する。グリフィス大学のマイケル・クラーク（Michael Clarke）は二〇一三年の論文で、中国の対中央アジア五カ国の戦略と対アフガニスタン戦略には共通点が多く、新疆の安定の維持、天然資源を中心とする経済関係の深化、アメリカとインドの影響力の抑制という、同じ主要目標を設定しているので、GCAの枠組みで中国の地域戦略を分析することは理にかなっていると述べている。

さらに中国社会科学院の杜哲元と徐進は二〇一五年の論文で、「GCAの地政学メカニズム」という概念を用いて、GCA地域に関与する大国は条件次第で、①リージョナル・パワーからグローバル・パワーになる可能性もあるし、②大国間で勝者のいない消耗戦を繰り広げるならばGCAが帝国の墓場となる可能性もあると述べている。その上で、現在の「シルクロード経済ベルト（SREB）」構想を継続するならば、GCAのみならずユーラシアにおいても中国は「戦略空間（strategic space）」の拡大に成功するというシナリオ①に向かう可能性を指摘している。

③ GCAにおけるロシア、インド、イランの存在感[8]

ロシアの研究者や政治家の多くはユーラシアという概念を用いてロシアの地域戦略を立案するが、GCAにおけるロシアの存在感に関しては、中国と欧米の研究者による以下の分析がある。たとえば国務院発展研究センターの孫永祥は二〇〇六年の論文で、GCAで繰り広げられる米ロの天然資源をめぐるグレート・ゲームを分析している。エネルギー安全保障の側面からGCA地域を分析する孫は、この論稿でGCAをアフガニスタン、中央アジア五カ国、イランからなる地域と定義している。また、先に取り上げた二〇一九年の論文でスヴァンストレームは、GCAにおいて長期的にロシアの影響力は弱まる途上にある一方で、中国の影響力が強まりつつあると指摘している。ロシアはGCAでソ連時代の影響力を維持したいが、軍事協力や反テロ協力は可能なものの、経済的に中国と渡り合うことはできず、いわゆるソフトパワーも弱まりつつあるという。

インドに関して、インド軍の准将ビノド・アナンド（Vinod Anand）は二〇〇九年の論文で、インドはアメリカと共にGCAの枠組みに基づいた地域戦略を進めることが望ましく、特に米印両国の協力を通じてアフパック（Af-Pak：アフガニスタンとパキスタン）の安定化を目指すべきであると述べている。実際に二〇一二年にインドは、「中央アジアとの接続」政策（Connect Central Asia Policy）を打ち出している。また南京大学の張舒君は二〇一八年の論文で、アメリカの「GCA戦略」「新シルクロード構想」、トランプ政権の「中南亜戦略（中央アジア・南アジア戦略）」の連続性を指摘したうえで、アメリカは中央アジアと南アジアの経済統合構想におけるインドのイニシアティブを期待し、インドによるGCA諸国に対する経済支援の拡大を望んでいたと述べる。さらに、二〇一九年に刊行された中印関係を論じる書籍において、スヴァンストレームとジュリアン・タッカー（Julian Tucker）はインド、中国、ロシアの関係を分析し、GCAにおける中国の影響力が強まる一方で今後ロシアの影響は低下し、GCAにおいてインドは短期的にはロシアとの軍事協力を継続するものの、長期的には中国の台頭に伴って欧米との協力を強化せざるを得ないと主張している。

最後にイランに関して、上海国際問題研究院の金良祥は二〇一六年の論文で、GCAをアフガニスタン、中央アジア五カ国、コーカサスからなる地域と定義した上で、二〇一五年のイラン核合意以降、イランとGCA諸国の経済一体化が加速していると指摘する。そしてこの展開がSREB構想にも、さらにはSREBの核心区と位置づけられる新疆の発展にもポジティブな影響を与えると述べる。

以上見たように、多くの論者が分析ツールとしてGCAの枠組みを用いている。前節で述べたように、スターがGCAの概念を提唱した二〇〇五年当初は、中央アジアの研究者から多くの批判や疑問が投げかけられた。しかしながら、それから十五年以上を経た今日においては、スターとウズベキスタン戦略・地域研究研究所（the Institute of Strategic and Regional Studies：ISRS）所長のエルドル・アリポフ（Eldor Aripov）が二〇二一年の論稿で指摘するように、数千年にわたって存在したが、ロシアやイギリスによる植民地化によって断ち切られてしまった経済的文化的緊密さを回復するために、アフガニスタンとの地域連結性の強化を中央アジア五カ国全てが積極的に望んでいるという。

3 中国の対アフガニスタン安全保障戦略[9]

本節ではアフガニスタンを事例として、GCAにおける中国の反テロ戦略を分析する。九・一一事件以降、中国はテロとの戦いのための法整備と組織整備を続けてきた。長期的な戦略目標として、中国政府は経済発展を通じて、国内（新疆）と国外（アフパック地域）のテロの温床を根絶することに重点を置いてきた。したがって、SREBを構成する二つの経済回廊、すなわち「中国・中央アジア・西アジア経済回廊（CCAWAEC）」と「中国・パキスタン経済回廊（CPEC）」の目標はGCA諸国の経済発展と安定に貢献することで、その結果としてイスラーム・

テロとその過激化の拡大を防ぐことにある。同時に中国は、安定した安全保障環境が持続可能な経済成長にとって好ましい条件を提供することを強く認識しており、それゆえにGCA地域における反テロ協力の重要性を強調する。

二〇〇一年以降、中国はGCA地域で四つの柱からなる反テロ戦略を展開してきた。

第一に、リージョナル・レベルでは、SCO—RATS（SCO内の常設機関であり、ウズベキスタンのタシュケントに本部を置く地域対テロ機構）が、SCO加盟国間の反テロ活動や情報共有・管理の調整を担ってきた。加えて、アフガニスタンとの安全保障上の関係を緊密にするために、二〇〇五年に中国政府のイニシアティブでSCOアフガニスタン連絡グループが設立され、アフガニスタンに対する二〇一二年のSCOオブザーバー資格の付与、ならびに将来のSCO正式加盟を支えてきた。

第二に、ミニラテラル・レベルでは、QCCMと呼ばれるタジキスタン、中国、パキスタン、アフガニスタンの四カ国協力協調メカニズムを通じて、反テロ協力を主眼とする軍事技術協力や国境警備協力を強化している。たとえば、アフガニスタン、中国、タジキスタンの国境付近に中国人民武装警察部隊を配備し、中国国内へのテロリストの侵入を防止してきた。

第三に、バイラテラル・レベルでは、中国は中ロ間の戦略的パートナーシップを特に重視している。近年、両国は軍事協議メカニズムを制度化し、軍事技術協力を拡大し、共同軍事演習を増加させ、サイバーセキュリティ分野での協力にも合意している。

第四に、同じくバイラテラル・レベルで、中国―アフガニスタン安全保障協力が進められている。中国はカルザイ政権やガニー政権と良好な関係を築く一方で、パキスタンの軍統合情報局（ＩＳＩ）を通じてターリバーンとの関係を静かに維持してきた。二〇一四年のアフガニスタンからの国際治安支援部隊（ＩＳＡＦ）撤退後、中国はアフガニスタン・イスラーム共和国とターリバーンとの間の和解を仲介する試みを進め、ＱＣＣＭを通じてアフガニスタンとパキスタンの相互信頼を醸成し、安全保障協力を拡大するよう積極的に働きかけてきた。

二〇二一年八月のターリバーンの復権は、ロシアのウクライナ侵攻と相まって、ＧＣＡ地域の反テロ構造に混乱をもたらした。現在、中国はいずれの反テロ戦略においてもジレンマに直面している。リージョナル・レベルでは、ＳＣＯが提案したアフガニスタンの安全保障、安定、社会経済発展に関するビジョンを当分の間棚上げにしなければならない。ミニラテラル・レベルでは、タジキスタン政府とターリバーン政権との間の緊張が高まる中で、中国はアフガニスタンとタジキスタンの国境を監視・防衛する設備への投資を行わざるをえなくなっている。バイラテラル・レベルでは、中ロ戦略的パートナーシップは当面維持されるものの、ロシアのウクライナ侵攻とその後の欧米による制裁は中央アジア五カ国の地域経済に大きな打撃を与え、社会の不安定化が進む恐れがある。また、ウクライナでのロシアの軍事的失敗を受けて、はたして今後ロシア政府がＧＣＡ地域に対して充分な軍事支援を提供できるのかという懸念が高まっている。一方で、ガニー政権の崩壊がもたらしたアフガニスタンの人道危機と財政危機によって、中国はテロ対策、麻薬対策、国境管理対策の再考を迫られている。

中国政府は目下、アメリカ撤退後のアフガニスタンにどのように対処するか、GCA地域の反テロ体制をどのように再構築するかを熟慮している。中国はターリバーンに対して、ウイグル族過激派、アルカーイダ、ISIS―Kに対して厳格な態度で臨むこと、包摂的な連立政権を形成すること、国内政策を緩和することなどを要求し、今後のアフガニスタンに対する協力の条件を示している。中国はリスクとリターンを天秤にかけながら、ターリバーンへの関与に失敗すれば、アフガニスタンが再び混乱に陥って国際テロの温床と化すことを強く認識している。逆にターリバーンへの関与に成功して、アフガニスタンを安定に導くことが、GCA地域全体の安定に繋がることも充分に理解している。

おわりに

アメリカは二〇一七年に発表した「国家安全保障戦略」の中で、中国は「修正主義国家」であり、「一帯一路構想（BRI）」がGCAに悪影響を及ぼしていると批判した。一方で中国は二〇二一年九月八日に開催された「第一回アフガニスタン近隣諸国外相会議」で、アメリカとその同盟国によるアフガニスタンからの急激な撤退は、アメリカによるパワーポリティクス、軍事介入、民主化の失敗を意味し、地域の不安定化を招いたと批判している。[10] このようにGCAは、米中が対立する場としての側面を持つ。

しかしながらGCA地域には、米中対立では描けない物語も存在している。アフガニスタンの発展なしにはGCA地域の安定も望めないという意識がGCA諸国の間で醸成されてきており、特にアフガニスタン、中央アジア五カ国、パキスタンの経済協力の強化を望む声がGCAの内から高まっている。たとえば、二〇二一年七月にはタシュケントでウズベキスタン主催によるアフガニスタン再建のための国際ハイレベル会合「中央アジア・南アジア：地域連結性、挑戦と可能性」（タシュケント会合）が開催された。ウズベキスタンとパキスタンは五億ドルのインフラ整備・貿易協力を締結し、さらにパキスタン―アフガニスタン―ウズベキスタン（ペシャワール―カブール―タシュケント）間の鉄道建設プロジェクト（PAKAFUZ）によるアフガニスタンの天然資源の活用が提起された。なお、ウズベキスタン、アフガニスタン、パキスタンからは大統領が、中国、ロシア、インド、イラン、トルコからは外相が参加した一方で、アメリカが国土安全保障担当補佐官の参加にとどめたことは、GCAでのその影響力低下を象徴的に物語っている。

中国が展開してきた四つの柱からなる反テロ戦略、ならびに上述したタシュケント会合への参加をみると、中国はGCAの概念と枠組みに沿ってGCA諸国を取り込む形で地域戦略を進めてきたことがわかる。中国外交の展開にとってアフガニスタンの安定は不可欠な要素であるため、今後も中国はＧＣＡの枠組みに基づいて、地域反テロ戦略を構築し、地域の連結性強化と経済一体化を推し進めていくと考える。

注

1 「Greater Central Asia」は「広域中央アジア」や「拡大中央アジア」と翻訳することが可能だが、定まった日本語訳があるわけではないため、本稿では「ＧＣＡ」を用いる。

2 本節のＧＣＡをめぐる議論に関して、スターの二〇〇五年の論稿はS. Frederick Starr, "A Partnership for Central Asia," *Foreign Affairs* 84, no. 4, (2005): 164-178、およびS. Frederick Starr, "A 'Greater Central Asia Partnership' for Afghanistan and Its Neighbors," *CACI Policy Paper*, March 2005を、二〇〇八年の論稿はS. Frederick Starr, "In Defense of Greater Central Asia," *CACI Policy Paper*, September 2008を、スヴァンストレームの二〇一九年の論稿はNiklas Swanström, "Greater Central Asia: China, Russia or Multilateralism?" In *Sustainable Land Management in Greater Central Asia: An Integrated and Regional Perspective*, edited by Victor Squires and Lu Qi, 273-282. London: Routledge, 2019を参照。

3 スターの提唱するＧＣＡに対する、これら中央アジア諸国の研究者からの批判に関してはNargis Kassenova, "The New EU Strategy towards Central Asia: A View from the Region," *CEPS Policy brief* 148, January 2008を参照。

4 この一つの文化圏のアイディアはカンフィールド（Canfield）の「Truko-Persian Islamicate Culture」に基づいている。詳しくは、Robert L. Canfield, "Introduction: The Turko-Persian Tradition," in *Turko-Persia in Historical Perspective*, edited by Robert L. Canfield, 1-34. Cambridge: Cambridge University Press, 1991を参照。

5　本項の議論に関しては、徐鶴鳴「透視美国的〝大中亜〟戦略」『国際問題研究』二〇〇七（一）、二〇〇七年、三六—四一頁、および潘光・張屹峰「〝大中亜計劃〟：美国擺脱全球困境的重要戦略歩驟」『外交評論』二〇〇八（二）、二〇〇八年、八五—九〇頁、および李捷・楊恕「阿富汗与美国〝大中亜計劃〟評析」『西亜非洲』二〇〇八（四）、二〇〇八年、二四—三〇頁、および韓雋・郭沅鑫「〝新絲綢之路願景〟—〝大中亜計劃〟的二〇一一年版？」『新疆大学学報（哲学・人文社会科学版）』四〇（五）、二〇一二年、九五—九九頁、および楊育才・袁毅「美国中亜戦略調整及地区政策走向」『俄羅斯東欧中亜研究』二〇〇二（二）、二〇〇二年、一九—三七頁を参照。

6　ＧＣＡの地域概念と地域戦略に対して、中国の研究者の間には賛否両論が存在している。ＣＮＫＩ（中国学術文献オンラインサービス）によるインデックス分析によれば、ＧＣＡを意味する「大中亜」をキーワードに掲げる学術論文は、二〇〇六年には二件、二〇〇七年には三件、二〇〇八年には五件、二〇一〇年には一件、二〇一二年には二件、二〇一三年には一件、二〇一四年には一件、二〇一五年には二件、二〇一六年には三件、二〇一七年には一件、二〇一八年には二件、二〇二〇年には一件存在する。

7　本項の議論に関しては、趙華勝「上海合作組織的机遇和挑戦」『国際問題研究』二〇〇七（六）、二〇〇七年、三九—四七頁、およびNiklas Swanström, "China and Greater Central Asia: New Frontiers?" *CACI Silk Road Paper*, December 2011、およびMichael Clarke, "China's Strategy in 'Greater Central Asia': Is Afghanistan the Missing Link?" *Asian Affairs: An American Review* 40, no. 1 (2013): 1-19、および杜哲元・徐進「〝亜欧枢紐〟還是〝帝国墳墓〟？—〝大中亜〟地帯地縁政治機理析論」『中国社会科学院研究生院学報』二〇一五（四）、二〇一五年、一三二—一三七頁を参照。

8　本項のロシアに関する議論については、孫永祥「従大中亜地区的能源争奪看美、俄全球戦略的博弈」『当代石油石化』Ｖｏｌ．一四、二〇〇六（一二）、二〇〇六年、三四—三七頁、およびNiklas Swanström, "Greater Central Asia: China, Russia or Multilateralism?" In *Sustainable Land Management in Greater Central Asia: An Integrated and Regional Perspective*, edited by Victor Squires and Lu Qi, 273-282. London: Routledge, 2019を参

照。インドに関する議論については、Vinod Anand, "The Greater Central Asia Concept and Implications for India," *U. S. I. Journal* 87, no. 576, April 2009、および張舒君「深入腹地：美国中南亜戦略的演変及中国的応対」『新疆社会科学』二〇一八（五）、二〇一八年、一〇五—一一一頁、およびNiklas Swanström and Julian Tucker, "Economic Dreams and Geopolitical Realities: How Will the India-China-Russia Dynamic Unfold in Greater Central Asia?" In *India and China in Asia: Between Equilibrium and Equations*, edited by Jagannath Panda, 193-208. London: Routledge, 2019を参照。特に、アナンドの論稿が掲載された「U. S. I. Journal」はインド軍の研究雑誌であり、彼の主張はインドの軍の見解を反映していると考えられる。イランに関する議論については、金良祥「後協議時代伊朗与大中亜地区的関係探析」『新疆社会科学』二〇一六（四）、二〇一六年、七九—八四頁を参照。また二〇二一年に刊行されたスターとアリポフの論稿については、S. Frederick Starr and Eldor Aripov, "Can Afghanistan Be Part of An Integrated Central Asia?" *The National Interest*, July 9, 2021を参照。

9 本項で議論する中国の対アフガニスタン安全保障戦略に関する詳細は、Amane Tanaka and Maria Tanaka, "China's Security Engagement with Greater Central Asia (GCA): The Case of Afghanistan," *Roles Review* 2, (2022) : 21-38を参照。

10 これらの議論は、*The 2017 National Security Strategy of the United States*, 50. https://trumpwhitehouse.archives.gov/wp-content/uploads/2017/12/NSS-Final-12-18-2017-0905.pdf、およびConsulate General of the People's Republic of China, "Wang Yi Speaks with Pakistani Foreign Minister Shah Mehmood Qureshi on the Phone," May 15, 2021, http://firenze.china-consulate.gov.cn/ita/zxhd/202105/t20210517_8998086.htmを参照。

第16章

中国—イラン関係の深化とその限界
——隔たりのあるパートナーシップ

山口信治

はじめに

二〇二一年三月、中国とイランが二十五年にわたる協力協定に調印したというニュースが世界中に流れた。この協定はエネルギー協力やインフラ建設を中心としたさまざまな経済協力を長期的に実施することを謳っており、二〇一六年の全面戦略パートナーシップ締結以来深まってきた関係が新たな段階に入ったことを象徴するもののように見えた。すなわち、中国とイランという二つの反米的な権威主義国家がその関係を深化させ、枢軸を形成しつつあるという印象を与えたのである。[1] たしかに中国とイランが、その度合いに違いはあれ、米国を脅威としてとらえ、それへの対抗を強めてきたことは間違いないだろう。

しかし、両国間関係は、米国への対抗以外の要因もかかわっており、はるかに複雑である。実際のところ中国―イラン関係は必ずしも外部の予測ほど深まっていない。イランは二十五年協定の締結を両国関係の深まりを示す大きな成果として宣伝したのに対して、中国はそれをあまり強調せず、出来るだけ目立たせないようにしていた。

このような中国―イラン関係の深化とその限界はどういった面で見られるのだろうか。またその関係を規定する要因は何だろうか。

本章が特に注目するのは、中国の中東戦略全体の中でのイランの位置づけである。中国の中東戦略は、以前のようなエネルギーのみに関心を寄せて政治・安全保障問題には関わらないようにする消極的態度から、政治・安全保障問題を含む積極姿勢に転じてきた。その中で、イランとサウジアラビアのライバル関係は中東の国際関係の主軸となっており、中国はその双方に配慮する必要がある。そして中国にとってサウジアラビアの重要性の方が、イランの重要性をやや上回ることから、イランとの関係深化にとっては足かせとなっている。

本章は以下のように構成される。まず第一節では、二〇一〇年代までの中国—イラン関係の展開とその規定要因を大まかに述べる。第二節では、二〇一〇年代後半以降の中国—イラン関係の変容を明らかにする。第三節では、中国—イラン関係が「隔たりのあるパートナーシップ」と呼ばれるような限定的なものにとどまっている要因を分析する。

1 中国—イラン関係の展開

❶ 中国とイランの関係史

中国とイランは、交流の歴史そのものはシルクロードの時代にさかのぼることができるとはいえ、その政治的関係はそれほど強かったわけではない。中華人民共和国とパフレヴィー朝イラン帝国は一九七一年に国交を正常化させ、一九七八年八月には華国鋒国家主席がテヘランを訪問した。両国は増大するソ連の脅威に対する対抗という共通利益を持っていた。イラン革命によってイラン・イスラム共和国が成立すると、中国のシャー（イラン皇帝）との関係が深かったことから、中国と革命政権の間の関係は冷え込んだものの、イラン・イラク戦争が勃発すると武器供給源として中国が重要となり、両国関係は深まった。[2]

冷戦後、唯一の超大国となった米国の圧力にさらされる国家として、中国とイランは「米国の覇権主義」への反対という立場を共有し、協力関係を深めた。一九八九年五月のハメネイ（Ali Khamenei）大統領の訪中以降、両国の軍事協力が進展した。特にイランの核兵器開発に対して中国は本格的な支援を行った。両国は米国の覇権主義に対する対抗という共通利益を持っており、一九九一年の湾岸戦争のあと、中東諸国が米国との関係を深める中で、中国とイランは米国への対抗という点で一致していた。

しかし中国は九〇年代後半には米国との関係を改善し、次第にイランと距離をとっていった。中国は、第二次台湾海峡危機など米中関係の緊張状態が続く中で、対米政策を再検討し、関係改善に乗り出し、イランへの支援を控えるようになっていった。一九九七年には中国は米国との間で、イランの核兵器開発に対する支援や対艦巡航ミサイルの売却停止で合意した。

二十一世紀に入ると中国とイランは米国の覇権への対抗という共通利益から、ある程度関係を再構築した。両国はブッシュ（子）(George W. Bush) 大統領の単独主義を警戒し、イラク戦争に反対を表明していた。ただし中国は当時進めていたパートナーシップの締結をイランとの間では行わず、また軍事協力も再開したとはいえ、限定的なものにとどめ、イランとの間で反米ブロックを形成することはなかった。

近年の中国―イラン関係の深化のきっかけとなったのが、二〇一五年の包括的共同作業計画（JCPOA）、いわゆるイラン核合意である。この合意は、イランの軍事的原子力利用を制限する一方で経済制裁を解除するというもので、これによって中国はイランとの貿易を拡大することができるようになった。二〇一六年には、全面的戦略パートナーシップが締結され、中国―イラン間で、エネルギーや投資を中心に幅広い長期的協力関係を築くことが確認された。二〇一八年にトランプ政権（Donald J. Trump）がJCPOAを破棄したことで、経済制裁が再開されたが、中国とイランでは二〇二一年三月に二十五年にわたる協力協定が締結された。

❷ 関係を規定してきた要因

中国から見て、イランとの関係はエネルギーや対米対抗という点から重要であったが、他方で関係を深化させすぎることについては常に抑制的だった。

まず、中国にとってイランの原油や天然ガスは魅力的である。中国は世界第二位の石油消費国であり、世界最大の原油輸入国である。イランは二〇二〇年時点で世界九位の原油産出国であり、まだその埋蔵量に余裕があるとされる。これまで言われてきたように、中国─イラン関係においてエネルギーが重要だったことは間違いない。またイランから見れば中国は最大の貿易相手国であり、経済制裁に苦しむ中で、重要なパートナーとなっている。二〇〇三年から二〇一四年の間に、中国─イラン間の貿易額は九倍に増えた。

さらに、中国とイランは、冷戦後の米国の一極支配に対する反対という共通アジェンダを持っており、その面で協調関係にあった。冷戦後、米国は唯一の超大国、覇権国として国際秩序を主導するようになった。米国は自由貿易や自由主義・民主主義を掲げ、リベラルな国際秩序の構築を目指した。

このような米国への対抗という点からみて、国際システムにおける米国の一極支配は望ましい状況ではない。米国はいかなる国家をもしのぐ圧倒的な軍事力によって、自国の意思を押し付けてくるだけでなく、意に沿わない国家に対して軍事・非軍事の手段を用いて体制を転覆させようとしてくると両国には考えられている。国際システムの力の分布が一極から多極に向かうことは両国にとって望ましい傾向であり、それを促進することに共通の利益がある。

ただし、冷戦後の中国とイランの関係には限界もあった。まず、対米姿勢について中国とイランでは相違があり、このことが主に中国がイランから距離をとる原因となってきた。中国は、米国の覇権に対する反対を掲げ、その面でイランと協力関係にあったとはいえ、イランとの間で反米ブロックを形成するつもりはなかった。中国はイランのために米国と対立するつもりはなく、むしろイランに対する核技術移転や兵器売却の問題をめぐって米側に譲歩し、これらを停止した。

また中国は、中東地域において政治・外交面でそれほど活発に活動しておらず、重要なプレイヤーではなかった。中国が関心を寄せてきたのはまず原油であり、そのほかの貿易関係も含めた経済的関係がその活動の中心であった。政治・安全保障面において、中国は中立の立場をとり、積極的な関与を避ける傾向にあった。ただし一九八〇年代より兵器輸出については積極的に行っており、たとえばイラン・イラク戦争時にはイラン・イラク双方に兵器輸出を行っていた。

2 変容する中国―イラン関係

❶ 中東情勢の変化

二〇一〇年代以降の国際政治の変化は、中東の国際関係を変容させた。このことは、中国―イラン関係の深化とその限界の両方に影響を与えている。

その変化の第一は、中東地域において米国の存在感が小さくなり、他方で中国の存在感が大きくなってきたことである。米国は一九九一年の湾岸戦争以来、中東の国際関係において中心的な地位を占めてきた。しかしオバマ政権以降、イラクからの撤退をはじめとして、テロとの戦いから転換し、アジアへのリバランスを進めてきた。

これに対して中国は、中東との関係において、経済を中心に発展し続けているだけでなく、政治・安全保障に拡大し、より包括的な中東戦略を目指すようになっている。中国外交は、以前の経済問題以外では地域の問題に関わらないという姿勢から、より積極的に包括的関与を進めるものへと変化している。

第二に、エネルギー供給源の多様化である。米国のシェールガス革命により、米国はエネルギー純輸出国となり、中東の重要性は低下した。他方で中国の経済成長に伴って、そのエネルギー需要は大きく高まってきた。特に重要なのが中東の石油であり、中国と中東諸国にとってのエネルギーを中心とした関係が重要となった。中東諸国にとって、原油市場の不安定性に鑑みて、経済構造の多様化が必要となっており、投資元としての中国の魅力は向上している。

第三に、中東諸国の国際関係の変化である。特にイランとサウジアラビアという二つの地域大国の対立は、米国の存在感が薄れゆく中で、中東地域の国際関係の中心軸となった。イランはこうした変化の中で、中東における影響力を拡大してきた。シリアのアサド政権やイエメンのホーシー派などは、イランからの支援を受けてその影響力下に入った。サウジアラビアは、こうしたイランの影響力拡大に対抗し、シリアの反体制派やイエメン政府を支援した。こうしたことからイエメンやシリアにおける内戦は、イランとサウジアラビアの代理戦争とも呼ばれた。こうした構図の変化の中で、従来の中国のように、中東外交においてバランスをとることは難しくなりつつある。

第四に、米中対立の深化である。米国と中国は、二〇一〇年代まではさまざまな矛盾を内包しつつも、相互の戦略的重要性から、一応の協調関係を維持してきた。しかし、政治・イデオロギー、経済・技術、安全保障上の摩擦から次第に全面的な対立関係へと至った。米中対立が次第に激化する中で、中国にとって米国主導ではない秩序構築が重要課題となっている。その中で、ユーラシア大陸における連帯が重要となっており、中国はこれに注力している。

❷ 中国―イラン関係の深化と限界

前述のように二〇一五年七月の核合意以降、中国はイランとの関係を発展させてきた。[3] 二〇一六年には習近平によるイラン訪問が行われ「全面戦略パートナーシップ」が締結された。中国とイランは、米国の覇権主義や介入に対する反対という立場を共有し、中国から見ればイランは石油の確保において重要な貿易相手であり、またイランから見て中国は貴重な投資源であった。イランは新疆問題について沈黙を続けており、中国の核心的利益を満たす存在でもある。中国―イラン関係は、従来の石油中心から政治・外交・技術上の意味を持つより戦略的なものへと変容してきた。三船恵美が指摘するように、中国―イラン関係は「石油ガス＋」の関係へと拡大していると言えるだろう。[4]

①二十五年計画の提起

二〇一九年、ザリーフ（Mohammad Javad Zarif）外相は訪中時に二十五年計画を提起し、イランは積極姿勢を見せ続けてきた。この協定の本質は中国による交通、港湾、通信などに対する四〇〇〇億ドルの大規模投資とイランの原油の安定的供給の交換にある。すなわち、イランは中国への原油輸出を安定的に実施する一方で、一帯一路構想にイランが加わる。

その中で挙げられているプランとして、チャーバハール港開発や中央アジアおよびトルコなどとの間の交通インフラ整備、中国―パキスタン経済回廊を通じたパキスタンや中国への天然ガス供給、パキスタンやアフガニスタンに電力供給するための発電施設と送電システムがある。そのほかにもイラン―パキスタン間のマクラン海岸の開発や、5Gネットワークの構築などがこの計画には含まれていた。

二十五年協定は大規模投資を謳っているものの、実際の貿易・投資額推移は低調である。二〇二〇年の貿易は一四九億ドル、直接投資ストックは三〇億ドルであった。米国による対イラン制裁が中国企業にとっての制約要因になっている。またエネルギーについても、イランは中国にとって重要な原油輸入元であり、二〇一四年には中国にとって六番目の原油供給源だったが、現在は一〇位以内に入っていない。イランはエネルギーセクターへの投資拡大を望んでいるが、現状ではその期待に見合うほどになっていない。[5]

ただし、南アジアや中央アジアとの連結性強化において中国とイランの協力が発展する可能性がある。注目されるのが、二十五年計画でも取り上げられているチャーバハール港開発の行方である。当初、港の開発はインドが中心となって計画を進め、二〇一六年四月にはインド、イラン、アフガニスタンがチャーバハール開発とアフガンにおける鉄道建設を連結させることで合意していた。しかし計画は必ずしも順調に進展しなかった。

そこでイランはチャーバハール港開発を中国―パキスタン経済回廊と接合させることを提案し、パキスタンのグワダル港開発を結び付けてチャーバハール港開発に中国を招致しようとしている。二〇二一年にタリバンが勝利したことで、この構図がさらに明確となるかもしれない。イランとパキスタンは、中国―パキスタン経済回廊にアフガニスタンを組みこむことを模索しており、インドを弾いて中国を招き入れることで地域協力が出現する可能性がでている。ただし中国はこの港湾開発には沈黙を守っており、今後の動向が注目される。

②政治体制の維持

中国とイランは、自国の権威主義的政治体制を守ることを重要な政治的課題としている。全面的戦略パートナーシップに関する宣言において、それぞれの核心的利益を相互に支持することを謳っており、この文言は中国―イランの共同宣言に必ず登場する。中国が言うところの核心的利益には、領土や台湾問題など様々な範囲が含まれているが、自国の政治体制の維持もその中に含まれている。中国とイランは、欧米流の民主主義に反対し、民主化が自国に及ぶことについて神経をとがらせている。

また、イランは新疆におけるイスラム教徒を含む少数民族への弾圧問題について沈黙を守っている。このことは、中国にとって新疆問題が、宗教に対する弾圧ではなくテロリズムとの闘いであると主張する上で重要である。実際にイランは、中国がその新疆政策を国際的に正当化するのを手助けしている。二〇一九年七月、国連人権理事会において中国の新疆政策を支持する決議が提出されたが、イランはこれに賛成票を投じている。

③デジタル技術についての関係深化

中国とイランは、権威主義体制の国家としてインターネット空間についての見方が類似しており、インターネット空間にも主権が存在し、国家による管理が重要との立場をとっている。これは、両国ともにインターネットに対する監視が体制の安定にとって重要と考えているためである。

これと関連して、デジタル監視技術について中国はイランに対して技術提供している。特にイランが政治的に不安定となる中で、監視システムの重要性が認識されるようになっており、中国は、イランにおけるＡＩに基づく監視警戒システムの構築に寄与している。たとえば二〇一〇年にはＺＴＥがTelecommunications Company of Iranと契約を結んでいるし、近年でも天津天地偉業デジタル科技（Tiandy）が革命防衛隊やイラン軍にビデオ監視システム輸出（ＩＰＶＭ２０２１）を提供している。イランの監視カメラとそのデータセンターは、二カ所のコントロールセンター、すなわちテヘランと中国国内にデータを送信しているとされている。

５Ｇについて見ると、ＪＣＰＯＡ締結後、欧州と中国がイランにおける５Ｇ展開をめぐって競争していたが、全般として欧州勢の優位という状況があった。イランでは一般的に中国製品よりも欧米製品を好む傾向が強いとされる。しかし制裁の再開後、欧州勢が脱落し、ファーウェイのチャンスが拡大しているという状況にある。すなわち、５Ｇにおける中国とイランの接近は、権威主義体制同士の連帯のゆえに起きているというだけでなく、米国のＪＣＰＯＡ離脱と制裁の結果として起きているともいえる。なおファーウェイの孟晩舟副会長が二〇一八年にカナダで逮捕されたのは対イラン経済制裁の違反という容疑に基づいていた。

④多国間外交における協力

中国とイランの外交関係は、中央アジアや南アジアにおける協力が発展している。一つにはアフガニスタンの周辺国としての協力である。二〇二一年の米軍撤退に続くカブール陥落とタリバンの勝利によってアフガニスタン情勢は不安定となり、二〇二一年九月八日、中国は欧米の主催するアフガニスタンに関する会議には出席せず、パキスタンやイラン、中央アジア諸国との間で周辺国によるアフガニスタン問題外相会議を開催した。周辺国外相会議は二〇二一年十月に第二回会合を開催し、二〇二二年三月末に第三回会合を北京で実施している。

また上海協力機構（SCO）はメンバーを拡大しており、イランは二〇二三年に正式加入予定である。SCOは、中国、ロシア、中央アジアに加えてインドとパキスタンが加入国となっており、これにイランが加わり、さらにベラルーシも加入手続きを開始している。SCOの拡大は、非米欧勢力の連携強化を示すものとして見ることもでき、このような多国間の枠内でイランとの関係が強化されつつある。

⑤軍事協力

中国とイランの軍事的関係は一九八〇年代にさかのぼり、一九九〇年代まではミサイルや核開発援助で深い関係にあった。イランの影響下にある武装勢力の無人航空機（UAV）は中国製であるとされる。これがどの程度組織だった政策として実施されているのか分からないが、中国のUAVの存在感が大きくなっていることは確かである。またイランはパキスタンと並んで北斗衛星システムの軍事用シグナルの使用を契約している国家でもある。こうした点から見て、中国とイランの軍事協力は深いと見ることもできる。

ただし、全体的傾向を見れば、二〇〇四年以降兵器輸出は落ち込んでいる。中国はイランに対

図表16-1　中東主要国に対する中国の兵器輸出

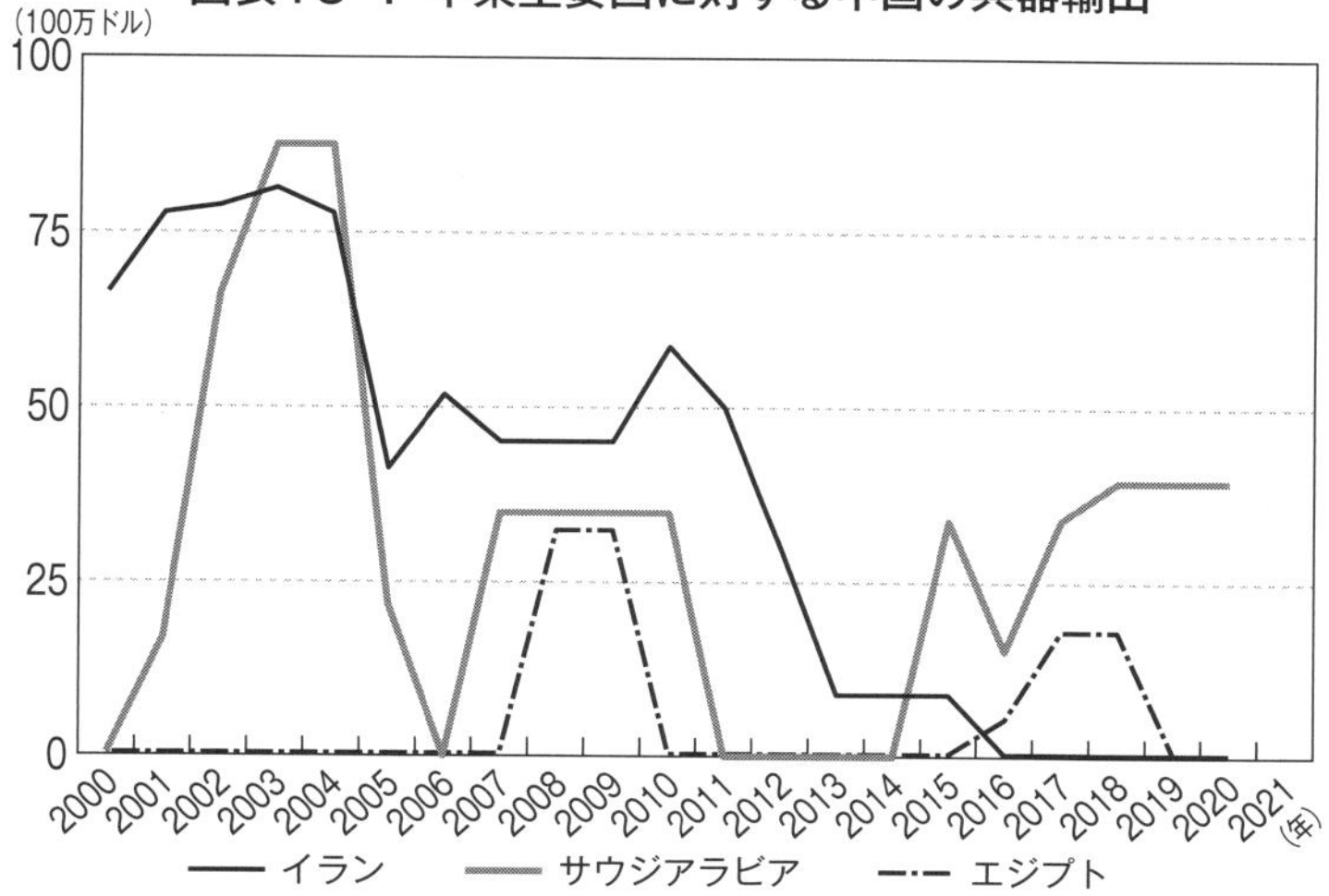

出所：ストックホルム平和研究所（SIPRI）データベース

して地域の軍事バランスを崩すような兵器輸出を行っておらず、この傾向は今後も続くと思われる（図表16‐1）。ＵＡＶの供与にしても、サウジアラビアとの間では共同生産に踏み込んでおり、イランとの関係が特別深くなっているわけではない。要するに、中東全体においてＵＡＶを中心とする中国の兵器輸出が活発化しているということである。[6]

その他の軍事面における協力関係も実施されている。二〇二二年四月には魏鳳和国防部長がイランを訪問し、両国の軍事関係の強化について合意した。その中には軍高官の戦略的軍種・兵種の交流深化、共同演習・訓練、教育などの実務協力が含まれていた。これらがどの程度実現されるのかが注目である。

共同訓練、演習もそれほど活発ではないものの、実施されている。二国間演習について見ると、二〇一四年に海賊対処の共同演習が行われたほか、二〇一七年にはホルムズ湾で共同演習が行われた。そのほかに、中国、ロシア、イランの三カ国共同演習も行われている。二〇一九年にはオマーン湾で三カ国共同演習が初めて実施された。さらに二〇二二年一月にはインド洋で三カ国共同演習が行われている。

3 「隔たりのある戦略パートナーシップ」

これまで述べてきたように、中国とイランの関係は近年緊密となってきたとはいえ、経済、外交、軍事のそれぞれの分野において限界も明らかである。中国とイランの経済関係は予想されたほど深まっていないし、外交面において多国間枠組みにおける協力が目立つものの反米ブロックを形成しているわけでもないし、軍事的な協力も注視が必要とはいえ深い関係にあるとは言えない。上海外国語大学教授の范鴻達が中国とイランの関係を「隔たりのある戦略パートナーシップ」と表現したように、中国―イラン関係は必ずしも外部の予測ほど深まっていない。[7]

これはなぜだろうか。こうした制約の要因は以下のようなものがある。

第一に、中国の中東戦略においてイランの地位は必ずしも突出していないことである。イランは中国にとって重要であるとはいえ、サウジアラビアなどとの関係に影響を与えないよう慎重に進める必要がある。

中国は中東内での対立関係に対して立場をとらないことを重視しており、他の諸国との関係を犠牲にしてまでイランとの関係深化に動こうとしてこなかった。イランとサウジアラビアの対立が中東の国際関係の軸となる中で、こうしたバランス外交は難しくなりつつある。

中国の中東戦略において、イランとサウジアラビアのどちらに比重があるかと言えば、サウジアラビアの重要性が高まり続けているのが現実である。サウジアラビアは世界最大級の原油輸出国であり、かつ近年では湾岸諸国を中心に影響力を拡大している。またサウジアラビアは湾岸戦争以来、この地域における米国の最も重要なパートナーだったが、近年ではアラブの春への米国の対応や、米国が中東からアジアに重心を移していったことで、関係に隙間が生じている。

こうしたことから、サウジアラビアとの関係深化は中国にとって非常に重要となっている。二〇一六年の習近平国家主席の中東歴訪ではイランよりも先にサウジアラビアを訪問して全面戦略パートナーシップを締結したが、これはサウジアラビアの中国外交の中での優先度の高さを示していたと言えるだろう。

二〇二二年十二月の習近平国家主席のサウジアラビア訪問の際には、サウジアラビアとの関係は「外交全体、とりわけ中東外交の優先的な方向」にあると表明し、その重要性を強調した。また中国と湾岸協力理事会（GCC）の会議の共同宣言において、地域のテログループへの弾道ミサイルやドローンの拡散への懸念が示されたが、これはイランを指すものであったと見られており、こうした表現に中国が同意を示したことは、イランにとってショックだっただろう。

さらに宣言は、イランが実効支配する大タンブ島、小タンブ島、アブー・ムーサ島三島の領有権について、協議を通じた平和解決を進めるアラブ首長国連邦（UAE）の姿勢を支持する旨を明記した。これはイランにとって非常に不満であり、あからさまな不快感を表明するとともに、中国大使に抗議を申し入れた。これに対して中国外交部スポークスマンは「GCCもイランも中国の友人であり、中国の双方との関係は、第三方に向けられたものではない」と釈明するなど、関係がぎくしゃくした。二〇二三年二月にライーシー・イラン大統領が訪中し、関係深化が再確認されたものの、中東外交の難しさを印象づけられただろう。

第二に、中国はイランの反米政策に巻き込まれることを嫌っている。こうした中国の姿勢は、これまでの外交姿勢とかなり連続している。ただし、この要因は、米中対立が深まる中で、以前ほど強い制約にはならないかもしれない。

しかし、中国は米国との覇権競争により積極的となっているとはいえ、あらゆる問題について米国との全面的対決を行おうとしているのではない。特にイランのために中東で米国と対決するつもりはない。したがって、中国は、イラン側が望むほど反米というメッセージが前面に出るのを嫌う傾向にある。またトランプ政権下で再開された対イラン経済制裁について、中国は基本的にこれに従っていると考えられている。

第三に、イラン側の過度な対中依存への警戒である。イラン国内では、対中依存が深まること

図表16-2 イランの対中世論

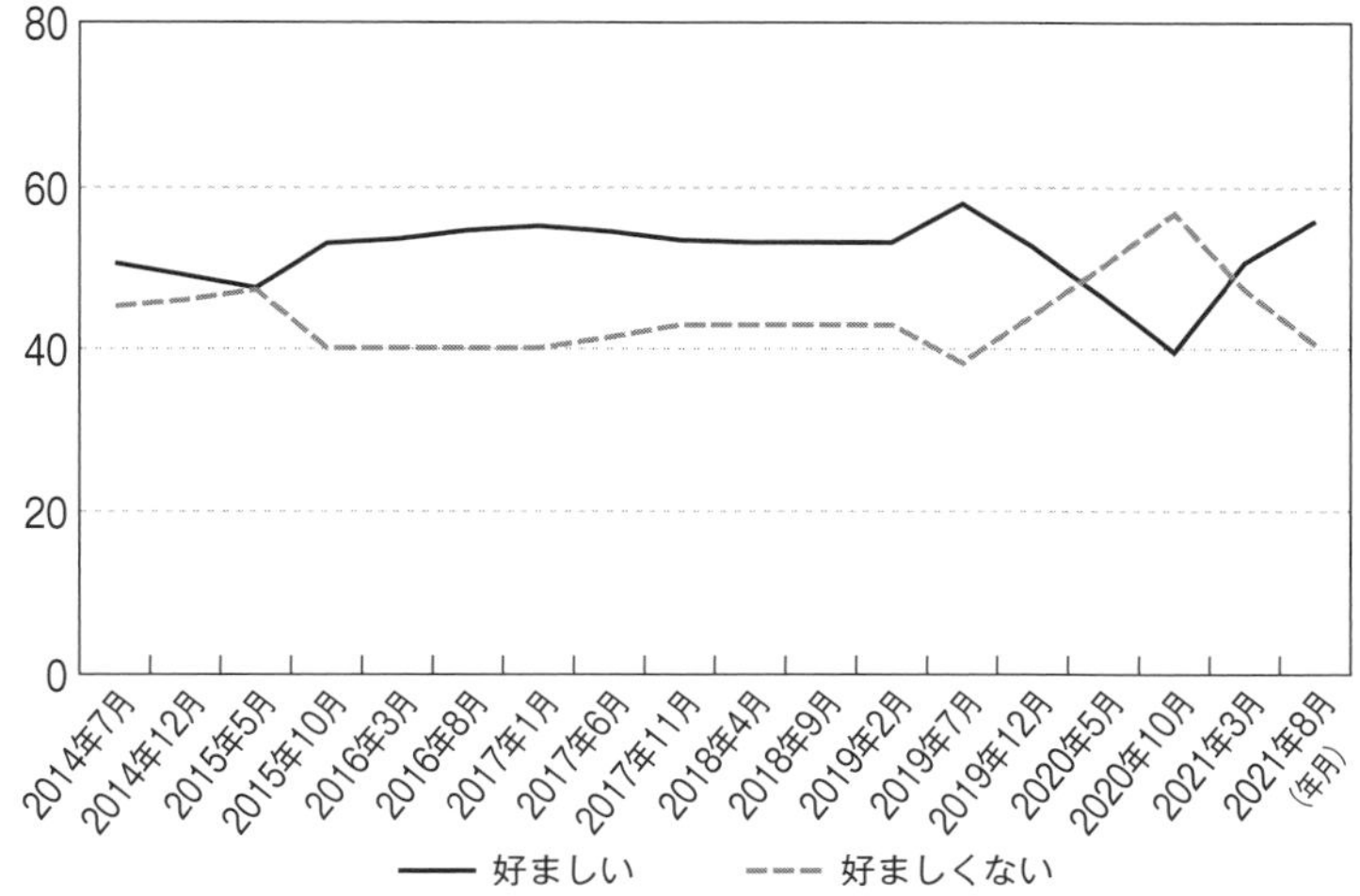

出所：メリーランド大学国際関係・安全保障研究センター、2001年

への警戒や反発は強いとされる。二〇二一年の二十五年協定に対するイラン国民の反応の中には強い対中反発を示す者もいたという。

イランの対中世論は、中国を好むという意見が好まないという意見をおおむね上回っているが、常に五：四程度の僅差となっており、世論の見解が分かれていることが分かる（図表16-2）。ただしイラン国民は中国の重要性について十分認識しており、シカゴ・カウンシルの調査によれば、関係が「とても重要だ」という声は四五％、「ある程度重要だ」は三五％を超えており、他のどの国家よりも高い。イランにとって中国は、現実に頼るべき重要国家である一方で、その依存に対して微妙な国民感情があると指摘できるだろう。

これら制約要因は、今後も長期的に作用し続けると考えられる。このため中国―イラン関係は、協力は深まるものの、一枚岩の同盟関係となることはないだろう。

おわりに

中国とイランの関係は、反米と権威主義の連帯によって同盟のような関係を形成しつつあるのだろうか。たしかに、中国とイランは米国に対抗し、その影響力を削ぎ、リベラルな国際秩序を解体することに共通の利益を持っている。しかし、中国―イランの関係は「隔たりのある戦略パートナーシップ」と呼ばれるように、微妙な部分も多い。

本章が示してきたのは、深化とともに限界を見せる中国―イラン関係の現在地である。中国はそのグローバルな外交展開の活発化の中で、中東地域においても以前よりも積極的かつ包括的な関与を深めている。地域において米国の存在感が薄まる中で、中国はこれにとって代わるわけではないものの、欠かせない存在となりつつある。この傾向は、ウクライナ侵攻後の経済制裁によってロシアの影響力が低下する中で、さらに顕著となっていくかもしれない。

ただしこのことは、中東地域内の国際政治に中国が巻き込まれやすくなることにもつながっており、そのバランスが課題となりつつある。イランとサウジアラビアの対立という状況の中で、双方との関係強化を進めようとする中国の政策は、難しいかじ取りを迫られるようになっている。

それでは、米中対立という文脈においてこのような中国―イラン関係をどのように理解すればよいのだろうか。中国とイランが米国への対抗という共通のアジェンダを持っていることは明らかであり、これが両国関係を促進してきたことは間違いない。しかし、中国とイランは公式の同盟を結ぶわけではなく、また両国が反米ブロックを形成するというわけでもないだろう。

しかしそれでも、中国―イラン関係は、米中対立を中心とした現在の国際秩序の変動の中で重要な意味を持つ可能性がある。それは特に、中東地域外における中国―イランの協力関係の発展である。特に注目すべきなのが、南アジアや中央アジアにおける展開である。ＳＣＯの拡大やアフガニスタンをめぐる周辺国外交など、中国が中心となる地域協力枠組みにイランが参加する可能性は高く、中国から見て中東のような外交バランスの問題は存在しない。したがって、中国―イラン関係の深化と発展は、ユーラシア大陸の秩序変容において重要な影響を及ぼしうると言えるだろう。

注

1 Dina Esfandiary and Ariane Tabatabai, *Triple Axis: Iran's Relations with Russia and China*, London: I.B. Tauris, 2018; 華黎明「中伊関係可能会摆脱美国制約、向前走得更快」易網、二〇二一年三月十五日、https://www.163.com/dy/article/G5U9Q4CH0519C6BH.html

2 中国―イラン関係に関する最も重要な研究として、John Garver, *China and Iran: Ancient Partners in a Post-Imperial World*, Seattle and London: University of Washington Press, 2006がある。

3 Joel Wuthnow, "Posing Problem Without an Alliance: China-Iran Relations after the Nuclear Deal," *Strategic Forum*, National Defense University, February 2016.

4 三船恵美「中国外交におけるイランの位置づけ」『中東研究』第五三七号、二〇一九年度Ｖｏｌ．Ⅲ、八―一九頁。

5 Lucille Greer and Esfandyar Batmanghelidj, "Last Among Equals: the China-Iran Partnership in a Regional Context," *Occasional Paper Series* No. 38, Wilson Center, September 2020.

6 八塚正晃「中東地域への中国の軍事的関与」『中東研究』五三七号、二〇一九年度Ｖｏｌ．Ⅲ、二〇―三三頁。

7 范鴻達「中国和伊朗：心存隔閡的戦略顆伴」観察者網、二〇二〇年十二月四日。https://www.guancha.cn/FanHongDa/2020_12_04_573499.shtml;

第17章

ロシア・ウクライナ戦争と「圧倒的な戦略」

小泉 悠

はじめに

英国の戦略研究者として知られるローレンス・フリードマンは、『戦争の未来』という著書を二〇一七年に上梓している。[1] ポイントは、同書のタイトルが『未来の戦争』（というありがちなもの）ではなく、『戦争の未来』であるという点だ。つまり、十九世紀から二十一世紀にかけて、政治家や戦略家や学者たちが将来の戦争をどのように構想してきたのかがフリードマンの主要な関心なのである。

その詳細は実際に『戦争の未来』をお読みいただくとして、ここでは同書の冒頭における次のような記述を紹介しておきたい。

「このような著作（過去の将来戦争ビジョン）で繰り返されるテーマは、大きく分けて二つある。一つは、戦争を封じ込めることが次第に困難になるために、その破壊力を時間的・空間的に制限すべきであるという考えだ。二つ目はそれとリンクしているのだが、決定的な軍事的手段を求める姿勢である。これによって敵にノックアウト・ブローを食らわせて、戦争を迅速に、そして勝利した状態で終わらせようという考えだ。次の戦争についての考えというのは、もし自国が採用すればスピーディーな終結をもたらしてくれそうだが、敵に採用されれば危険な、いわゆる『圧倒的な戦略』を提示することが多い」

つまり、将来戦争ビジョンというのは、短期の圧倒的勝利を約束する新しい戦い方へと引きずられがちだということである。これはある意味で、人間の性であろう。仮に次なる戦争が避けられないのだとすれば、なるべく少ないコストで勝とうとするのは当然と言える。だが、フリードマンは以上の文章に続けて、次のようにも述べている。

「ところがそこでは最初のノックアウト・ブローが敵に効かなかった場合や、戦争の流れが次第に非軍事的な要因、つまり同盟の形成や破綻、経済・人口構成面での強さ、もしくは国民の犠牲を出すことへの準備や受け入れなどについては、あまり考慮されることがない」

本章のテーマであるロシア・ウクライナ戦争（二〇二二年二月に始まったロシアのウクライナ侵略）を考える上で、フリードマンの洞察は多くの示唆に富む。後述するように、二〇〇〇年代以降のロシア軍においてはまさに圧倒的な戦略——ノックアウト・ブローを用いて低コストで勝利する方法が様々に構想されてきた。特に注目されるのは、情報戦による敵国指導部や国民の認識操作、経済制裁、外交的孤立化といった非軍事手段と、難民、テロ、限定精密空爆などの低烈度の暴力行使を組み合わせることで、公的な戦争に訴えずして戦略目標を達成できるとする諸理論が二〇一〇年代半ば以降に隆盛を極めたことである。

だが、現実の戦争は、ロシアの軍事思想家たちの期待をことごとく裏切った。非軍事手段を用いた「戦争に見えない戦争」は決して万能ではなく、これに代わって採用された電撃侵攻作戦もまた早々に失敗に終わっている。その帰結は、二つの近代国家が軍事力と国力を総動員して戦う古典的な戦争の再来であった。本章執筆時点においてロシアとウクライナの戦争は一年以上も継続し、そこでは交戦国の双方が数十万人の兵力を投入して二〇〇〇㎞に及ぶ戦線を挟んで激しい暴力闘争を展開している。

では、ロシアにおける「圧倒的な戦略」はどのような背景の下に浮上してきたのだろうか。本章第一節ではまず、この点を考察してみたい。続く第二節では、以上の背景の下で具体的にロシア軍内部においてどのような議論が行われてきたのかを「新型戦争」をキーワードとして概観する。しかし、実際のロシア・ウクライナ戦争は、「新型戦争」が予期した非軍事手段の活用による「戦争に見えない戦争」とは大きく異なるものとなった。そこで第三節では、「新型戦争」は何故採用されなかったのかという問題を取り上げ、同理論が持つ問題点を指摘する。また、最後の「おわりに」では、以上の内容が日本の安全保障に投げかける問題をいくつか指摘した。

1 ロシアにおける「圧倒的な戦略」論の背景

❶ 通常戦力の弱体化

フリードマンがいう「圧倒的な戦略」が二十一世紀のロシアで注目された背景としては、主に二点が指摘できよう。

まず、通常戦力の弱体化である。冷戦末期、ソ連軍は中国人民解放軍をも凌ぐ五〇〇万人以上という世界最大の規模を誇ったが、ソ連崩壊によってロシア軍が受け継いだのはその半数に相当する約二七〇万人であった。さらに社会主義体制の崩壊による経済混乱でロシアの国防予算は逼迫し、この数字は一九九〇年代末までに一四〇万人まで低下する。

量的な縮小に加えて、質的な面でも、ロシアの軍事力はソ連時代と比較にならないほど弱体化していた。国防予算の不足によって装備の更新・整備が滞ったことや、大規模な訓練活動が行えなくなったことに始まり、軍上層部の腐敗、新兵いじめや犯罪の横行に至るまで、軍事組織としてのロシア軍は崩壊寸前の状態に陥っていたと言ってよい。二〇〇〇年代に入ると、原油価格の高騰によるロシア経済の高度成長や、プーチン政権による軍改革の進展で状況はやや改善を見るが、米国をはじめとする北大西洋条約機構（NATO）諸国と正面から渡り合える状態でないことはロシア軍自身も認めるところであった。

NATOとの大規模戦争という想定自体も批判の対象となっていた。一九九三年に公表された最初の『軍事ドクトリン』以来、ロシア政府は対NATO戦争の蓋然性が大きく低下したという認識を明らかにしており、したがって、大量の兵力を動員する戦争は現実にそぐわないという考え方はある程度浸透していたと言える。二〇〇〇年に成立したプーチン政権の軍改革方針もおおむねこうした想定に沿ったものであり、兵力の削減、軍の構造の合理化、徴兵期間の短縮などが進められていった。対NATO戦争が全く度外視されたわけではなく、有事に一般市民を動員するための法制度は残されたし、核兵器を先制的に使用することで通常戦力の弱体化を補うという方針も前述した一九九三年版『軍事ドクトリン』では打ち出されていたが、これらの措置はあくまでも「万が一」に対する備えという位置付けであった。

❷陰謀論的脅威認識

背景の第二としては、一種の陰謀論的脅威認識が挙げられよう。西側は国際メディアを駆使して「ロシアが悪、西側は正しい」という世論を作り出している、そればかりか金融操作やロシア国内の反体制派に対する支援を通じてロシアを弱体化させようとしているという「戦争に見えない戦争」言説は、ソ連崩壊後の早い段階から存在していた。その筆頭に数えられる右派思想家アレクサンドル・ドゥーギンなどは、ユーラシア勢力の弱体化（特にロシアとドイツによる同盟の阻止）を目論むアングロサクソン勢力の陰謀こそが近代史の大きな特徴であると主張し、現代の世界で起きる戦争や動乱は全て背後で米国が操っていると見る。国家保安委員会（ＫＧＢ）出身の論客イーゴリ・パナーリンも同様の見解を示した上で、インターネットによって出現した情報空間こそが新たな覇権争いの場であるという言説を展開してきた。

以上のような言説は、次第に権威主義的傾向を強めていったプーチン政権にとっても都合のよいものであった。プーチン政権が好むナラティブによれば、旧ソ連諸国における民主化革命、中東・北アフリカ諸国における体制転換、ロシア国内での民主化運動などは全て米国が人為的に引き起こしているものであり、それゆえに権威主義的な統制の強化は「内政干渉に対する主権擁護のための戦い」と位置付けられてきたのである。

他方、ロシア軍の部内誌（日刊紙『赤い星』、月刊誌『軍事思想』、季刊誌『軍事科学アカデミー紀要』など）を見るに、以上のような陰謀論的認識は、二〇一〇年代初頭まで前面に出ていない。こうした言説に同調する高級軍人が存在しなかったわけではないし、ロシア社会に広く薄く存在する反米感情の裏返しとして陰謀論も受け入れられてはきたのだが、今後の国家間闘争の主要なあり方が「戦争に見えない戦争」になるという議論は圧倒的に少数派であった。

2 ロシア軍内部における議論の系譜

❶「新世代戦争」理論

二〇一〇年代に入ると、以上のような構図には微妙な変化が見られるようになる。中でも注目されるのは、プーチン首相（当時）が二〇一二年の大統領選を前に公表した国防政策論文であろう。[2] ここにおけるプーチンの主な関心は、ロシアの核・通常戦力の近代化に向けられているが、「遠い将来」の可能性として心理操作を含めた「新しい原理に基づく兵器」の可能性に触れている。

さらに翌二〇一三年には、ゲラシモフ参謀総長が「戦争に見えない戦争」こそが二十一世紀の典型的な国家間闘争の道具になる可能性があるという内容の演説（いわゆる「ゲラシモフ・ドクトリン」）を軍事科学アカデミーで行って注目を集めた。[3] 非軍事手段による「圧倒的な戦略」論が、政治・軍事指導部にまで浸透し、公の場で表明されるようになったのがこの時期であると言ってよいだろう。二〇一〇年代初頭に始まった「アラブの春」や、二〇一一年十二月のロシア下院選での大規模不正疑惑をめぐる過去最大規模の抗議デモ発生などが、ロシア政府指導部からは米国の介入だと見做された結果であると考えられる。

それ以前のロシア軍主流派が「戦争に見えない戦争」論にそう強く傾倒していたわけではないことはすでに述べた。しかし、二〇一四年のウクライナ政変（マイダン革命）後は、状況が大きく変化する。米国の「戦争に見えない戦争」はロシアの安全保障にとって差し迫った脅威であるという論調が激増し、マイダン革命やこれに続く対ロ制裁はその最新の事例だという認識が軍内部に広く定着していくのである。

この時期のロシア軍の議論を大きく分けると、主に二つの潮流を見出すことができよう。その第一は「新世代戦争」と呼ばれるもので、ハイテク技術の持つ効果を重視する一派（革命派）がその主唱者であった。[4] もともと、彼らは精密誘導兵器（PGM）、情報通信技術（ICT）、電子戦（EW）、サイバー戦、情報戦などによって超長距離から非接触的な（しかしあくまでも暴力闘争手段による）戦争が可能になるというところから議論を出発させている。しかし、二〇〇〇年代末になると、彼らの議論は情報戦が単独の、非軍事的な闘争を成立させうるのではないかという方向へとシフトし、ハイテク戦争はこの種の非軍事的闘争が失敗した場合の「バックアップ」と見做されるようになった。

❷「新型戦争」理論

一方、第二の「新型戦争」理論は、これと大きく異なる出自を持つ。その主唱者はロシア軍の心理戦専門家たちであり、それゆえに情報がどのような機序で敵国を麻痺・崩壊させるのかについてより具体的かつ詳細な議論を展開した。たとえば「新型戦争」理論の代表的論者として知られるイーゴリ・ポポフによると、現代の戦争における情報の役割は、単に偽情報をばら撒くといった曖昧なものではなく、敵国内において政府への不信を強め、国民同士が民族・宗教・社会的階層に分かれて憎しみを募らせるように設計されたものでなければならない。[5] つまり、情報それ自体は無害でも、情報がもたらす帰結は暴力的なものになりうるというのが「新型戦争」理論の重要な前提であった。

また、「新世代戦争」と「新型戦争」の重要な差異は、その具体性ばかりにあるのではない。ポポフらは、「戦争に見えない戦争」が失敗した場合のオプションとして軍事力を行使することを排除しないが、その場合にはまず、「敵対的な難民」、民間軍事会社、テロリストなどを送り込み、老人・女性・子供などを選択的に暴力の標的にすること（ポポフが言う「最も恥ずべき手段」）が目的達成に資すると主張する。これにより、情報戦で不安定化した社会はますます他の社会構成員を憎み、分断は二度と修復不可能になるだろうというのである。

最後に、「新型戦争」理論は、非軍事的手段による闘争の成功確率を非常に大きく見積もっている。正規軍による古典的戦争の可能性を排除するわけではないが、それは「バックアップのバックアップ」、つまり情報戦も「最も恥ずべき手段」も失敗した場合の話であって、多くの場合はそこに至る前に決着がつくと考えるのである。まさにフリードマンが述べる「圧倒的な戦略」のロシア版である。また、それゆえに、今後の国家間闘争の多くは、完全な平和でも、古典的な戦争でもない、グレーゾーンで展開されるだろうと「新型戦争」理論は予見する。

❸ロシア・ウクライナ戦争開戦前の状況

二〇一〇年代末から二〇二二年のロシア・ウクライナ戦争開戦前までの時期において、ロシア軍内部で大きな支持を得たのは「新型戦争」理論であった。これは「新世代戦争」という概念が明確に否定されたことを意味するものではない。というよりも、「新世代戦争」はあまり話題に上らなくなってフェードアウトしていったと見た方がよいだろう。同理論が出発点とした、PGM、ICT、EW、サイバー戦等を組み合わせたハイテク戦争ビジョンはもはやそう目新しいものではなく、ことさらに強調されるようなものではなくなった、というのが考えられる背景の第一である。かといって、彼らの唱える情報戦理論は具体性を欠き、実際の軍事戦略にするにはもう一歩の精緻化が必要であった。

これに対して、「新型戦争」理論がそれなりの具体性を有していたことは、すでに見たとおりである。情報をはじめとする非軍事的手段を活用して如何に敵国を崩壊に導くのかという指針を（事の是非は別として）「新型戦争」理論は提供できたのである。二〇一四年以降にNATOとの関係が悪化し、かといって通常戦力は依然として回復途上という状況に置かれていたロシア軍の指導部や理論家たちは、多かれ少なかれ、「新型戦争」理論に強い関心を示した。

たとえば二〇一五年に参謀本部のカルタポロフ作戦総局長（二〇二一年に下院議員に転じ、現在は下院国防委員会委員長）が軍事科学アカデミーで行った報告では、これからの戦争が「軍事力二：プロパガンダ八」の割合で行われるようになるだろうとされている。[6]その詳細はポポフの議論とほぼ同じ――というよりも、ポポフがその前年に執筆した論文と一言一句同じ表現が数カ所見られる。この時点でポポフは退役軍人となっていたはずだが、同人はカルタポロフのような参謀本部高官のブレーンに取り立てられていたのかもしれない（もっとも、ポポフが現在、どのような地位にあるのかについてはほとんど情報がない）。

「新型戦争」理論への関心の強まりは、ロシア軍部内誌における議論の動向からも明らかである。たとえば『軍事思想』誌は二〇一四年以降、ほぼ年に一度は「新型戦争」理論に関する特集号を組んでおり、それ以外の号でも一、二本はこの種の理論に関する論文が掲載されるという状況が現在まで続いてきた。論文の執筆者の中には、参謀本部軍事戦略研究センターや参謀本部軍事アカデミー等で軍事戦略研究を主導する軍人研究者たちが数多く名を連ねており、この点から

図表17-1 新型戦争の8段階

段階	内容
第１段階	経済、心理、イデオロギー、外交等の非軍事手段を用いて介入の準備が行われる。敵国内における反体制派の形成、敵国政府の圧力、敵国政府に対する批判的世論の情勢、敵国政府が非正統で腐敗しており、経済政策が不当であるという敵国民の認識形成などがその手段となる。
第２段階	情報戦を展開し、敵国の政治指導者と国民に誤った情勢認識を抱かせる。
第３段階	敵国の行政府、軍、政治家の指導層を脅迫、買収し、経済的エリートのビジネスを侵略国に従属させる。
第４段階	敵国内における社会の不安定化と破壊活動を激化させる。武装した反体制派を扇動し、公的・民間セクターを支配し、好ましくない政治家や経済的エリートに対して危害を加える。最終的には大衆の反乱を引き起こし、敵国政府を軍事力によらずして転覆する。このような非軍事的闘争によっても目標を達成できない場合のみ、軍事力が行使される。
第５段階	敵国の陸海空国境を封鎖して外国から支援を受けられないようにする。また、安定化作戦の名目で敵国社会が外国の軍事介入を求めるように仕向け、平和維持部隊を派遣する。またPMC（民間軍事会社）を送り込んで敵国の反体制派武装勢力と連携させる。
第６段階	敵国の重要目標に対して精密攻撃を行って公然たる軍事的闘争を開始する。これによって敵国の政治・軍事指導部を混乱させ、社会の不安定状況を助長する。
第７段階	大規模な軍事力による本格的な侵攻を行う（ただし必要な場合に限られる）。
第８段階	生き残った敵の軍事力を掃討し、自国に忠誠を誓う新政権を樹立する。

も「新型戦争」理論の浸透度が窺えよう。図表17−1では、一例として、参謀本部軍事アカデミー副校長のA・V・セルジャントフらによる連名論文で示された、「新型戦争」の八段階を紹介しておく。[7]

3 ロシア・ウクライナ戦争の実相

❶ 失敗したノックアウト・ブロー

前節で見たように、ロシア・ウクライナ戦争前のロシア軍においては「圧倒的な戦略」としての「新型戦争」理論が隆盛を極めていたし、この点は西側のロシア軍事研究者たちからも大きな注目を集めていた。[8]ところが、ロシア・ウクライナ戦争の推移は、「新型戦争」が想定したそれとは大きく異なっている。本章の冒頭で述べたとおり、ロシアのウクライナ侵略はむしろ非常に古典的な暴力闘争の形をとることになったのである。

現在までに明らかになっているところを総合するに、ロシアは開戦当初にウクライナの首都キーウ近郊の空港を大規模ヘリボーン（ヘリコプターによる降着）で確保し、ゼレンスキー大統領以下の政権中枢を排除（斬首）する一方、全土に張り巡らせた内通者の手引きを受けたロシア軍本体が国土を電撃的に占拠することを目論んでいたと見られる。

ところが、ウクライナ軍はロシアの侵略に対して予想外の抵抗を示した。ウクライナ軍は開戦初頭においてキーウ近郊の空港を二日間にわたって守りぬき、この間に滑走路を破壊して後続部隊の到着を不可能にしてしまった。ゼレンスキー大統領も欧米が勧めたキーウ脱出を拒否するとともに総動員令を発令して予備役兵や治安部隊を祖国防衛戦争に投入し、徹底抗戦の構えを見せた。この結果、ロシア軍は東部のドンバス地方や南部のヘルソン・ザポリージャ両州では一定の領域を占拠することに成功したものの、首都キーウや第二の都市ハルキウは最後まで陥落させることができず、三月末にはキーウを含めたウクライナ北部一帯からの撤退を余儀なくされた。

つまり、フリードマンのいうノックアウト・ブローは失敗したわけだが、その後の展開はやはりフリードマンの述べるとおりとなった。つまり、ロシア側はウクライナの長期抵抗という事態を十分に予想しておらず、結果的に古典的な戦争へと引き摺り込まれていったのである。それどころか、ロシア軍は九月にハルキウ方面でウクライナ軍の激しい反攻を受けて東部攻略の拠点であったイジュームとリマンを喪失し、十一月には南部でもヘルソン市から撤退せざるを得なくなった。その背景には、二〇一四年以降にウクライナが進めてきた軍改革や西側の軍事援助、ゼレンスキー政権による国内外へのアピール戦略といった複合的要因が指摘できようが、本稿のテーマから外れるため詳しくは述べない。

また、これ以降の展開を本章執筆時点で見通すことは困難であるので、やはりここで言及することは避ける。ただ、この戦争がどのような帰結を迎えるにせよ、それは「新型戦争」のような「圧倒的な戦略」ではなく、激しい暴力闘争によって決せられることになると思われる。この意味でも、ロシアによるノックアウト・ブローの失敗は明らかであろう。

❷「新型戦争」は何故採用されなかったのか

以上の展開からは、いくつかの疑問が立ち現れてくる。まず思い浮かぶのは、ロシアが「新型戦争」を仕掛けようとしなかったのは何故か、という点である。現在までに判明している限りでは、今次の戦争において大規模な情報戦によるウクライナ国民の認識操作と反乱惹起などは行われた形跡がなく、サイバー攻撃や、経済的・外交的孤立化工作もほとんど行われないか、限られた規模でしか実施されなかった。言い換えれば、ロシアの戦争は最初から「新型戦争」として計画されていなかったことになる。大規模かつ高烈度の戦闘を予期しないという点で、ロシアの戦争計画は非在来的なものであったかもしれないが、それは近年、ロシアの軍事理論家たちが思い描いていたものとは大きく異なっていた。

ロシアの戦争計画がこのようなものに落ち着いた背景はいまだにはっきりしない。ただ、二〇一四年の経験が考慮されたというのは有力な可能性として指摘できよう。

広く知られているとおり、二〇一四年にロシアが行ったウクライナへの軍事介入では大規模な情報戦が展開され、クリミア半島の住民に対する認識操作によって短期かつほぼ無血で同半島を占拠・併合することができた。これに対して、これに続くウクライナ本土への介入では、ロシア政府による情報戦は大きな効果を上げず、ドネツク・ルハンシク両州のごく限られた地域を親ロ派武装勢力の占拠地域（自称「人民共和国」）化できたに過ぎない。二〇二二年のウクライナ侵略でロシアが斬首作戦と電撃占領に大きな期待をかけたのはこのためであろうが、こうしてみると、「新型戦争」理論は、ロシア軍内部における流行を迎える前の段階で、すでに限界が露呈していたことになる。

とするならば、次に問われるべきは、「新型戦争」がああもロシア軍においてもてはやされたのは何故なのか、という点であろう。これについても明確な回答は現時点で存在していないが、「次はもっと上手くやれる」という期待が軍の知的コミュニティ内にはあったのではないか。にもかかわらず、政権側や参謀本部などの戦争指導部はこれをあまり信用せず、（非軍事手段ではなく）軍事手段の非在来的活用という方法を選んだのではないか、というのが現時点における仮説である。

❸ 理論と現実のズレ

これと関連して指摘しておきたいのは、「新型戦争」をはじめとするロシアの「圧倒的な戦略」

理論には、現実との根本的なズレが存在していたことである。

「新世代戦争」理論が「新型戦争」理論の前で次第にフェードアウトしていったことはすでに述べたとおりであるが、前者の主要な論者として知られるチェキノフとボグダノフは、二〇一三年の共著論文で次のような興味深い指摘を行なっていた。すなわち、非軍手段を駆使した闘争が効果を発揮するのは、戦争の最初期段階（ＩＰＷ）に限定されており、したがって、ＩＰＷを耐え凌げるだけの国力を持つ国はやがて戦時経済体制や予備役動員体制を立ち上げて在来型の戦争へと移行していくだろう、という見通しである。[9] この点は、古典的な大規模国家間戦争を重視するガレーエフ軍事科学アカデミー総裁の議論でも強調されており、[10] 要は「圧倒的な戦略」は相手を選ぶというのが多くのロシア軍人たちの認識であった。「新世代戦争」理論や伝統派の軍人たちと「新型戦争」理論が大きく異なるのはこの点であって、後者は、非軍事手段による「圧倒的な戦略」を駆使すれば、相手が大国であってもＩＰＷの段階であっても高い確率で屈服させられる、あるいは大規模戦争に至らずしてグレーゾーンでの闘争にとどめることができると考えるのである。

そこで次に問題となるのは、今次の戦争でロシアが侵略を仕掛けたウクライナが「ＩＰＷに耐えられない国」なのか、そうではないのかであろう。この点に関して、ロシアの軍事理論家たちはウクライナを明らかに前者と位置付けていた。「新世代戦争」にせよ、「新型戦争」にせよ、ロシアを除く旧ソ連諸国はＩＰＷの段階における非軍事的闘争で屈服させられる国としてウクライナを見做しており、この点は伝統派も変わりはなかった。ロシアはＮＡＴＯに対しては軍事的劣位にあるが、旧ソ連諸国に対しては圧倒的な優位にあると彼らは考える。したがって、ロシアが通常戦力の大部分を投入せざるを得なくなるのは、旧ソ連諸国に対する介入（それが軍事的なものか、非軍事的なものかを問わず）がＮＡＴＯの介入を招く場合だとされてきた。

ところが、この自己認識がかなりの過大評価であったことは前述のとおりである。現実のウクライナはＩＰＷで屈服せず、その後、ロシア軍が常備兵力の大部分（ただし徴兵を除く）を投入した後でさえ持ち堪え続けた。このようにしてみると、ロシアの「圧倒的な戦略」論は、その理論的な基礎からして大きな問題を抱えていたというのが本章の結論である。

おわりに

ロシア・ウクライナ戦争が教えるのは、人類の闘争形態が「拡張」することはあっても、「変遷」するわけではない、という点であろう。非軍事手段を駆使した闘争が今後、軍事手段による暴力闘争（戦争）と独立した闘争手段になっていくことは間違いないだろうし、それゆえにグレーゾーンでの対処能力は我が国としてもこれまで以上に重視していく必要がある。公的な戦争に至らない状態で発生する低烈度の戦闘や情報戦、サイバー戦、経済戦などは今後、一種のニューノーマルとなっていくのだろう。だが、そのことは、戦争が完全に教科書の中の出来事になったことを意味しない。十九世紀プロイセンの軍人・軍事思想家であるカール・フォン・クラウゼヴィッツが述べるとおり、必要十分な烈度で行使される暴力は必ず敵の反撃を生み、理論上は無制限にエスカレートしていく可能性を秘めているからである。

とするならば、我が国の安全保障政策は、激しい暴力闘争に耐えられるだけの軍事力を中心として、グレーゾーンにおける非軍事手段にまで切れ目なく繋がったマルチ・スペクトラム型でなければならない。非軍事手段が中心となるグレーゾーン事態（ＩＰＷ）に対処できなければ軍事力を行使する前に屈服せざるを得ず、ＩＰＷを凌ぎ切れても暴力闘争で敗北すれば意味がない。こうした複雑な安全保障のありようを求められる時代のとば口に我々は立っているのだといえよう。

注

1　ローレンス・フリードマン著、奥山真司訳『戦争の未来　人類はいつも「次の戦争」を予測する』中央公論新社、二〇二一年（Lawrence Freedman, *The Future of War: A History*, Public Affairs, 2017.）。

2　Владимир Путин, "Быть сильными: гарантии национальной безопасности для России," *Российская газета*, 20 February 2012.

3　Валерий Герасимов, "Ценность науки в предвидении: Новые вызовы требуют переосмыслить формы и способы ведения боевых действий," *Военно-промышленный курьер*, 16 February 2013.

4 スウェーデン防衛研究所（ＦＯＩ）のブックヴォルは、冷戦後のロシアの軍事思想を①兵力・火力・精神力といった古典的指標を重視する伝統派、②ハイテク兵器の効果を極度に重視する革命派、③ＮＡＴＯとの大規模戦争を想定した冷戦的メンタリティからの脱却を唱える近代派に三分類したことで知られる。Tor Bukkvoll, “Military Innovation under Authoritarian Government: The Case of Russian Special Operation Forces,” *The Journal of Slavic Studies*, Vol. 38, No. 5 (2015).

5 Игорь Попов, “Война – это мир" – по Оруэллу: Новый характер вооруженной борьбы в современной эпохе,” *Независимое военное обозрение*, 11 April 2014.

6 А. В. Картаполов, “Доклад Уроки конфликтов, перспективы развития средств и способов их ведения,” *Вестник академии военных наук*, Vol. 51, No. 2 (2015), pp. 26-36.

7 А. В. Сержантов, А. В. Смоловый, А. В. Долгополов, “Трансформация содержания войны: от прошлого к настоящему – технологии ‘гибридных’ войн,” *Военная мысль*, No.2 (2021), pp. 20-27.

8 代表的な議論としては以下を参照されたい。Oscar Jonsson, *Russian Understanding of War: Blurring the Lines Between War and Peace* (Washington D.C.; Georgetown University Press, 2019).; Ofer Fridman, *Russian ‘Hybrid Warfare’: Resurgence and Politicisation* (London: C. Hurst & Co. Ltd., 2018).; Timothy L. Thomas, *Kremlin Kontrol: Russia’s Political-Military Reality* (Fort Leavenworth: FMSO, 2017).

9 С. Г. Чекинов и С. А. Богданов, “О характере и содержании войны нового поколения,” *Военная мысль*, No. 10 (2013), p. 23.

10 Махмут Гареев, “Мобилизация умов: Наши руководители должны коренным образом изменить отношение к науке,” *Военно-промышленный курьер*, No. 12 (676) (29 March 2017).

おわりに

二〇一〇年代後半からの米中「対立」、二〇一九年末からの新型コロナウィルス感染症、そしてロシアのウクライナ侵攻によって世界は「安全保障の時代」に突入した感がある。日本についていえば「台湾有事」が俄に喫緊の課題として意識され、メディアでも大きく取り上げられるようになった。そうした状況の下で、従来は考えられなかった規模の防衛費の増大や首相のNATO首脳会議への参加などが相次いで実現し、しかも世論からは特段に強い反対は出ていない。

本書に執筆者として参加している中国・台湾・北朝鮮研究者、ロシア研究者、東南アジア研究者などは、こうした事態が矢継ぎ早に進んでいった二〇二〇―二〇二三年に掛けて、同じ研究会に集ったメンバーである。当初、先進国のパワーが相対化される中で、これからの国際秩序がどのように変容するか、それぞれの地域ではどのように受け止めているのかといったことを議論するつもりで集ったこの「まとまりのない」研究者集団には、ある共通する問題意識があることに、議論の過程で気付かされた。

それは、第一に、昨今世界を見る上での「枠組み」のようになってしまった米中「対立」、あるいは先進国対専制主義の国々という単純化された対立軸への疑問である。「中露一枚岩」論はまさにこうした見方に基づくが、実際には中露関係は相当に複雑だ。また、どうして日米豪印の安全保障協力枠組み「クワッド」の一角を占めるインドが、中印関係が悪化した時にロシアにアプローチするといった動きも、こうした二項対立的な枠組みでは把握しきれないだろう。

第二の共通の問題意識は、自らの専門とする国や地域について、しばしばこのような外在的枠組みで切り取られてしまっていることへの違和感、あるいは疑問だろう。ロシアの侵略行為は批判されるべきであり、また中国が「人権」を蹂躙していることも確かである。だが、その中露にも自らの論理や理念がある。中露だけでなく多くの開発途上国は、「アメリカか中国か」という二者択一で世界を見てはおらず、「人権」を外交的試金石とはしていない。各地域の新興国は、それぞれの国益に即し、また自らの論理や理念に基づいて、そして内政の対立軸などによって、アメリカや中露などに対処しているのではないか、それらの内在的な視点が米中の新冷戦、あるいは自由・民主主義的な先進国の陣営と中露に代表される権威主義陣営の対立といった枠組みを意識的・無意識的に前提とする議論からは大幅に欠け落ちてしまっているのではないか、という問題意識が、それぞれの地域専門家に、程度に差はあれども、共有されていた。

第三に、いわゆる「グローバル・サウス」の議論にしても、主語が米中になりがちであり、開発途上国を主語にして考察が加えられない傾向も強く、のみならず、「サウス」が一つに括られ、その多様性が捨象されがちだということへの疑問も浮かび上がってきた。これは、「権威主義体制」や「新興国」といった言葉にも見られる傾向である。無論、新興国間には強固な関係性や相似性がある時もある。だが、それについてはまず関係性を検討し、比較研究するべきではなかろうか。

本書では、このような疑問を基礎にした十七の事例研究を採録した。序章で記した通り、そこではいくつかの論点を提示したが、それらは上でのべた三つの疑問点に対応している。重複を避けるために簡潔に述べれば、第一に、新興国や開発途上国を主語にして考えること、またそれらの多様性を重視することである。そうすると、米中「対立」や先進国対専制国家といった二分論的な枠組みでは捉えられない、多様なそれぞれの立ち位置が理解できる。

第二に、先進国の理念や行動を善、あるいは是とするあまり、中露の行動を「奇異」「異形」として考察を止めたり、人権問題などのグローバルな諸課題について「正しさ」に基づいて開発途上国や新興国の当否を判断するといった、理念を軸とした国際政治・比較政治論への異議申し立てである。リベラルデモクラシーの有効性を高めようとするならば、まずは個々の国や地域に内在する価値の理解が前提となろう。

第三に、本書の事例研究は学術的にも一つの問題提起をおこなっている。それは、上記のいくつかの論点にアプローチするには、日本でも蓄積されてきている「地域研究」と外交研究、国際関係、国際政治研究とを関連づける必要性がある、ということである。本書では「ユーラシア」と呼ばれる広範な地域に現に存在し、力を増している地域大国や主要国に軸足を据え、そこから外交や国際関係を見る視点を示そうとした。

世界をわかりやすく、正義と非正義との間で二分論的に整理すること、それに基づいて考え方や政策の正当化を図ることも時には必要かもしれない。だが、実態としては、世界はそれほど単純ではない。G7唯一の非欧米国である日本は一面で「普遍」の可能性を示しつつも、多面で世界の多様性を象徴する存在ではなかったか。そして、中国、ロシアの双方、あるいは北朝鮮をも隣国とする日本は、欧米諸国よりも「平和と安定」を切実に考えるべきあり、だとすれば相手を内在的に把握することこそまずは求められるのではなかろうか。

ユーラシアのすべての国や地域の自画像を詳らかにするのは容易ではない。しかし、だからと言って複雑な物事を過度に単純化し、「わかりやすく」してしまうと、逆に「わからないこと」が増えてしまうのではないだろうか。時代の転換点にあるかもしれない現在、複雑なものを複雑なまま把握する「面倒くささ」や、異なる主体に対する時に過酷な努力を伴う想像力が求められているのではないだろうか。

川島 真・小泉 悠・鈴木絢女・池内 恵

とパンダ』(東京大学出版会、発展途上国研究奨励賞、樫山純三賞学術書賞)、『中国パンダ外交史』(講談社選書メチエ)など。

伊藤和歌子(いとう・わかこ)
東京大学先端科学技術研究センター・シニアプログラム・コーディネーター、公益財団法人日本国際フォーラム研究主幹。専攻は中国の宇宙政策、科学技術政策、軍民融合政策。分担執筆に“The State-oriented Model of Internet Regulation: The Case of China,” Tomoko Ishikawa and Yarik Kryvoi eds., *Public and Private Governance of Cybersecurity: Challenges and Potential* (Cambridge University Press, 2023 [刊行予定])。

岡本正明(おかもと・まさあき)
京都大学東南アジア地域研究研究所教授。専攻は地域研究、政治学、東南アジアの地方政治研究。編著に『東南アジアにおける地方ガバナンスの計量分析——タイ、フィリピン、インドネシアの地方エリートサーベイから』(晃洋書房)、『暴力と適応の政治学——インドネシア民主化と地方政治の安定』(京都大学学術出版会)など。

松田康博(まつだ・やすひろ)
東京大学東洋文化研究所教授。専攻は東アジア国際政治、中台関係論。単著書に『台湾における一党独裁体制の成立』(慶應義塾大学出版会)、共著書に『日台関係史—1945-2020—〔増補版〕』(東京大学出版会)など。

田中　周(たなか・あまね)
東京大学先端科学技術研究センター特任研究員。専攻は中国政治、中国－中央アジア関係、ナショナリズム論。共編著に『転換期中国の政治と社会集団』(国際書院)、『中国のムスリムを知るための60章』(明石書店)。

山口信治(やまぐち・しんじ)
防衛省防衛研究所地域研究部主任研究官。専攻は中国政治・安全保障、中国現代史。著書に『毛沢東の強国化戦略 1949–1976』(慶應義塾大学東アジア研究所現代中国研究選書)。

乗松亨平（のりまつ・きょうへい）
東京大学大学院総合文化研究科教授。専攻は近代ロシア文学・思想。著書に『ロシアあるいは対立の亡霊——「第二世界」のポストモダン』（講談社選書メチエ）、『リアリズムの条件——ロシア近代文学の成立と植民地表象』（水声社）など。

宮本　悟（みやもと・さとる）
聖学院大学政治経済学部教授、東京大学先端科学技術研究センター客員研究員。専攻は北朝鮮の政軍関係と国際関係。著書に『北朝鮮ではなぜ軍事クーデターが起きないのか？』（潮書房光人社）、共著に『朝鮮労働党第８次大会と新戦略』（アジア経済研究所）。

日下　渉（くさか・わたる）
名古屋大学大学院国際開発研究科准教授。専攻はフィリピン地域研究、政治学。著書に『反市民の政治学——フィリピンの民主主義と道徳』（法政大学出版局）、共著に『21世紀東南アジアの強権政治——「ストロングマン」時代の到来』（明石書店）など。

中西嘉宏（なかにし・よしひろ）
京都大学東南アジア研究所准教授。専攻は地域研究、比較政治学、ミャンマー政治研究。著書に『軍政ビルマの権力構造——ネー・ウィン体制下の国家と軍隊 1962-1988』（京都大学学術出版会、大平正芳記念賞）、『ミャンマー現代史』（岩波新書）、『ロヒンギャ危機』（中公新書）など。

青木（岡部）まき（あおき［おかべ］・まき）
独立行政法人日本貿易振興機構（ジェトロ）アジア経済研究所地域研究センター・動向分析研究グループ長代理。専攻は外交、タイ、国際関係論、メコン流域、地域協力。編著に『タイ2019年総選挙——軍事政権の統括と新政権の展望』（アジア経済研究所）。

鈴木　隆（すずき・たかし）
大東文化大学東洋研究所教授。専攻は政治学、中国政治。著書に『中国共産党の支配と権力——党と新興の社会経済エリート』（慶應義塾大学出版会、発展途上国研究奨励賞）、共著に『習近平の中国』（東京大学出版会）など。

家永真幸（いえなが・まさき）
東京女子大学現代教養学部国際社会学科准教授。専攻は国際関係論、アジア史、アフリカ史、地域研究。著書に『国宝の政治史——「中国」の故宮

〈編著者紹介〉
川島　真（かわしま・しん）
東京大学大学院総合文化研究科教授。「中国・権威主義体制に関する分科会」座長。専攻はアジア政治外交史。著書に『中国のフロンティア』(岩波書店)、『21世紀の「中華」』(中央公論新社)、『アフターコロナ時代の米中関係と世界秩序』(共編著、東京大学出版会)など多数。

鈴木絢女（すずき・あやめ）
同志社大学法学部教授。専攻は東南アジア政治・政治経済・外交。著書に『〈民主政治〉の自由と秩序――マレーシア政治体制論の再構築』（京都大学学術出版会、大平正芳記念賞)、『はじめての東南アジア政治』（共著、有斐閣）など。

小泉　悠（こいずみ・ゆう）
東京大学先端科学技術研究センター専任講師。専攻はロシアの安全保障政策。著書に『ウクライナ戦争』(ちくま新書)、『ロシア点描』（ＰＨＰ研究所)、『「帝国」ロシアの地政学――「勢力圏」で読むユーラシア戦略』(東京堂出版、サントリー学芸賞)など。

〈監修者紹介〉
池内　恵（いけうち・さとし）
東京大学先端科学技術研究センター教授、同センター創発戦略研究オープンラボ（ROLES）代表。専攻はイスラーム政治思想史・中東研究。著書に『イスラーム世界の論じ方』(中央公論新社、サントリー学芸賞)、『イスラーム国の衝撃』(文春新書)、『シーア派とスンニ派』(新潮選書)など多数。

〈執筆者紹介〉（掲載順）
岡本隆司（おかもと・たかし）
京都府立大学教授。専攻は東洋史・近代アジア史。著書に『近代中国と海関』（大平正芳記念賞受賞)、『属国と自主のあいだ』（サントリー学芸賞)、『中国の誕生』（樫山純三賞、アジア・太平洋賞特別賞)、『悪党たちの中華帝国』（新潮選書）など多数。

西山美久（にしやま・よしひさ）
北海道大学国際連携機構特任助教、北海道大学スラブ・ユーラシア研究センター共同研究員。専攻はロシア政治。著書に『ロシアの愛国主義――プーチンが進める国民統合』（法政大学出版局)。

ユーラシアの自画像

「米中対立／新冷戦」論の死角

2023年4月7日　第1版第1刷発行

編著者　川島　真
　　　　鈴木絢女
　　　　小泉　悠
監修者　池内　恵
発行者　永田貴之
発行所　株式会社ＰＨＰ研究所
東京本部　〒135-8137　江東区豊洲5-6-52
　ビジネス・教養出版部　☎03-3520-9615（編集）
　普及部　☎03-3520-9630（販売）
京都本部　〒601-8411　京都市南区西九条北ノ内町11
PHP INTERFACE　https://www.php.co.jp/

制作協力
組　　版　有限会社メディアネット

印刷所
製本所　大日本印刷株式会社

ISBN978-4-569-85480-9

PHPの本

日中危機の本質

日本人の常識は世界の非常識である

村井友秀 著

国民的ベストセラー『失敗の本質』共著者が教える安全保障の極意。台湾侵攻の有無、「中国の夢」、日本の「核心的利益」とは？

定価 本体一、八五〇円（税別）